本书是2020年度浙江省哲学社会科学规划后期资助课题（20HQZZ24）的研究成果，并获得浙江科技学院学术著作出版专项资助。

浙江省哲学社会科学规划
后期资助课题成果文库

语篇层面隐喻分析的多维视阈

祝敏 著

中国社会科学出版社

图书在版编目(CIP)数据

语篇层面隐喻分析的多维视阈 / 祝敏著．—北京：
中国社会科学出版社，2020．12
(浙江省哲学社会科学规划后期资助课题成果文库)
ISBN 978-7-5203-7748-5

Ⅰ．①语… Ⅱ．①祝… Ⅲ．①隐喻—研究 Ⅳ．①H05

中国版本图书馆 CIP 数据核字(2021)第 016299 号

出 版 人　赵剑英
责任编辑　宫京蕾
责任校对　季　静
责任印制　李寡寡

出　　版　中国社会科学出版社
社　　址　北京鼓楼西大街甲 158 号
邮　　编　100720
网　　址　http：//www.csspw.cn
发 行 部　010-84083685
门 市 部　010-84029450
经　　销　新华书店及其他书店

印刷装订　北京君升印刷有限公司
版　　次　2020 年 12 月第 1 版
印　　次　2020 年 12 月第 1 次印刷

开　　本　710×1000　1/16
印　　张　13.75
插　　页　2
字　　数　232 千字
定　　价　85.00 元

凡购买中国社会科学出版社图书，如有质量问题请与本社营销中心联系调换
电话：010-84083683

序

欣闻祝敏副教授的专著《语篇层面隐喻分析的多维视阈》获得浙江省哲学社会科学规划后期资助（项目编号：20HQZZ24），即将由中国社会科学出版社付梓，可喜可贺！

我与祝老师相识于 2008 年 9 月，那时她还是浙江大学外语学院的访问学者，正处于科研的瓶颈期，寻找着科研突破口。她将科研上的困惑求教于我，我当时就向她提出：做科研必须系统化，结合自己的兴趣所在，朝着某一个方向深入下去，持之以恒，一定会有所收获。祝老师是一位非常认真踏实的年轻学者，这么多年来在自己感兴趣的语篇分析和隐喻研究领域默默耕耘直至结出丰硕的果实。从 2008 年相识至今，祝老师一直与我保持着联系，在她申请科研项目和发表论文的时候我们常有交流和切磋，我发现她是一个执着于学术研究，并有着自己独到见解和想法的人。在学术上，我相信她一定还会有更大的发展空间。

《语篇层面隐喻分析的多维视阈》是祝老师十年来潜心隐喻研究的成果，我有幸成为这本著作的第一位读者。隐喻曾是非常热门的研究话题，有关隐喻研究的论著也是林林总总；近几年，这种热潮虽已逐渐消退，但祝老师对隐喻分析的热情并未随着隐喻热的消退而消逝，她有着自己的定力，始终坚守着自己的学术研究领地，而不是随波逐流，这一点非常难能可贵！

这部著作共有十一章。除去第一章的导言和第十一章的结语外，这本书可以分成两大部分：第一部分是对隐喻理论的阐述，作者从对隐喻的界定谈起，然后分别论述概念隐喻和语法隐喻的理论发展，在比较这两种隐喻理论的基础上，指出两者的异同点、交叉点；第二部分是关于隐喻理论在语篇分析中的应用，涉及她在书的标题中所提到的隐喻分析的多维视阈，即概念隐喻、语法隐喻、融通隐喻和故事隐喻。融通隐喻是作者独创的一个术语，通俗地说，语篇中的某一个语言隐喻既是概念隐喻的体现，也是语法隐喻的体现，是概念隐喻和语法隐喻的复合体。祝老师对融通隐喻的研究始于2014年9月，她带着这个研究课题前往美国波特兰州立大学传播学系访学，结识并师从隐喻研究领域的知名学者大卫·里奇（David Ritchie）教授。在此期间，他们两人在国际期刊《隐喻与象征》（*Metaphor and Symbol*）上合作发表了一篇有关概念隐喻和语法隐喻如何在语篇分析中融合互补的论文。回国后，祝老师的这个课题获批杭州市哲学社会科学规划的重点课题。我深知她为此付出的努力和艰辛，这一课题的研究成果为这部专著奠定了非常扎实的基础。故事隐喻分析是祝老师基于里奇教授研究的进一步发展。本质上，故事隐喻仍然是概念隐喻，只不过在概念隐喻的分析中融入了特定的历史文化背景，使之具有了拓展性的故事情节和更丰富的文化内涵，国内学界鲜有这方面的研究。

读完全书，总体的感觉是：作者思路清晰，隐喻理论和隐喻分析这两个部分一一对应、环环相扣，前者为后者提供了理论支撑和铺垫，后者则是前者的具体示例和实际应用，两部分相得益彰、层层递进。与国内其他隐喻著作相比，这部专著确实有其独特之处和创新的地方。

总之，这一学术成果从多重视角阐述了语篇层面的隐喻分析，是对近年来一些重要的隐喻理论和隐喻分析方法的总结和发展。学无止境，书中提出的一些研究发现和学术见解一定还会有商榷之处或进一步深入研究之必要，但是如果这能引发作者乃至国内外学界的关注、思索与讨论，就能推动学科发展和理论创新。我期待祝敏副教授以此书为基础，不断求索，在隐喻研究领域里有更高质量的新的研究成果问世。

是为序。

庞继贤

2019年9月

于浙江大学求是园

前　言

隐喻研究有着悠久的历史，自 20 世纪以来，它已然成为跨越心理学、哲学和语言学的多维度研究领域。其中最具影响力的隐喻理论便是莱考夫（George Lakoff）和约翰逊（Mark Johnson）提出的概念隐喻理论（Conceptual Metaphor Theory），其核心观点是人类赖以思考和行为的概念系统本质上是隐喻的（Lakoff & Johnson，1980）。随后，福柯尼耶（Gilles Fauconnier）和特纳（Mark Turner）（1996）提出了“概念整合理论”（Conceptual Integration Theory），将隐喻研究推向了另一层认知深度——隐喻言语的在线解读过程。而美国的心理学家巴萨罗（Lawrence W. Barsalou）（1999，2008）提出的感知模拟论（Theory of Perceptual Simulation）则通过实证研究阐释了意义理解的新科学——感知模拟，即通过在思维中模拟体验用语言描述的事物会是什么样的来理解语言。美国隐喻研究专家大卫·里奇教授（2006、2010a、2011、2012、2013、2014、2017）在此基础上提出了语境制约下的模拟器理论（Context-limited Simulators Theory）和故事隐喻理论（Story Metaphor），进一步扩展了感知模拟论，把对社会文化因素的模拟也纳入其中。这些研究探索了“概念隐喻”形成的神经机制及心理和社会文化根源，在某种程度上弥补了“概念隐喻理论”在实证研究方面的不足，夯实了“概念隐喻”的物质基础。

概念隐喻理论是我国当代隐喻研究的热点之一，由赵艳芳（1995）介绍入国内。国内学者对概念隐喻的研究可以概括为以下几个方面：概念隐喻的理论探讨、概念隐喻的类型、语篇层面的概念隐喻、概念隐喻与翻译、概念隐喻的跨学科研究等。最具代表性的学者有蓝纯、束定芳、王寅、刘正光、魏在江等。近年来，国内学者的研究更多聚焦于概念隐喻理论的创新和应用，如刘正光（2016）对隐喻教学的探索，孙毅、陈朗（2017）对蓄意隐喻的研究，曲卫国（2018）对戴维森（Davidson）的假说和具身认知的辩证思考等。可见，概念隐喻研究在国内的发展趋于成熟，已逐渐跟上国外研究的步伐，并开始向应用研究转型。

韩礼德（M. A. K. Halliday）的“语法隐喻理论”（Grammatical Metaphor Theory）与“概念隐喻理论”出现在同一时代，同样在语言学界引起了巨大反响。作为系统功能语言学派的创始人，韩礼德在他所著的《功能语法导论》（1985）最后一章中首次提出了“语法隐喻”这一术语。他认为，语法隐喻不是用一个词去代替另一个词，而是用某一语法类别或语法结构去代替另一语法类别或语法结构。此后，韩礼德（1996）又对科技语篇进行研究，将隐喻形式扩展到13种，囊括了词汇语法层的类转移（词类的转化）和级转移（语法层级的转化），他把这13种隐喻形式称为“语法隐喻综合征”（Syndrome of Grammatical Metaphor）。对“语法隐喻理论”的发展做出重要贡献的国外学者还有马丁（James R. Martin）、麦蒂森（Christian M. I. M. Matthiessen）、汤普森（Geoff Thompson）、格特力（Andrew Goatly）等人，他们对“语法隐喻理论”进行了补充、修改和完善，尤其强调了语法隐喻的语篇功能，发展了语篇隐喻理论。

语法隐喻理论也是国内学界隐喻研究的一个热点，其发展速度和势头甚至超过了国外的语法隐喻研究。张德禄、雷茜（2013）将国内的语法隐喻研究分为三个阶段：引介和阐释期、创新和发展阶段、跨学科融合发展期。第一个阶段的研究成果主要为朱永生（1994）和胡壮麟（1996）对语法隐喻的介绍和阐释。第二个阶段的主要成果为胡壮麟（2000）、严世清（2003）、朱永生（2006）等学者对语法隐喻理论的质疑、扩展和完善。第三个阶段的成果主要有范文芳（2007），何伟（2008），林正军、杨忠（2010），杨波（2013），丛迎旭、王红阳（2017）等从认知层面对语法隐喻生成机制的分析和阐释，这是将语法隐喻理论和认知科学理论融会贯通的有益尝试。

尽管国内已有学者运用认知科学理论如概念隐喻理论、原型范畴理论、兰盖克（Ronald W. Langacker）的认知语法、象似性原则等阐释语法隐喻的生成机制和认知理据，然而在研究认知语言学的概念隐喻时，却很少有学者借鉴语法隐喻的理论框架来解释它的表达机制。而对故事隐喻的研究则相对比较薄弱，研究人数少，成果的影响力不够。故本研究的开展旨在深入探索概念隐喻理论和语法隐喻理论的融贯性，以及新兴的故事隐喻理论应用于语篇分析的可行性，同时向隐喻研究者和语篇分析研究者们展示一个语篇层面的隐喻分析的多维视角。

本书共十一章，第一章是对隐喻研究学术史的梳理以及对研究的理论框架、研究方法和目标的概述。第二章至第五章是对概念隐喻和语法隐喻的理论探索。第二章着重阐释隐喻的界定、分类以及与其他修辞手法的辨析。第三章围绕概念隐喻的理论框架展开，包括它的本质特征、哲学基础、新发展和局限性，笔者用大量篇幅介绍了感知模拟论——概念隐喻的延伸性研究，因为它可以用来阐释概念隐喻和语法隐喻如何在认知层面上融会贯通。第四章是关于系统功能语言学的语法隐喻理论的，笔者重点介绍了语法隐喻的界定、分类和三大元功能、理论发展和局限性、语法隐喻的哲学蕴含。基于第三、第四章对概念隐喻和语法隐喻的分别阐述，第五章对这两个隐喻理论进行了比较，指出二者的异同、互补性和交叉点，为下文融通隐喻的研究做好了铺垫。第六章至第十章分别从概念隐喻、语法隐喻、融通隐喻、故事隐喻的维度对某一具体语篇的隐喻展开分析。第六章以莎士比亚十四行诗为语料，从概念隐喻的角度探讨了诗集中隐喻的认知连贯机制以及语篇衔接手段。第七章以小说《大饭店》的片段“讹诈”中的人物对话为语料，结合认知语言学的原型理论和图形——背景理论，从认知心理角度探讨了人际语法隐喻产生和得以实现的根源。第八章以《科学美国人》上的一篇题为“玻璃的断裂”的科技文章为例，分别从概念隐喻和语法隐喻的角度对其进行了语篇分析，并且比较了这两种分析方法的不同以及互补性，指出了语法隐喻理论对概念隐喻理论及其分析方法的补充作用。第九章以奥巴马的开学演讲为语料，以感知模拟论为切入点，阐释了概念隐喻和概念语法隐喻融会贯通的可能性，指出语篇中存在概念隐喻与概念语法隐喻的融通体，即融通隐喻，以及融通隐喻在该语篇中的具体表征。第十章以古诗、演讲和小说为语料，选取其中四个故事隐喻，从感知模拟的视角，分析听者/读者被“运送”至故事世界的过程，即喻体故事向本体故事映射的认知过程。第十一章是对全书内容的总结。希望本书的研究成果能为隐喻研究者、语篇分析的研究者们提供参考，也能为高校英语专业本科高年级阶段的精读教学提供一定的借鉴作用。

祝　敏

2019 年 8 月于杭州

目　　录

第一章　导言 …………………………………………………… (1)

第一节　研究背景 ………………………………………………… (1)

第二节　研究方法和理论框架 …………………………………… (6)

第三节　研究目标 ………………………………………………… (7)

第二章　隐喻和隐喻研究 ……………………………………… (9)

第一节　隐喻的界定 ……………………………………………… (9)

第二节　隐喻的识别 ……………………………………………… (16)

第三节　隐喻的类别 ……………………………………………… (17)

第四节　隐喻和其他形式的修辞语言 …………………………… (18)

一　转喻 ………………………………………………………… (18)

二　夸大的陈述和保守的陈述 ………………………………… (19)

三　习语 ………………………………………………………… (19)

四　非语言隐喻 ………………………………………………… (20)

五　文学隐喻与常规隐喻 ……………………………………… (21)

六　复杂性 ……………………………………………………… (22)

七　关于语言的设想 …………………………………………… (23)

本章小结 …………………………………………………………… (25)

第三章　概念隐喻和概念隐喻理论 …………………………… (26)

第一节　理论框架 ………………………………………………… (26)

一　概念隐喻的本质 …………………………………………… (26)

二　概念隐喻的分类 …………………………………………… (27)

三　哲学基础：体验哲学 ……………………………………… (29)

四　特点：系统性 ……………………………………………… (31)

五　运作机制：跨域映射 ……………………………………… (35)

第二节　新发展 …………………………………………………… (36)

一　隐喻的神经理论 …………………………………………………… (36)
二　概念整合理论………………………………………………………… (37)
三　感知模拟论和语境制约下的模拟器理论 ………………………… (40)
第三节　局限性……………………………………………………………… (45)
本章小结……………………………………………………………………… (47)
第四章　语法隐喻和语法隐喻理论 ……………………………………… (49)
第一节　语法隐喻在古代的出现和使用 ………………………………… (49)
第二节　系统功能语言学的语法隐喻理论 ……………………………… (50)
一　理论框架…………………………………………………………… (50)
二　新发展……………………………………………………………… (62)
三　局限性……………………………………………………………… (71)
第三节　语法隐喻理论的哲学意蕴 ……………………………………… (74)
一　语义观……………………………………………………………… (74)
二　纯理（元）功能思想 ……………………………………………… (75)
三　语境观……………………………………………………………… (77)
本章小结……………………………………………………………………… (79)
第五章　概念隐喻理论与语法隐喻理论的比较 ………………………… (81)
第一节　概念隐喻理论与语法隐喻理论的不同 ………………………… (81)
一　本质的不同………………………………………………………… (82)
二　研究重点的不同 …………………………………………………… (83)
三　对语言与经验之间关系的看法的不同 …………………………… (84)
四　对隐喻存在于何处的看法的不同 ………………………………… (85)
第二节　语法隐喻理论与概念隐喻理论的相似之处 …………………… (87)
一　建构主义观点……………………………………………………… (87)
二　把隐喻看成一种语义现象的观点 ………………………………… (88)
三　对隐喻创造相似性和构建社会现实的认同 ……………………… (90)
四　对隐喻使用者的意识形态和态度的体现 ………………………… (92)
第三节　语法隐喻理论与概念隐喻理论的互补性 ……………………… (95)
一　隐喻的功能………………………………………………………… (96)
二　隐喻的工作机制 …………………………………………………… (97)
三　隐喻的认知理据 …………………………………………………… (98)
第四节　语法隐喻理论与概念隐喻理论的交叉点 ……………………… (102)

一　名词化和本体隐喻 …………………………………………（102）
二　从心理过程向物质过程的转化 ……………………………（104）
本章小结 ………………………………………………………（107）
第六章　莎士比亚十四行诗的隐喻分析：认知连贯机制、语篇衔接手段 ……………………………………………（109）
第一节　莎士比亚十四行诗介绍 ……………………………（109）
第二节　莎士比亚十四行诗的隐喻及隐喻网络 ………………（111）
第三节　隐喻认知机制的连贯性 ……………………………（112）
第四节　隐喻的语篇衔接 ……………………………………（121）
一　衔接理论简介 ……………………………………………（122）
二　隐喻衔接研究综述 ………………………………………（123）
三　莎诗隐喻衔接机制 ………………………………………（123）
本章小结 ………………………………………………………（133）
第七章　“讹诈”人物对话人际隐喻的认知解读 ……………（135）
第一节　小说《大饭店》及其片段“讹诈”的介绍 …………（135）
第二节　人际隐喻的认知解读 ………………………………（137）
一　语气隐喻的认知解读 ……………………………………（137）
二　情态隐喻的认知解读 ……………………………………（140）
本章小结 ………………………………………………………（143）
第八章　语法隐喻与概念隐喻二种视角在语篇分析中的融合互补 ……………………………………………（144）
第一节　语法隐喻与概念隐喻的相融之处 …………………（144）
第二节　对“玻璃的断裂”一文的语篇分析 ………………（149）
一　语法隐喻的分析方法 ……………………………………（154）
二　概念隐喻的分析方法 ……………………………………（156）
三　二种分析方法的结合 ……………………………………（156）
第三节　反思与讨论 …………………………………………（160）
本章小结 ………………………………………………………（161）
第九章　基于感知模拟的语篇层面融通隐喻解析 ……………（162）
第一节　研究背景 ……………………………………………（162）
第二节　概念隐喻、概念语法隐喻和感知模拟的关系 ………（163）
第三节　概念隐喻和概念语法隐喻在语篇中的融通 …………（165）

一 “物体隐喻”和名词化概念语法隐喻的融通 ……………… (165)
二 “具体行为隐喻”和名词化、形容词化概念语法隐喻的融通 ……………………………………………………… (168)
三 “人体部位转喻”和动词化概念语法隐喻的融通 ………… (171)
本章小结 ……………………………………………………………… (174)
第十章 基于感知模拟的语篇层面故事隐喻解析 ………………… (175)
第一节 故事和故事隐喻 ………………………………………… (175)
第二节 感知模拟和故事隐喻的关系 …………………………… (177)
第三节 故事隐喻在语篇中的认知过程 ………………………… (178)
一 故事隐喻一：大雁的故事 ………………………………… (179)
二 故事隐喻二：门的故事 …………………………………… (180)
三 故事隐喻三：路的故事 …………………………………… (182)
四 故事隐喻四：好汉帮的故事 ……………………………… (183)
本章小结 ……………………………………………………………… (184)
第十一章 结语 ……………………………………………………… (186)
参考文献 …………………………………………………………… (189)
后记 ………………………………………………………………… (207)

第一章

导　　言

第一节　研究背景

隐喻研究一直以来都是文体学家、哲学家、心理学家以及语言学家所关注和探讨的话题。隐喻研究大致可分为非构建主义和构建主义两大阵营，前者因袭了修辞学或文体学的理论传统，将隐喻看作附属于语言之上的一种反常的语言运用现象；后者则将它看作介于语言、现实和思维之间的、即反映语言的本质又反映人类智能工作机制的一种动态过程（Ortony，1979）。隐喻研究有着悠久的历史，自 20 世纪以来，它已然成为跨越心理学、哲学和语言学的多维度研究领域。国内外的诸多学者对隐喻展开了深入的研究和探索。

西方学者主要从修辞学、哲学和认知语言学等方面对隐喻展开研究。亚里士多德（Aristotle）是第一位对隐喻做系统研究的学者。他认为，隐喻属于一种修辞现象，对于隐喻的本质问题，他提出："隐喻是对借来之词的使用，或者从种借来用于属，或者从属借来用于种，或者从属借来用于属，或者通过使用类比。"（亚里士多德，2003：339）亚里士多德的隐喻观对后来的隐喻研究产生了深远的影响。传统上通常称为"替代论"和"比较论"的隐喻理论实际上都来源于他。公元 1 世纪的古罗马语言修辞研究者昆体良（Marcus Fabius Quintilianus）明确提出了隐喻的"替代论"。他认为，所谓隐喻实际上就是用一个词去替代另一个词的修辞现象（束定芳，2000：3）。"比较论"也可以称作"相似论"或"类比论"，这一理论强调，源域与目标域之间的特征比较是构成隐喻解读基础的基本过程，是对分别源于两个不同义域里的词彼此之间的相似性经过比较而建立起来的一种联系（王文斌，2006：26）。可见，不管是"替代论"还是"比较论"，它们都是亚里士多德隐喻观的衍生物。

隐喻的“替代论”和“比较论”在西方统治隐喻研究长达2000多年，直到20世纪30年代，理查兹（Ivor Armstrong Richards）出版了《修辞哲学》（1936）一书，提出了隐喻的“互动论”，结束了这两个理论的统治地位，实现了隐喻研究史上从修辞格研究到认知方式研究的过渡。理查兹纠正了传统修辞学对隐喻一词以及有关概念的混乱用法，首次对参与隐喻的两个部分提出了本体和喻体的概念，并指出两者之间的关系是互动的。理查兹将隐喻定义为：要解决某词是否用作了隐喻，可以通过确定它是否提供了一个本体和一个喻体并共同作用产生了一种包容性的意义（Richards，1936：119）。布莱克（Max Black）在理查兹所提出的“互动论”的基础上，进一步强化并完善了这一理论，使“互动论”成为继“替代论”和“比较论”以后最具影响的第三种隐喻解释理论（束定芳，2000：3）。布莱克认为，隐喻两项（即本体和喻体）不是单个的词，而是两个系统，是“相关的常识”，在隐喻的使用和理解过程中相互作用，喻体的某些特征和结构被投射在本体上，本体的原有特征被“选择、掩盖或凸显”（Black，1962：230），结果使本体和喻体在隐喻使用者或理解者看来具有相似的特征或结构，体现出隐喻的认知意义和表达功能。

1980年，隐喻研究进入了一个新的时代，其标志是莱考夫和约翰逊所著的《我们赖以生存的隐喻》一书。该书的出版在全世界范围内掀起了隐喻研究的热潮，催生了认知语言学的诞生。莱考夫、约翰逊指出，隐喻渗透在了日常生活之中，不仅存在于语言之中，同样存在于思维和行动之中。因为，在日常生活中，人们是依据一定的概念体系来思维和行动的。这些概念体系的本质在很大程度上是隐喻性的（Lakoff和Johnson，1980：3）。他们的隐喻观被称为“概念隐喻理论”，是基于主客观相结合的经验主义语言观，涉及“跨域映射”，即从源域到目标域的投射，通过将基本经验映射到抽象认知域上，从而达到理解抽象事物的目的（朱建新，2009：121）。

随后，另一位著名的认知语言学家福柯尼耶（Gilles Fauconnier）和特纳（Mark Turner）提出了“概念整合理论”，进一步深化和发展了“概念隐喻理论”。该理论中的“概念整合”，是指心理空间的合成，而心理空间是指人们交谈和思考时为了达到局部理解与行动的目的而构建的概念集（Fauconnier和Turner，1996：113）。概念整合理论是关于对言语交际过程中各心理空间相互映射并产生互动作用的系统性阐述，其宗旨就是试图揭示隐喻及一般言语意义在线构建背后的那座认知冰山（王文斌，2005：26）。

近年来，国外认知语言学界又出现一个突破传统隐喻研究的理论——感知模拟论（Ritchie，2006、2010a、2011、2013；Barsalou，1999、2008；Gibbs 和 Matlock，2008）。它起源于认知心理学家巴萨罗所提出的关于感知符号系统的理论（Perceptual Symbol System）。巴萨罗（1999）认为，概念神经系统和知觉神经系统在每一个层面上都是平行和相互作用的，概念神经系统能部分地模拟知觉体验的任何方面。在我们加工语言时，我们经历了内部生理状态和认知状态的模拟感受，以及情感反应和外部感受如视觉、听觉、触觉等的模拟。吉布斯（Raymond W. Gibbs Jr.，2006a、2008）的研究表明隐喻加工同样也涉及感知模拟。里奇和祝敏（2015）进一步阐述了隐喻的加工过程：语言单位（词汇、短语及语法结构）部分激活了与所指称的物体、状态和行为相关联的神经通路，即对隐喻喻体的部分模拟，被激活的有关隐喻喻体的部分模拟又与隐喻本体相连。这一解释从认知心理和神经机制的角度进一步阐释了隐喻是如何被识解的。尽管感知模拟论可以作为一个独立的隐喻理论而存在，它常常被看作概念隐喻理论的延伸和补充，因为它可以用于进一步解释莱考夫和约翰逊有关概念隐喻的基本论断：隐喻不仅通过喻体来表达，而且借助于喻体来体验（Lakoff 和 Johnson，1980）。

韩礼德的“语法隐喻理论”与“概念隐喻理论”出现在同一时代，同样在语言学界引起了巨大反响。作为系统功能语言学派的创始人，韩礼德在他所著的《功能语法导论》（[1994] 1985）最后一章中首次提出了“语法隐喻”这一术语。他认为，语法隐喻不是用一个词去代替另一个词，而是用某一语法类别或语法结构去代替另一语法类别或语法结构。这两个类别分别代表了一个给定意义的两种表达变异：一致式，即通常所说的“直白”的语言，和隐喻式，即与一致式相对应的，在某种程度上经过了“转义”的语言（Halliday，[1994] 1985），这种语法形式或语法范畴之间的转换就形成了语法隐喻。韩礼德在 1985 年提出语法隐喻后并没有止步，他对科技语篇进行研究，将语法隐喻形式扩展到 13 种，囊括了词汇语法层的类转移（词类的转化）和级转移（语法层级的转化），语法隐喻理论得到进一步扩展。韩礼德把这 13 种隐喻形式称为“语法隐喻综合征”（Syndrome of Grammatical Metaphor）（Halliday，1996）。对“语法隐喻理论”的发展做出重要贡献的国外学者还有马丁（1992）、麦蒂森

（1992、1995）、汤普森（1996）、格特力（1997）等人，他们对“语法隐喻理论”进行了补充、修改和完善，尤其强调了语法隐喻的语篇功能，发展了语篇隐喻理论。“语法隐喻理论”是对现代语言学的一大贡献，它在解析语言与现实之间隐喻性关系的基础上，探讨了语言的词汇语法系统是如何重构人类经验并成为意义产生的源泉即意义潜势的，更重要的是它表明了韩礼德对于语言与现实的关系这一语言哲学的核心命题的观点（杨志勇，2010：iv）。

在国内，隐喻研究同样有着悠久的历史，只不过国内学者使用的有关隐喻的术语不同于西方的学者。如中国古代的“比”和“兴”都属于我们现代所研究的隐喻的范畴。“比”是人与自然的相互类比，即取某一物的某个特征来打比方，所以它是诗中具有特殊意义的形象。“兴”是托物言事，即用一物来引起情思（陈家旭，2004：35）。它们共同的一个原则就是用一事物去说明另一事物，以达到说明某一事理的目的。中国古代的学者均把隐喻作为比喻的一个分支，也就是一个没有比喻词的明喻，很少把隐喻专门提出来讨论，都是把它放在“比喻”这个大纲下与明喻等平行地加以研究。正是由于这一隐喻研究的传统，造成直到 20 世纪 70 年代，隐喻一直被国内学者作为比喻的一个下项，在狭隘的修辞范围内进行研究。此后，随着国内学者对国外隐喻理论的引介，研究者们着手运用现代语言学理论，如符号学、语义学、语用学、认知语言学，探索隐喻的分类、隐喻的生成机制以及它与抽象思维之间的关系这一类深奥的话题。国内隐喻研究呈现出多样化的蓬勃发展。

隐喻的认知研究是我国当代隐喻研究的重点之一。赵艳芳（1995）和林书武（1997）是较早介绍认知语言学和隐喻认知理论的二位学者。蓝纯（1999）借鉴国外的隐喻认知理论，通过真实语料的分析，研究汉语的空间隐喻现象。他是我国较早运用隐喻认知理论对汉语进行研究的学者。束定芳是我国当代隐喻研究的最著名的学者之一，他的《隐喻学研究》（2000）一书，在吸收和整理西方隐喻理论的基础上，对隐喻的产生原因、工作机制和本质特征以及隐喻的功能等进行了全面的讨论和分析，可以说是我国从认知角度研究隐喻的第一本专著。王寅（2002）撰文介绍和论述了认知语言学的哲学基础：体验哲学。胡壮麟（2004）则展示了认知隐喻研究的多元视角和跨学科研究的前景。

与此同时，语法隐喻理论也是国内学界隐喻研究的热点之一。语法隐喻在我国的研究可以分为三个阶段：20 世纪 90 年代为引介和阐释期，21 世纪初为创新和发展阶段，近五年左右为跨学科融合发展期（张德禄、雷茜，2013：2）。第一阶段的研究成果主要为朱永生（1994）和胡壮麟（1996）对语法隐喻的介绍和阐释。第二个阶段为理论论证、完善和创新阶段。主要成果为胡壮麟（2000）、严世清（2003）、朱永生（2006）等学者对语法隐喻理论的质疑、扩展和完善。随着认知科学的发展，认知科学理论被应用于语法隐喻研究，出现了跨学科融合发展的研究，即语法隐喻研究的第三个阶段。如范文芳（2007），何伟（2008），林正军、杨忠（2010），丛迎旭（2011），杨波（2013），丛迎旭、王红阳（2017）等均从认知层面分析和阐释了语法隐喻的生成机制，是认知科学理论和语法隐喻理论互补研究的有益尝试。

故事隐喻研究属于跨学科研究的新兴领域，还未引起学界的广泛关注。在为数不多的研究者中，研究成果丰硕、最具代表性的人物是美国波特兰州立大学传播系教授大卫·里奇。里奇（2010a、2011、2012、2013、2014、2017）的研究表明，隐喻和故事有着密不可分的关系。用作隐喻喻体的单个词及短语具有指示和激活故事及其蕴含的延伸性含义的能力，这些词或短语被里奇称为故事索引。有些隐喻只有在激活了其中蕴含的故事后，才能被透彻理解。有关“故事隐喻”的系统理论正在逐步形成，但仍有许多细节问题有待澄清，如“故事隐喻”激活的具体条件、“故事隐喻”激活的个体差异性等，对“故事隐喻”的研究仍处于起步阶段，缺少对故事隐喻的实证研究以及应用研究。

国内有关故事隐喻的研究相对贫乏，主要集中在对故事中所蕴含的隐喻的分析，研究视角以文学批评为主，还涉及社会伦理学、认知语言学等角度，如王晓明（2005）、田俊武（2016）等。这些研究强调“隐喻”对构建“故事”所起的作用，而忽视了“故事”和“隐喻”之间的相互作用，故它们只是语篇层面上的隐喻研究，并非真正意义上的“故事隐喻”研究。

在当今的学术界，语法隐喻理论和概念隐喻理论已经成为十分流行的隐喻研究的理论框架。它们分别属于不同的学科：一个属于认知科学的领域，另一个是系统功能语言学的重要组成部分。隐喻研究者们对两个理论均做了充分研究，并将它们应用于分析不同类型的语篇，尤其是文学语篇。但是，这些研究大多是对这两个理论的孤立的研究，很少有学者将两者进行对比或比较，并在分析某一特定语篇时，将它们结合起来用以阐释该语篇的隐喻的表达形式和生成机制。尽管国内已有学者运用认知科学理论如概念隐喻理论、原型范畴理论、兰盖克的认知语法、象似性原则等阐释语法隐喻的生成机制和认知理据，然而在研究认知语言学的概念隐喻时，却很少有学者借鉴语法隐喻的理论框架来解释它的表达机制。而对故事隐喻的研究则相对比较薄弱，研究人数少，成果的影响力不够。故本研究的开展旨在深入探索概念隐喻理论和语法隐喻理论的融贯性，以及新兴的故事隐喻理论应用于语篇分析的可行性，同时向隐喻研究者和语篇分析研究者们展示一个语篇层面的隐喻分析的多维视角：（1）概念隐喻视角；（2）语法隐喻视角；（3）概念隐喻和语法隐喻的融通视角；（4）故事隐喻视角，希望能对国内的隐喻研究及语篇分析研究的发展有所促进。

第二节　研究方法和理论框架

在人文社会科学的研究中，人们经常使用定性分析和定量分析方法。本研究使用的方法属于前一种。定性分析方法体现的是人文主义方法的哲学观，它把世界看作既是一个有着多重构建的社会现实又是个体主观意识的产物，人们在这个世界中的行为特征与过程是错综复杂的，没有清晰的普遍行为模式可寻，每一个个体的主观世界和行为方式都会因其所处的环境不同而各异。因而，对人类行为的认识必须通过深入的观察、描写与解释（张铭涧、车晓军，2006：100）。所以，本研究将以具体的语料为依据，以语法隐喻理论和概念隐喻理论为指导，并结合感知模拟论和故事隐喻的最新研究成果，采用描写与解释相结合的方法，分析与解构不同类型的语篇中的隐喻，并提出一个适合分析各种语篇语境下的隐喻的多维模式。

认知语言学领域的革命性理论概念隐喻理论，认为隐喻是从一个具体的概念域向一个抽象的概念域的系统映射；隐喻是思维问题，不是语言问题；隐喻是思维方式和认知手段。语法隐喻理论是功能语法的重要组成部分，揭示了存在于词汇语法层与语篇语义层接面上的一种重要语言现象。语法隐喻是用一种语法结构去代替另一种语法结构的表达。该理论认为，人类对经验意义的描述在语法层面上有两种方式：一种是一致式或叫无标记形式；另一种是隐喻式，或叫有标记形式。研究语法隐喻的意义不仅在于阐释语篇意义，更重要的是对揭示语言本质和人类认知有重要的理论意义和实践价值（张德禄、雷茜，2013：1）。

基于这两大隐喻理论的框架，在本研究中，笔者提出语法隐喻理论和概念隐喻理论可以相互贯通，并可融合互补，共同用来分析某一特定语篇，因为它们对隐喻的许多观点和看法都是一致的。它们同属于建构主义派别；都认为隐喻是一种语义现象；都相信隐喻可以重塑人类经验，并为我们创建社会现实；两者都认为隐喻可以反映隐喻使用者的意识形态、态度和看问题的角度（付岩，2009：iii）。

本研究选用小说、诗歌、科技文章、演讲语篇作为分析样本，其中的隐喻分别从以下维度展开分析：语法隐喻维度聚焦于隐喻的表达形式，具体地说，联系语言的元功能阐释语篇中为何会出现某种形式的隐喻表达，同一语篇中的各种隐喻如何显性地相互联系，或者说，如何在语言形式上相互联系；概念隐喻维度聚焦于隐喻的认知心理，即在某一语篇中读者感受隐喻的认知过程（对知觉体验的部分模拟），以及这些隐喻如何隐性地相互联系，换言之其中的认知连贯机制是什么。融通隐喻维度聚焦于概念隐喻和概念语法隐喻在认知层面上的融合，即隐喻的表达式和认知机制之间的关系。故事隐喻维度聚焦于隐喻所涉及的社会文化因素，将隐喻置于某一历史时期的社会文化背景下解读。最后指出隐喻的外在表达形式、内在认知机制、社会文化因素如何相互作用并共同构建语篇意义。本研究把在语篇中挑选的隐喻分为四种类型：（1）纯粹的概念隐喻；（2）纯粹的语法隐喻；（3）融通隐喻（概念隐喻和概念语法隐喻的融通体）；（4）故事隐喻，并将研究的重点放在融通隐喻上，因为它是概念隐喻和语法隐喻融会贯通的最佳表征，在此之前，国内学界未有人从语篇层面对融通隐喻展开过研究。

第三节 研究目标

本研究通过比较概念隐喻和语法隐喻的异同点，找出二者交叉相融之处，并结合感知模拟论和故事隐喻的最新研究成果，对不同类型的语篇（如小说、诗歌、演讲）中的各类隐喻（概念隐喻、语法隐喻、融通隐喻、故事隐喻）展开分析，以探究下列关键问题。

（1）概念隐喻理论和语法隐喻理论如何以及在何处可以相互融合或

相互关联，两者的融贯性体现在哪些方面？

（2）如何界定语篇中的融通隐喻（概念隐喻和概念语法隐喻的融通体）和故事隐喻？

（3）如何对融通隐喻和故事隐喻展开语篇分析？

（4）如何构建一个语篇层面的隐喻分析的多维视角？

本研究的重要性就在于笔者尝试探索语法隐喻理论和概念隐喻理论的融贯性在语篇分析中的运用以及语篇中故事隐喻的界定和分析，其目的在于，通过对隐喻的立体解构：从最外层的社会文化背景到隐喻的词汇语法层面直至内在的认知心理层面，帮助读者深入理解隐喻的生成和运作机制。由于语篇语境下的隐喻和语篇主题或论题有着千丝万缕的联系，对它们的研究有助于对语篇主题意义或中心论点的进一步解读。最后笔者总结归纳了用于分析语篇层面的隐喻的多维模式，旨在展现语法隐喻理论与概念隐喻理论融贯性研究的实际应用价值以及隐喻研究的前沿成果：感知模拟论和故事隐喻应用于语篇分析的可行性。

第二章

隐喻和隐喻研究

第一节 隐喻的界定

在开始讨论有关隐喻如何运作以及它们如何被运用的问题前，有必要先明确我们谈论的内容——什么是隐喻？如何将隐喻与语言的其他运用相联系？如果对什么是隐喻没有清楚的概念，不了解每个研究者如何界定和识别隐喻，就不可能理解隐喻研究的成果，比较不同的研究，抑或对隐喻展开系统研究。

对“什么是隐喻”这一问题的回答并不容易。其中的一个极端回答是雄辩而又华美的文学隐喻，如经常被引用的诗行，“All the world's a *stage*①, and all the men and women merely *players*”（大千世界是*舞台*，所有的男人和女人都是*表演者*）②。事实上每一个人都会将“*舞台*”和“*表演者*”这些词汇当作隐喻，尤其是出现在被流放的公爵和他的一个侍从杰克斯（Jaques）之间对话的场景语境下。

在接下来的诗行中，杰克斯进一步扩展了这些隐喻，将“人生的七个阶段”描述为“*动作*”，从“the infant / Mewling and puking in the nurse's arms”（婴孩，在保姆的怀中啼哭呕吐）开始，接着是“the lover / Sighing like furnace, with a woeful ballad / Made to his mistress' eyebrow”（情人，像炉灶一样叹着气，写了一首悲哀的诗歌咏着他恋人的眉毛），最后是“Last scene of all, / That ends this strange eventful history, / … second childishness and mere oblivion, / Sans teeth, sans eyes, sans taste, sans everything”（终结着这段古怪的多事的历史的最后一场，是孩提时代的再现，

---

① 本章用斜体表示体现概念隐喻的词汇。

② 出自莎士比亚的戏剧《皆大欢喜》第2幕，第7场，第139—140行。

全然的遗忘，没有牙齿，没有眼睛，没有口味，没有一切）。

还有许多其他熟悉的短语基于这个“*舞台*”隐喻，如“the journalist's *role* in a democracy”（记者在民主政治中的*角色*），某个因频繁的情感爆发而为大家所熟知的人被称为“*drama queen*”（*戏剧女王*），一个夸大自己对某一项目贡献的人“*hogging* the *spotlight*”（*像猪般贪婪地攫取聚光灯*）①。而在一首保罗·安卡（Paul Anka）1969年创作的歌曲②中，弗兰克·辛纳屈（Frank Sinatra）等人唱道：“When I *face the final curtain*”（当我*面对落下的幕布*）。戈夫曼（Erving Goffman）（1959）从“*front-stage performance*”（*台上表演*）和“*back-stage* preparations”（*台下*准备）的角度分析了人与人之间的社会交往，梅罗维茨（Joshua Meyrowitz）（1985）则将“*front-stage/back-stage*”（*台上/台下*）的隐喻用于电视内容的评论中。

而位于另一个极端的回答是像“*上升*的价格”“*冰冷*的问候”“*亲密*关系”“*没有上升空间*的工作”这一类为大家所熟悉的表达。这些短语表达的肯定不是字面意义，因为价格不是处在某位置的物体或能在不同位置间移动的物体，问候也不是有温度的物体或物质，但它们极为常用且浅显易懂，故似乎没有被看作隐喻。更有甚者，像“*薪水*”这样有着隐喻起源的词汇，只有专家才能将其确认为隐喻③。处于这两个极端之间的隐喻是像美国前总统奥巴马（Barack Obama）演讲④中的“*brought* the convention to a *stalemate*”⑤（*使大会陷入僵局*）和英国前首相布莱尔（Tony Blair）演讲⑥中的“*end in the same place*”（*在同一个地方结束*）这样的短语。

---

① 注意这个短语将“*舞台*”隐喻与一个普通的动物隐喻“贪婪者是*猪*”结合在了一起。

② 由Paul Anka创作的歌曲《我的路》最初收录在Frank Sinatra的专辑《我的路》中，由Claude Francois和Jacques Revaux作曲，Reprise唱片公司发行。

③ “Salary”（薪水）一词源自拉丁语“sal”（盐）；曾经古罗马士兵的俸禄是按月分配的一定数量的盐，因为在当时，盐是交换的媒介物。习语“not worth his salt”（不值他的盐，意为不称职），极有可能源自同样的喻体。

④ 本章节中所选取的奥巴马演讲中的语料均来自于奥巴马在竞选总统期间，于2008年3月18日所做的题为“更完美的联邦”的演讲。

⑤ 这个短语也将两个不同的隐喻“大会是可以携带的物体”“大会是棋局”结合在了一起。

⑥ 本章节所选取的布莱尔演讲中的语料均来自布莱尔于2005年春，在盖斯黑德（Gateshead）工党年度大会上所做的演讲。

基于人们对隐喻的传统的看法：用一个词替代意义明显不同的另一个词，将一种想法比作另一种想法，或者创造隐含的类比或明喻，“隐喻”可以有各种不同的定义。例如，《牛津英语词典》（未删节版）将隐喻定义为既是迁移又是类比：“隐喻是这样一种修辞手法：一个名称或描述性词语被迁移至某个物体，它不同于但又类似于它适用的那个物体。”亚里士多德把隐喻看作基于类比规则的隐含的比较。根据这个定义，奥巴马在演讲中使用的短语“the *original sin* of slavery”（奴隶制*原罪*）含蓄地将奴隶制比作亚当和夏娃违背上帝意志的原罪，布莱尔的“some of you *throw a bit of crockery*”（你们中的一些人向我*扔来了碗碟*）含蓄地把在一次政治争论中对首相违反党内原则的指控比作在一次夫妻争吵中扔碟子的行为。考威塞斯（Zoltán Kövecses）（2002：vii）给出了一个类似的定义：“隐喻是一种通过说某物是另一物而将一个事物比作另一个事物的修辞手法。”在该定义中，隐喻被认为是不使用比较词（如像……一样）的明喻。我们再来看考威塞斯的例子，它经常出现在哲学和语言学的文献中，把“阿喀琉斯（Achilles）*像*狮子*一样*”改成“阿喀琉斯是狮子”。阿喀琉斯，或更确切地说，阿喀琉斯的性格（本体）被比作狮子（喻体），因为它们在特定的品质上有着相同之处，如凶猛和胆量。［这些为比较提供基础的特质通常被称为隐喻的“*根据*”（ground/grounds）。］正如考威塞斯（2002）所指出的，从传统的观点看，隐喻是一种基于可以识别及比较的两个实体的共有的特质并主要用于美学或修辞目的的比喻手法。

从把本体比作喻体的角度给出的定义似乎更适合用在由“是”或类似的动词连接的两个名词组成的隐喻上。在“阿喀琉斯是*狮子*”中，阿喀琉斯展现了像*勇敢*这样的品德或人格特点，而*勇敢*通常是归属于狮子的特质。因此，“阿喀琉斯是*狮子*”似乎仅仅是用不同的措辞表达“阿喀琉斯*像狮子一样勇敢*”，这种解释似乎抓住了隐喻的要领。一些不包含“是”的隐喻可以被转换成这种形式，而其意义不会改变，例如，“*竹竿*”经常被用于“那孩子是一根*竹竿*”这一类的句子中，在这个隐喻中，又高又细的特质被赋予快速生长的孩子身上，这种比较的定义似乎抓住了大部分或所有的欲表达的意义。

乍一看，含蓄比较的解释似乎适用于“*世界是舞台*”这一隐喻，但当我们读完杰克斯详述该隐喻的整个段落，我们发现莎士比亚的意思不仅仅是把社会表现比作戏剧表现（Black，1993）。这个定义也无法用于解释布莱尔的“你们中的一些人向我*扔*来了*碗碟*”这一类隐喻，以及来自奥巴马演讲的“*incendiary* language”（*煽动*性的语言）这一类形容词隐喻。为了从暗示的明喻的角度分析这些隐喻，我们将不得不用有可能会改变它们在语境中的意义的方式改变每一个陈述的句型。这些隐喻中的每一个都与它的语境有着复杂的关系，而这些语境与将隐喻简单地转换为“A 是 B”的陈述是不相符合的。“你们中的一些人向我*扔*来了*碗碟*”不仅仅将政治争论比作配偶间滑稽的带有暴力倾向的争吵；此外它还暗示了布莱尔先生和党内持不同意见者各自的角色和这些分歧的深刻内涵。通常“*煽动*性的语言”可能被看作赖特（Jeremiah Wright）教士[①]语言中强烈情感的简单描述，但在美国，像“Burn Baby Burn”[②]（燃烧吧，宝贝）这样的言辞都会引发城市骚乱和纵火案件的发生，可见，在美国种族关系的语境下，该隐喻会引起意义深远的反响，而远不止简单的比较。

肯尼斯·伯克（Kenneth Burke）（1945）的定义超越了隐喻的传统定义，他认为隐喻是“用别的事物理解某事物的手段”。亚诺（Dvora Yanow）（2008）将隐喻定义为“在一个单一的语境中两个表面上不相似的成分的并置，在该语境中，两个分别理解的意义相互作用，各自产生新的认识，尤其是关于隐喻焦点的认识”。用略微不同的措辞，塞米诺（Elena Semino）（2008：1）将隐喻定义为“我们用另外的事物谈论和潜在地思考某事物的现象”。下面笔者用塞米诺的定义来分析隐喻，如“*煽动*性的语言”的喻体“*火*”被用来谈论和思考具有强烈情感的语言的某种抽象的特质；“*扔碗碟*”的喻体“*夫妻间的吵架方式*”被用来谈论和思考某些工党成员和其他公民对布莱尔先生的批评方式。

尽管这些定义较之隐喻的传统观念“省略比较词*像……一样*的明喻”是一大进步，但它们仍然比较模糊——用*火*来理解一次布道中的词汇是什么意思？当我们用*火*来谈论和思考来自一次布道中的词汇时，我们到底做了什么？当我们用*扔碗碟*来谈论和思考一次党内的争吵时，我们又做了什么？可见，对像隐喻这样复杂的现象给出一个满意的定义有多难。可能有

① 美国前总统奥巴马的家庭牧师赖特，在 2008 年大选期间多次发表涉嫌煽动仇恨的言论，严重影响了奥巴马的形象。

② “Burn Baby Burn”是收录在《欢迎来到新世界》（*Welcome to the New*）专辑中的一首歌曲，演唱者为 MercyMe。

人会援引美国最高法院法官波特·斯图尔特（Potter Stewart）对色情文学所下的定义“我看到它，我就明白了”这一例子来说明界定隐喻的难度。

值得一提的是，我们甚至试图依靠隐喻来定义隐喻。“Metaphor *vehicle*”（隐喻*喻体*）本身就是一个隐喻，表达了隐喻词汇或短语“*携带*”与本体相关的意义的概念。“*Detachment*”（*脱离*）和“*disengagement*”（*解脱*）也似乎是隐喻性的：它们体现了实际事务被看作某种物体，务实的人们*依附*或不*依附*于它。故对“*煽动性的*”或“*扔碗碟*”如何被界定为隐喻的解释往往会导致对其他隐喻语言的使用。

在伯克的隐喻定义“a *device* for *seeing* something in terms of something else”（用别的事物*理解*某事物的*手段*）中，“*device*”（*手段*）的字面意义是某种*机器*或*工具*，它的隐含意义是被动的状态——活动由手段的*使用者*完成。“Seeing”（*理解*）的字面义是一种感知模式：视觉，但在这里它可以被理解为转喻词（用表明某一概念的词指代相关的概念）。读者看见隐喻，但听者听见隐喻。如果我们把伯克的措辞改成“用别的事物*感受*某事物”，那么很显然*感受*本身就可以被理解为指代语言被感受和领会的一系列过程。“*看见*”和“*听见*”通常被用作*理解*隐喻，尽管它们常常表达理解的不同方面。

在这点上，显然塞米诺的定义和伯克的定义有很多相同之处——但二者的不同也不容忽视，因为它们在理论上都很重要。伯克定义中的*理解*（*seeing*）暗示了对观众的强调，而非言者或作者；考威塞斯和塞米诺定义中的*谈论*（*talking*）暗示了对隐喻创造者，即言者或作者的强调。伯克在定义中用的是“*手段*”（*device*），塞米诺用的是“*现象*”（*phenomenon*）。*手段*强调感知者的行为，而*现象*更多的强调隐喻本身，它作为活动的中心，独立于言者或听者。伯克和塞米诺关于隐喻的定义都不同于考威塞斯的定义，他仅仅将隐喻看作修辞手法和所做的比较。

塞米诺的论断我们“用另外的事物潜在地思考某事物”在某种程度上延伸了隐喻定义，暗示了隐喻的认知属性：隐喻可能是一种思维的属性。概念隐喻理论（Lakoff 和 Johnson，1980）① 介绍了一种思考隐喻的方式，它进一步拓展了这种暗示。莱考夫和约翰逊将隐喻定义为不仅用别的

① 当讨论 Lakoff 和 Johnson（1980）的“概念隐喻”时，我会用大写字母标注包含潜在喻体的更宽泛的隐喻概念，如 MORE IS UP（多是上）。

事物思考某事物，实际上还用别的事物体验某事物。当我们谈论“*温暖*的关系”时，根据莱考夫和约翰逊的观点，我们将爱的情感体验为实际的体温，其潜在的概念隐喻为“EMOTION IS TEMPERATURE”（情感是温度）。当我们在理解奥巴马对赖特*煽动*性语言的描述时，我们把语言中的这种强烈情感体验为与*火*有关的感受，其潜在的概念隐喻为“PASSION IS HEAT”（激情是热量）。当我们听到布莱尔有关工党内部政策争议的描述时，我们将它们体验为配偶间互扔碟子的口角。塞米诺的论断在某种程度上没有莱考夫和约翰逊的观点那么极端，但也没有他们的那么精确。她并没有说将“*煽动*性的语言”体验为火，而仅仅是认为借助于*火*来体验它——她的意思似乎是在我们加工处理隐喻时，我们体验了与火有关的某种情感的、理性的或许是感性的反应。

然而，亚诺的界定也同样重要：隐喻的本体和喻体必须“表面上看是不相似的”。在最直接的例子中，本体和喻体来自完全不同的体验领域。因此，“*煽动*性的语言”是隐喻，因为语言是用来表达意义的规则化的语音系统，它借助于*火*，一种炽热的、毁灭性的燃烧过程来理解。“悲痛是*旅行*”（Obst，2003）被归为隐喻，因为悲痛，一种情感反应的变体被描述为*旅行*，一种穿越空间的延伸的运动过程。

然而，在另一些常见的例子中，本体和喻体属于紧密相关的体验领域，例如，“白是*新的黑*”和“他是*另一个成龙*”。*白*和*黑*是两种对立的色度，故“白是*新的黑*”似乎陈述的是谬误。然而，这种比喻将人们的注意力从颜色的领域转移至时尚的领域，因此含蓄地唤起了一个截然不同的体验领域。在“他是*另一个成龙*”中，转移发生在两种身份之间，这也可以用亚诺的“表面上看不相似”的标准来解释。

即便是亚诺的定义也并非表面上看到的那么简单易懂。首先，该定义暗示了表达可以是隐喻的或非隐喻的，但是有很多表达是很难给出清楚的界定的。一个频繁讨论的例子是像“在争论中*获胜*”或“在争论中*失败*”、“*攻击*对手的论点”、“在争论中*捍卫*自己的*立场*”这样的一组隐喻，莱考夫和约翰逊将这些例子作为潜在的概念隐喻“ARGUMENT IS WAR”（争论是战争）的证据。但正如对它们的批评意见所指出的，莱考夫和约翰逊也承认，*争论*和*战争*都和一个更宽泛的概念*矛盾*相联系，故可以有足够的理由认为它们属于同一个更宽泛的体验领域。如果像“*获胜*”、“*捍卫*”和“*攻击*”这样的词和短语从属于这个更宽泛的概念*矛*

盾，那么将它们应用于*争论*就属于转喻而非隐喻。

另一个问题来自会引起歧义的短语，这些短语表面上看是隐喻，但也适用于字面义，它们可以按照字面义或隐喻义来理解，或同时按照这两种意义来理解。在美国，如果某人将他的行为粗鲁或没有礼貌的朋友称为"*动物*"，从生物学角度上看，是符合字面意义的一种特性描述，但被用作隐喻以表达对朋友行为的一种批评态度。在"Stopping by Woods on a Snowy Evening"（雪夜林边小驻）这首诗中，弗罗斯特（Robert Frost）(1923）以"And miles to go before I sleep"（沉睡前还有一段路要走）结束全诗，并通过重复该诗句来加强语意。弗罗斯特有关骑马回家的结束语可以按照字面意义来理解，但是它出现在"I have promises to keep"（我已有约定）之后，借助于常见的概念隐喻"LIFE IS A JOURNEY"（生活是旅行）和"DEATH IS SLEEP"（死亡是睡觉），也可以看作对弗罗斯特的生活的一种隐喻；理解整首诗歌需要将它的结束语同时按字面义和隐喻义来理解。

尽管存在这些界定隐喻的困难，但至少就目前情况而言，由伯克和塞米诺提出的定义为识别布莱尔在盖斯黑德会议演讲中许多短语里的隐喻提供了参照标准。例如，"*steady hard slog*"（*漫长而艰难的跋涉*）从*穿越空间的移动*的角度体现了决策的过程，"*end in the same place*"（*在同一地方结束*）则将大选的过程描述为*穿越空间的移动*，这似乎是使用了被奥布斯特（2003）用来描述悲伤过程的同样的*旅行*喻体，它也经常被用于表达许多抽象的体验。例如，我们经常提及生活的"*起点*"、生活的"*目标*"、生活的"*方向*"、"*开始*"一个项目、项目有了"*进展*"或"*走入死胡同*"。

隐喻也可以从它不是什么的角度来定义，隐喻语言与字面意义的语言是相对立的。然而，"literal"（字面意义）这一概念也会让人难以捉摸(Gibbs，1994)。"Literal"（字面意义）与"letters"（书信）和"literacy"（读写能力）有着相同的词根，最初指的是对圣经或别的宗教文本的逐字阅读（《牛津英语字典》,未删节版）。此外，"literal"本身也经常被用于清晰可辨的隐喻义中，如"如果我不在半夜前回家，我的母亲就会*真的杀*(*literally kill*）了我"，"*literally*"是为了加强"*kill*"的语意，既可以被理解为隐喻，也可以被理解为夸张（用于强调或幽默的夸张）。

字面意义通常暗示了词汇和意义如密码般的一一对应的映射，很少有词能给予这样直接的映射，“conveyed by”（由……传达）的确切的意义通常受到语境的强烈影响（Gibbs，1994；Wilson 和 Sperber，2008）。因此，更确切地说，从字面意义到隐喻意义是逐渐变化的，从我们认为是字面的语言（*feather-pillow* 羽毛枕头）开始，到夸张的手法（*feather-weight* 羽量级选手），再到被普遍认定为隐喻的表达（*feather-brain* 健忘的人），它们构成了一个连续体。

第二节　隐喻的识别

显而易见，识别隐喻的步骤本身取决于“隐喻”是如何被定义的，这反过来又取决于潜在的理论视角。把隐喻作为两种不同事件和物体间的隐含的比较的定义与亚里士多德和考威塞斯的观点一致，这将引导分析者寻找暗示这种比较的词和短语。认为隐喻是用别的事物来感受、谈论、思考或体验某事物的定义，与塞米诺和伯克的观点一致，这会要求分析者采用不同于前者的策略对隐喻进行研究。

隐喻分析课题的网站（Cameron，2006）提供了相对灵活的辨认步骤。一个隐喻的喻体被界定为“在某种程度上与文本或谈话主题相对立（不一致或异常）”，但可以与主题相联系的词或短语。如果一个词或短语可以联系语境来解释，但是外显的语境意义与它的基本意义或惯常的意义不一致，那么它就可以被确认为隐喻①。因此，在一个常见习语“Justice is *blind*”（公正是*一视同仁*）中，“*blind*”这一概念被应用，它的基本的或常用的意义（严重视觉障碍）显然不同于它的语境意义：公正，一个抽象的概念，一个不可能具有视觉障碍的实体。布莱尔的“*扔瓷器*”描述的行为有可能发生在工党会议上，但实际并没有发生这样的行为，所以它表达的是该短语在语境中的意义②。在“雪夜林边小驻”这首诗中，*旅行的距离*（“*要走几里路*”）是用来描述*要活一段时间*，“*睡觉*”是用来描述*死亡*。在这两个例子中，隐喻意义都是通过违反基本的、惯常的意义来表达的：*要走几里路*本义指空间距离，*睡觉*本义指某人肌肉和神经系统的放松和意识暂时的不活跃状态。这些例子也说明了另一个要点：寻找反

① 确认隐喻更精确、更复杂的步骤见 Pragglejaz，2007。

② 如果有任何物体在工党会议上被投掷，媒体不可能对此保持缄默。

常用法是不够的，也有必要寻找与一个词或短语的基本义不一致的潜在的意义，即便基本义在语境中是说得通的。

最后，我们还须考虑能否给该意义一个合理的解释。乔姆斯基（Avram Noam Chomsky）（1957：15）的著名的例子，"Colorless green ideas sleep furiously"（无色的绿色想法愤怒地睡觉）适合说明以违反基本的、惯常的意义的方式使用词语的这个标准，但是我们却很难在任何一个合理的语境下给出一个有意义的解释。胡扯的话常常有着类似的特点。因此，我们有必要增加以下的标准：对于一个要被确认为隐喻的词或短语而言，它必须有可能在不受基本的、惯常的意义的支配下被给予某个合理的解释。

显然，这种方法允许个人在解释时有更大的自主权，但它仍然需要一个研究团队来明确编码规则，计算出一个度量标准，用以衡量研究团队中两个或多个成员在识别一个段落中的隐喻时的看法有多接近［这被称为编码者之间的信度（inter-coder reliability）］。这种隐喻识别和解释的信度或一致性也可以通过下述方法来验证：向交际事件的参与者或同一言语社区的其他成员咨询编码规则，将这次隐喻编码的方法与其他研究者编码其他样本的方法作比较。通过比较不同研究者如何界定和识别隐喻，我们就有可能解释他们何以得出有关隐喻界定和识别的不同结论。

第三节　隐喻的类别

显而易见，隐喻在许多方面互不相同，例如，它们对一个"典型的"听者或读者有多熟悉，它们有多常规，隐喻意义在多大程度上已*词汇化*，它们有多快速地被确认为隐喻等诸如此类的不同。正如在前面的讨论中所提到的，可以被潜在地归为隐喻的词和短语从不再被认为是隐喻的词语如*薪水*或*家谱*开始，到被普遍认为表达字面意义但又有着可以确认的隐喻起源的词语如"*升温*的关系"，再到每个人都会把它们归入隐喻的词语，如"大千世界是*舞台*"。像"*薪水*"和"*家谱*"这样的词语经常被叫作"*死*隐喻"。像"*热情*的接待"或"*远*亲"这样常见的表达有时候被叫作"*疲倦*或*睡眠*隐喻"。*充满感情*的常常被认为是*温暖*和*近*的次要字面意义，而*不友好*的则是*冷*和*远*的次要字面意义。"隐喻发展历程"理论（career of metaphor）（Bowdle 和 Gentner，2005）认为随着隐喻出现频率的增加和越来越为人们所熟知，它们就从完全的隐喻发展至部分词汇化的隐喻，最后发展为完全词汇化的隐喻。然而，莱考夫和约翰逊（1980、1999）把几乎完全词汇化的隐喻作为完全隐喻来对待，有证据表明这些词汇和短语至少在某些情况下是作为隐喻来加工处理的。

隐喻分类的另一种方法是按照词性来分。在上文讨论的例子中，其中的隐喻包括了若干种词性，如：

名词："大千世界是*舞台*"

形容词："*煽动性的*语言"

动词："*使大会陷入*""*结束于*"

莱考夫和约翰逊认为介词也常常被用作隐喻。在"这一切都*在同一个地方结束*"中，"*在*"的使用暗示了一个空间位置，它与名词"*地方*"是一致的，按照莱考夫和约翰逊的观点，它也可以被归入隐喻。依据这样的分析，"*在*恋爱*中*""*在*失望*中*"也可以被看成隐喻的表达，即将抽象概念看成了容器。

在卡梅隆（Lynne Cameron）（2003）获取的小学课堂谈话的数据中，63%的隐喻是动词或动词短语，仅有22%的隐喻是名词或名词短语。卡梅隆的数据还说明介词、副词和形容词也常常被用作隐喻。不同的词性常常会在隐喻中结合使用，如在"*go back to* your memory"（Cameron，2003：200）中，动词"*go*"、副词"*back*"以及介词"*to*"被结合在一起用于表达隐喻意义"再次考虑"。卡梅隆（2008）还指出隐喻可以按照它们是否被有意或无意使用和是否新颖或常规来分类。

第四节 隐喻和其他形式的修辞语言

*隐喻*一词有时被用作修辞的，或非字面的语言的通用语；隐喻可以被分成七种（Schneider，2008）：类比（analogy）、翻译（translation）、交换（exchange）、矛盾（contradiction）、提喻（synecdoche）、转喻（metonymy）、隐喻本身（metaphor proper）。我们常常很难确定是否一个词或短语应该被当作隐喻来理解，在这一部分，笔者将讨论可以与隐喻结合使用，或被用作隐喻的其他形式的修辞语言。

一 转喻

转喻一般指用一个词指称另一个与之紧密相关的概念的用法。转喻包括用部分指代全体，如“could you *lend me a hand*”（可以给我*搭把手*吗），其中“*手*”是转喻的指称，用来指受话者的全部身体，这也被称为*提喻*，它源自希腊语，意为*一起收到*。提喻的另一种形式是用全体指代部分，如在“the *White House* issued a statement on the controversy”（*白宫*发布了有关这个争议的声明）中，声明实际上是由白宫新闻发言人或其他被指派的官员发布的，但是如果“*白宫*”意指总统和他的顾问之间就发布声明而展开的讨论，那么它也可以被理解成“机构指代过程”的转喻。而“*President Nixon* bombed Cambodia”（*尼克松总统*轰炸柬埔寨）可以理解成“参与者或领导者指代过程”的转喻。

二 夸大的陈述和保守的陈述

夸大的陈述（夸张）有时候被用作强调，如“I have a *million* things to do today”（我今天有*一百万*件事要做）；有时被用作讽刺，如一群科学家谈论他们与不懂科学知识的人交流，“If we were better communicators, we'd be *swimming in* money.”（如果我们能更好地与人沟通，那么我们就会*畅游在*钱堆里），这也是夸张与隐喻结合的示例。同样，“I have a *ton* of chores to finish up”（我有一*吨*琐事要完成）把夸张与隐喻相结合，它潜在的概念隐喻是“NUMBER IS WEIGHT”（数量是重量）。这也可以看成夸张与转喻的结合，因为琐事的重量被用来指称与之相关联的一个概念：它们的数量。又如，“I have a *ton* of papers to grade”（我有一*吨*卷子要批改），同样是用重量指称数量。保守的陈述也常常被讽刺地使用，如“we have a *little* problem here”（我们这里出了个*小*问题），在这个例子中，保守的陈述与隐喻“IMPORTANCE IS SIZE”（重要性是尺码）结合在了一起。

三 习语

习语，常常在一个言语社区内部用来表达一个连贯的想法或体验，表征一种特殊的情况。有一些习语已完全词汇化，如“*kick the bucket*”（*一命呜呼*），“*take with a grain of salt*”（*不能全信*），即便人们把它们看作隐喻，也很少有人能解释其中的“隐喻*映射*”，为什么它们会有这样的意义。而另一些习语却有着可以轻而易举恢复的隐喻起源。“*象牙塔*”至少在学者中间能迅速地从“*象牙*”在理想主义者眼中的纯洁和由“*塔*”所暗示的与世俗烦恼的隔离的角度来理解。奥巴马演讲中的“the *blood* of slaves and slave-owners”（奴隶和奴隶主的*血液*）则基于对生殖生物学的一种古老的理解，精子被认为将父亲的血液传送给胚胎，“*血液*”作为祖先的隐喻起源很可能仅被听过奥巴马演讲的一小部分人（主要是对科学史有过研究的人）所了解，但是在这个语境以及相关的隐喻表达如“*full-blooded*”（*纯血统的*）和“*blood relatives*”（*血亲*）中，大部分听者都会认为“*血液*”是隐喻。

在某些例子中，如“*put through a wringer*”（*遭受严峻的考验或折磨*），即便该习语所基于的文化实践（带滚筒的洗衣机将衣服上的水挤压出去）并非人们共同的体验，潜在的隐喻仍然可以被广泛地理解。研究表明在其他的例子如“*warm his britches*”（*拍打屁股*）中潜在的隐喻也可有各种不同的理解。这个表达很可能起源于一个转喻指称，当一个孩子被拍打屁股时血流到肌肤处所引起的温暖的感觉，但凯萨和布莱（B. Keysar、B. M. Bly，1999）给出了不同的解释，其中有“给他表扬”，这与最初的转喻指称恰好相反。这种歧义也许是文化和法律变革的结果：用一个像木桨一样的物体拍打屁股的做法，在 20 世纪 60 年代的美国还是非常普遍的，但在现在的许多地区都是违法的，任何形式的拍打都不可能像几十年前那样司空见惯（Pinker，2011）。因此，许多 50 岁以下的人都不可能对这个隐喻喻体有过亲身体验。

四　非语言隐喻

许多理论家将*语言*纳入他们对隐喻的界定中，把图片、手势或乐曲描述为*隐喻*本身就是一个隐喻，其中*视觉表征*或*乐段*是它们的本体，*语言*是它们的喻体。一些理论，尤其是概念隐喻理论使任何交际行为，包括图片、手势、声音等的隐喻分析成为可能。

在美国的农业社区里，当一位言者在讲一个明显很夸张的故事时，听者常常会模仿用叉子将粘满粪的干草从牛棚里扔出来的动作（许多文化都会有等同于语言隐喻的隐喻形式）。听者也可能做出这样的反应，举起双手就好像在展示一条有着不可思议的长度的鱼；一个相关的习语性的语言隐喻是“*a fish tale*”（*非常大的谎言*）或仅仅是“*fishy*”（*可疑的*）。有时候，当某人在抱怨某事时，听者会模仿用小提琴演奏缓慢的乐曲，以隐喻的方式将抱怨与伤感的音乐联系在一起（Ritchie，2010b）。用手指对着某人张开的嘴，如果它是用来做出对食物的反应，则可以被理解为厌恶的转喻表达，这是基于它与引发呕吐的行为的关联；如果它是用来做出对不喜欢的人或想法的反应，则可以被理解为隐喻，类似的语言表达有“*don't make me puke*”（别*让我恶心*）。在某人的太阳穴附近做一个旋转手势常常被理解为对另一个人的理智的评价，这也许是基于与眩晕和迷失方向相联系的旋转的感觉而用手势表达“晕”的一个例子，这抑或是用手势表达了将大脑比作“*机器*”的语言隐喻“he has a *screw loose*”（他的*螺丝钉松了*，意为他的脑筋有问题）。

视觉隐喻是社论漫画的主要产物，我们时常看到社论漫画把地球描绘成头顶冰袋，一副卡通化的悲哀的表情。在水门事件闹得沸沸扬扬的时候，漫画家约翰·皮耶罗蒂（John Pierotti）（1973）画了一幅理查德·尼克松（Richard Milhous Nixon）的漫画，尼克松变身为长着长鼻子的木偶皮诺曹（Pinocchio），他的长鼻子上写着“水门事件”；同样的隐喻也在讽刺作家大卫·弗莱（David Frye）（Grofman，1989）的一个喜剧独白中被使用。广告摄影充满了视觉隐喻和转喻（Müller，2008；Cienki 和 Müller，2008）。几年前，有一个以一位穿着黑色天鹅绒睡袍的女士为主角的威士忌酒广告，这在视觉上回应了威士忌酒品牌的名称，突出了触觉上的光滑与滑爽的口感之间的隐喻联想以及威士忌酒的这个品牌与优雅的夜生活之间的转喻联想。

五　文学隐喻与常规隐喻

传统视角下的隐喻理论（如 Black，1993）常常把有创意的、新颖的隐喻作为典型范例，显然文学隐喻就受到了传统隐喻理论的青睐。斯蒂芬·斯彭德（Stephen Spender）（1955）的诗歌“海景”中就出现了有创意的、新颖的文学隐喻：“There are some days the happy ocean lies / Like an unfingered harp，below the land”（有些时候幸福的海洋/像未拨动的竖琴，静静地躺在陆地的下方）。“海洋就像一把*竖琴*”是作为明喻被引入的，但在接下来的诗行中，它是作为隐喻被充分展开的。喻体“*竖琴*”为人们所熟知，但它先用作明喻，再用作隐喻来指代海洋却是新颖而富有创意的。在诗歌的结尾处，斯彭德引入了“牺牲”隐喻，接着是对经典史诗和神话的隐喻暗示：“What voyagers，oh what heroes，flamed like pyres / With helmets plumed”（什么样的航海家，哦什么样的英雄/头盔用羽毛装饰着，像柴火一样光芒四射）。

我们通常认为文学隐喻的喻体和本体之间的配对是新颖的，如竖琴和海洋的配对，或者其喻体来自经典的诗歌或神话，但是作者和言者也常常用普通的、熟悉的隐喻来达到显著的效果。“大千世界是*舞台*”是一个非常普通的隐喻，但是莎士比亚通过对它的进一步拓展和详述，使它有了新的意义。艾米莉·狄金森（Emily Dickinson）常常使用平常的拟人和旅行隐喻，例如“Because I could not *stop* for Death -/ He kindly *stopped for* me”(Dickinson，[1960] 1890)（因为我不能够*停*下等死——/他为我*停*下友善和气）。在“Do not *go gentle into that good night / rage*, *rage against the dying of light*”(Thomas，1951)（不要*温和地走入那个良夜/怒斥吧，怒斥光的消逝*）中，狄兰·托马斯（Dylan Thomas）结合普通的白昼/夜晚和光明/黑暗隐喻来指代生命和死亡。莎士比亚的“When forty winters shall *besiege thy brow* / And *dig deep trenches in thy beauty's field*”(Sonnet 2)（当四十个冬天*围攻你的朱颜/在你美的园地挖下深的战壕*）结合普通的战争和农耕隐喻对衰老做出了别具一格的评论。这里的每位诗人都用自己独特的方式使用这些普通隐喻，以表达和读者的体验产生强烈共鸣的思想和情感。同样，奥巴马和布莱尔演讲中的大部分隐喻借助人们熟悉的隐喻喻体，并巧妙地运用它们，以与人们通常的体验产生强烈的共鸣。

而另外，如米勒（Cornelia Müller）(2008) 所指出的，普通的言者也会巧妙地运用常规隐喻，以使它们新颖独特、富有活力。在里奇和施奈尔(Ritch 和 Char Schnell，2008）分析的科学家们之间的谈话中就可以找到这样的例子。当科学家们一直在谈论为他们的研究找到资助的那种忧虑时，一位参与者评论道：“there is no more *ivory tower*”（*象牙塔*已不复存在）。几行对话之后，另一个参与者再次使用象牙塔隐喻，他说道：“I've never really *seen the ivory tower*”（我从未真正*见过象牙塔*），另一个参与者问：“Is that what you *dream about*, *in the night*, Jim?”（吉姆，那是你*在夜晚梦见*的吗?），参与者相互之间交换的简短的俏皮话引出了一长段对话，这群谈话参与者将“*象牙塔*”隐喻发展成一个有关当前理论科学研究困境的故事。

六　复杂性

我们在使用隐喻时，隐喻常常是模棱两可的，即可以被理解为表达字面意义，又可以被理解为表达隐喻意义，或者同时表达这两种意义。罗伯特·弗罗斯特（1960）的诗歌“The Road Not Taken”（未选择的路）以字面意义上的穿过树林的旅行开始，然后字面意义上的旅行被转换成了对诗人人生的隐喻，因此“*Two roads diverged in a wood*, and I, / I *took the one less traveled by*”（*一片树林里分出了两条路*，/而我*选了人迹更少的一条*），这两句诗可被同时理解为对某一特定旅行的字面描写和对诗人人生的隐喻描写（就像“*沉睡前还有一段路要走*”的诗句）。在前一部分讨论的科学家的谈话段落中（Ritchie 和 Schnell，2008），一位参与者戏谑地称从未“*见过象牙塔*”，另一位参与者就问“吉姆，那是你*在夜晚梦见*的吗?”这里，“*在夜晚梦见*”即可以理解为是对吉姆的字面意义上的梦境的询问，也可以理解为是对他的未实现的渴望的隐喻。在由卡梅隆（2007）分析的有关调解的对话中，乔·贝里（Jo Berry）提到了她的“理解之旅”，这可以理解成字面意义，指她穿过英格兰和爱尔兰的旅行，而字面意义上的旅行又促成了对它的隐喻意义的理解，即指她的认知和情感发展历程。

七 关于语言的设想

米勒（2008）认为隐喻理论受到了有关语言的设想的极大影响，当前关于隐喻的争议可以追溯到有关语言的对立的观点。隐喻的传统理论基于以下这个观点：语言主要是用来表征有关这个世界的客观事实，并将这些事实向他人叙述。根据塞尔（John R. Searle）（1993）的观点，一方面，有意义的话语是基于一系列设想或条件而做出的有关这个世界的断言，而且只有在所有这些条件都是真实的情况下，该话语才是真实的；另一方面，理解一个话语就是理解它的真值条件，相信一个话语就是接受它的真值条件。“我的头发剪得很好”暗示了以下真值条件：

* 存在一种行为：剪发，它有着某些特征。
* 漂亮的剪发有着一系列特质。
* 我所体验的行为有着和剪发有关的特征。
* 我受到的剪发行为有着与漂亮的剪发有关的特质。

相信这句话就是要解释以上这些陈述的真实性。我们也可以用这种方法来分析一个美发沙龙的名称“*A Cut Above*”（*至上剪发*），这个短语的字面意义确立了以下真值条件：

* 设立该机构的目的是为了剪东西。

＊ 在某物之上剪东西。

而隐喻意义则确立了一套不同的真值条件，它们可能来自这个短语的口语意义，具体如下：

＊ 质量就像分开或“*剪开*”按价值分类的物品清单。

＊ 好的质量就像是分离清单上方的物品，高等级的物品和低等级的物品就是这样分隔的。

这些真值条件还蕴含了第三个真值条件，它确保了这个作为口号或名称的短语的真实性：

＊ 该机构提供了更高质量的服务（类似“*至上*”的服务可从其他的机构中获得）。

要相信该短语的字面意义就得相信某物被剪了（如头发），而且剪这个动作是发生在某物之上的（如顾客的脸）。要相信该短语的隐喻意义首先要接受把质量比作“*剪*”物品清单的真实性；其次，要接受该机构提供更高质量的服务的说法也是真实的。

根据这一信息转移模式（information transfer model），语言的目的是维持和改善我们对这个世界的表述，“表述”指的是我们理解且知道是真或是假的一套真值条件。这体现了“以任务为基础”的语言观，即只有在语言的使用用于完成且结果完成了某个信息任务，如询问、告知、说服、命令的条件下，它才是有意义的。要解释隐喻就得解释它们如何确立真值条件，促进信息任务的完成。

罗宾·邓巴（Robin Dunbar）（1996）认为语言最初的演化可能不是发生在完成信息任务的过程中，而是发生在对社会压力做出反应的过程中，这种压力是由庞大而复杂的社会等级制度所引起的。根据这个观点，语言服务于社会需求，包括构建和维持联盟（关系）以及协调语言使用者在社会等级制度中的地位。在这个模式中，语言也用于信息的目的，但是在一个典型的谈话中交换的大部分信息是关于社会结构的，尤其是关于他人的关系。该模式还暗示语言的次要功能是提供有关初级群体①

① 初级群体的概念最初是由美国社会学家 Charles Horton Cooley 提出来的。他在 1909 年出版的著作《社会组织》中，把家庭、邻里、儿童游戏群称为初级群体。他认为，初级群体“具有亲密的面对面交往和合作等特征。这些群体之所以是初级的，其意义是多方面的，但主要是指它们对于个人的社会性和个人理想的形成是基本的”。根据 Cooley 的解释，所谓初级群体，就是由面对面的互动所形成的，具有亲密的人际关系的社会群体。

（primary group）外部环境的信息。为了证实这个观点，邓巴在广泛的谈话中引用证据，他发现65%的谈话是关于他人和他们的关系。这种语言观说明有关隐喻和其他修辞语言的使用和理解的理论也必须用来阐释它们的社交功能。

本章小结

定义隐喻绝非易事，因为定义会随着理论视角的不同而不同。基于上文提到的各位学者对隐喻的定义，笔者倾向于从认知语言学的角度给出隐喻的定义，即“用另一种事物来思考、谈论或体验某一种事物”，这一定义和基本理论假设将在后面的章节中再次讨论。识别隐喻也同样困难，同样依靠理论支撑。大部分人都可能会赞同对毫无争议地表达字面意义的词汇的确认，以及对新颖独特、有创意的隐喻的确认，这是隐喻辨认的两个极端的事例。但在这两个极端之间，存在不少词或短语，即便是专家也常常会对它们是否是隐喻产生争议。我们经常会遇到一些让人难以判断的词或短语，很多时候，人们难以达成一致的意见。在阅读有关隐喻的文章时，对新手和经验丰富的专家而言，关键是弄清楚*隐喻*这个术语到底是什么意思，所讨论的例子如何识别和分类。无法理解研究者所使用的定义就可能导致混淆。同时，我们也有必要了解不同隐喻之间的异同。从不被许多研究者看作隐喻的“*睡眠*”或“*死*”隐喻到几乎被所有人都看作隐喻的独特新颖、富有创意的短语，多种类型的隐喻将在本书中探讨。从体现认知机制的概念隐喻（第三章、第六章）到体现语法结构转换的语法隐喻（第四章、第七章），再到体现认知层面与词汇语法层面互动的融通隐喻（第五章、第八章、第九章），最后到体现社会文化背景的故事隐喻（第十章），隐喻研究的多种视角也将在本书中探讨。

第三章

概念隐喻和概念隐喻理论

第一节 理论框架

自20世纪80年代初至今，语言学研究中发展最快的、研究最热的当属“认知语言学”。认知语言学中最热的焦点之一是“隐喻”。而这些热点或焦点的“导火线”“催产剂”在很大程度上应该归功于“概念隐喻理论”。莱考夫的“概念隐喻理论”对语言学界是一个新的突破，隐喻学从此摆脱了传统修辞学的束缚，正式走上了认知语言学及认知科学的探研之路。

一 概念隐喻的本质

概念隐喻是“概念隐喻理论”中的核心概念，它不同于人们对隐喻的传统的理解，即一种常见的修辞手法，它具有以下两个本质特征。

首先，概念隐喻是人类认知的产物。莱考夫所认同的隐喻不同于以往公认的它是语言现象或修辞现象的观点，他明确地认为，隐喻是人类的一种认知现象，它能反映出人类的思维方式，是构成人类思想体系必不可少的认知工具，是概念性的。他认为，“隐喻的本质是通过一种事物去理解和体验另一种事物”（Lakoff 和 Johnson，1980：5）。我们现实生活中有很多事物需要表达出来，可是由于我们思维的局限、认识的狭隘或者既成表达的缺失，使我们不得不借助隐喻来由一件事去认识另一件事。识解的过程就是认知的过程，需通过自身体验来完成，认知的结果就是两种不相干的事物联系在一起，人们的知识水平借助隐喻得以拓展且不需花费更多精力重新理解。正如束定芳所说：“隐喻可以帮助我们利用已知的事物来理解未知事物，或者可以帮助我们重新理解已知的事物。”（束定芳，1998：13）

其次，概念隐喻是概念性的，这是它的另一本质特征。莱考夫说道："人们由思维和行动形成的普遍的概念系统其本质根本来讲是隐喻的。"（Lakoff 和 Johnson，1980：3）概念统治了人类的思维而无关乎智力水平的高低，概念统治了我们的日常生活，它甚至渗入了最细微的环节中，是通过体验得到的。我们所知觉的概念结构，比如有，我们如何在这个世界上生存，我们如何处理好与其他人的关系，我们的概念系统就这样在我们每日的真实生活中起到了中心角色的作用。但是所谓的概念系统和我们平时注意到的是有区别的。我们每天会经历很多微小的事情，这些事情的运作，或多或少地都是因我们简单的思维和行动通过某种惯性自动显现出来的。可是这种惯性表现得却很不明显，找出它的办法之一就是通过语言，因为我们的交际同思维和行动一样，都要依赖基本的概念系统，语言就顺其自然地成为了解释这个系统的重要来源依据，它是该系统最凸显的外部特征之一。根据语言学上显示出来的证据，莱考夫发现大部分普遍的概念系统其本质都是隐喻的，即隐喻是概念性的，它更多作用于人的心理，特别是对于抽象概念的形成是至关重要的，意义不能脱离人类的心智而存在，语言虽然不是隐喻的关键，但是研究隐喻必须经由语言。福柯尼耶也认为语言最能反映人类的认知能力，语言材料是构成深层认知结构的重要信息来源。近来，大量来自认知心理学和认知语言学的实验证明了认知语言学关于隐喻具有概念性特征的心理效应，这就证明了莱考夫概念隐喻研究方向的正确性（李苗，2004：216）。

二　概念隐喻的分类

莱考夫在 1980 年出版《我们赖以生存的隐喻》的时候就已明确提出关于概念隐喻的分类情况，他将概念隐喻分成三类：方位隐喻、本体隐喻和结构隐喻，其中最普遍的是结构隐喻。在这类隐喻中，"某个概念是依据另一个概念而被建构起来的"（Lakoff 和 Johnson，1980：13），也就是说，一个概念结构的某些部分系统地构建了另一个概念结构的某一方面。在"争论是战争"的例子中，争论概念总是遵循着一些模式，也就是在争论中，人们会做什么，不会做什么。而当通过战争概念来构建争论概念的时候，也同时系统地影响了争论概念的形式，以及人们谈论如何争论的方式。这些影响构成了争论概念的"战争层面"。在这一层面上，人们会攻击对方的观点、保卫自己的立场、制定策略，等等。而谈论这一层面的语言也是如此被系统化的（Lakoff 和 Johnson，1980：7）。

与结构隐喻不同，方位隐喻是依据空间方向而被构建起来的系统概念，这里的空间方向可以有：上下、里外、前后、深浅，等等（Lakoff 和 Johnson，1980：14）。莱考夫认为这些方向概念形成于这样的一个事实，即人类有着如此这般的身体，以及我们是如此这般的活动的（Lakoff 和 Johnson，1980：57）。方位隐喻给予了某个概念一个空间方向，例如将快乐定向为上，从而有了隐喻"HAPPY IS UP"（快乐/幸福是上）。在英语中，我们可以说"I'm feeling up"，而汉语表述里，则可以提到"高兴"。方位隐喻所赋予的方向概念不是任意的，而是取决于我们的经验。正如，"幸福是上，不幸是下"，而不是反之（Lakoff 和 Johnson，1980：14）。除了我们"身体"经验之外，导致这种结果的，还包括我们的文化经验。不同文化中会有不同的方位隐喻。例如，在有些文化中，未来在前，而有些则在后（Lakoff 和 Johnson，1980：14）。

方位隐喻为我们的理解提供了相当丰富的基础，但是仅限于方位方面。而莱考夫认为对于实体和物质的体验给予了人们更多理解的基础，也就是说，我们依据实体和物质的概念来构建一些其他的概念，从而能够概念化许多经验。这类隐喻被莱考夫称为本体隐喻，或者物质隐喻。例如，山脉、树丛、街角原本没有明显的边界，但是我们却把它们当作可分离的同类实体或物质来看待，从而可以定位山脉，修剪树丛，或者在街角碰面。更进一步，我们将一些更为抽象的概念看作物体，例如心灵、视野、事件、行动、行为和状态，等等。莱考夫认为，这么做的目的在于使人们可以谈论这些抽象的东西，能将它们分门别类，对它们进行量化。在这个意义上，人们对它们能有所理解（Lakoff 和 Johnson，1980：26-29，30-32）。

本体隐喻依仗我们自身的体验，将无形事物变成我们需要的有形事物，这样，我们就可以依据我们的目的适时地使用本体隐喻，本体隐喻在不断的应用中数量越发壮大，远远超过方位隐喻的数量。我们可以把事件、活动、状态等一系列的复杂概念看作某种实体或者替代品，按照莱考夫和约翰逊（1980：31）的研究，其中事件和行动是实体的隐喻，活动是替代品的隐喻，状态是容器的隐喻。

在本体隐喻中，莱考夫认为最为明显的一种是拟人，也就是将一个概念看作一个人，依据人的某些特征和行为，或者是我们看待人的方式来理解关于某些东西的经验。例如，普通人就是在这一意义上理解通货膨胀这类抽象概念的。通货膨胀会攻击我们的经济；通货膨胀是我们的敌人，它抢劫我的积蓄；与通货膨胀的斗争，使这个国家筋疲力尽，等等，并因此，我们能够制定策略，击败通货膨胀，消灭它，以挽救经济，等等。因为，“人”这一概念对人来说，总是最好理解的（Lakoff 和 Johnson，1980：33-34）。

三 哲学基础：体验哲学

莱考夫在 1987 年的《女人、火和危险事物——哪些范畴揭示了思维》中就论述了认知语言学的哲学基础，那时他用的术语为 Experientialism（体验主义），又叫 Experiential Realism（体验现实主义）（Lakoff，1987）。1999 年，莱考夫和约翰逊出版了一本惊世著作《肉身哲学——具身思维及其对西方思想的挑战》，尖锐地批判了在西方流行了多年的经验主义和唯理主义的传统哲学观，如客观主义、形式主义、二元论、天赋论等，建立了一个全新的哲学理论：体验哲学（Embodied Philosophy）（Lakoff 和 Johnson，1999），其基本思想相当于莱考夫 1987 年的术语体验主义。体验哲学被认为是一种新理论，与英美分析哲学和乔姆斯基基于混合哲学的心智观针锋相对，也是对普特南（Hilary Putnam）提出的内部现实主义的一个发展，从而彻底改变了西方哲学的观点，对西方传统思想是一个巨大挑战，对哲学、认知科学以及认知语言学产生了深远影响，成为第一代和第二代认知科学的分水岭，被视为认知语言学的哲学基础（王寅，2002a：83）。体验哲学主要包括三项基本原则：心智的体验性、认知的无意识性、思维的隐喻性。

（一）心智的体验性

莱考夫和约翰逊指出（1999：19），认知科学的进化认识观认为：人类推理是一种动物推理，与我们身体和大脑的特殊结构紧密相关；人的身体、大脑以及与环境的相互作用提供了日常思辨的无意识基础。“概念是通过身体、大脑和对世界的体验而形成的，并只有通过它们才能被理解。概念是通过体验，特别是通过感知和肌肉运动能力而得到的。”（Lakoff 和 Johnson，1999：497）

心智的体验性认为：我们的范畴、概念、推理和心智并不是外部现实客观的镜像反映，而是由我们的身体经验所形成，特别是由我们的感觉运动系统所形成。我们大部分推理的最基本形式依赖于空间关系概念，身体、大脑与环境的互动，提供了日常推理的认知基础。此外，大部分抽象概念都通过隐喻建构，它们不是自治的，不可能独立于身体的心智能力，而是基于身体经验。

意义基于感知，感知基于生理构造，认知结构和感知机制密切相连。人类因自身的生理构造用特殊的方法来感知世间万物，理解其间的各种关系，因此概念和意义是一种基于身体经验的心理现象，是人类通过自己的身体和大脑与客观世界互动的结果，它们通过体验而固定下来，绝非基于符号；思维和推理也基于体验，绝非基于符号运算。意义通过身体体验和大脑而产生，而不是通过符号与世界的连接产生，也不是通过模型理论产生，这就与基于客观主义的真值对应论、真值条件论针锋相对（王寅，2002a：83—84）。

（二）认知的无意识性

认知的无意识性是指对我们心智中的所思所想没有直接的知觉，我们即使理解一个简单的话语也需要涉及许多认知运作程序和神经加工过程，分析如此复杂，令人难以置信，是人无法觉察的。视觉、听觉、嗅觉、感觉等神经加工过程无法被意识到，大部分推理也不能被意识到。语言的习得也在无意识状态下进行。

人类的范畴根据原型进行概念化，每一个原型就是一个神经结构，它能使我们进行与此范畴相关的推理和想象。基于原型的推理十分常见，但不为我们所意识，占据了实际推理的很大比例。

因此，体验哲学认为大部分认知和推理是无意识的，它决定了全部知觉思维的结构。没有这种无意识思维，就没有有意识思维。传统英美分析哲学认为所有思维都是有意识的，通过先于经验的反思就能完全知晓，体验哲学认为这办不到（王寅，2002a：84）。

（三）思维的隐喻性

莱考夫和约翰逊认为，构成思维模式的基础是隐喻结构，并重点论述了哲学理论本身所使用的隐喻。而传统的分析哲学和形式主义哲学则持与此相反的观点：概念都是非隐喻性的，可通过弗雷格的系统意义来确立，或通过抽象符号与独立于心智的世界之间纯粹的、客观的关系来确定。“思维的隐喻性”观点是对这一传统的哲学观点的一个巨大挑战。它认为隐喻是身体、大脑、心智和经验的产物，它们在我们的日常生活、语言、思维以及哲学中无处不在；不用隐喻来思考经验和推理是很难想象的；它们只能通过基于身体的经验而获得意义（王寅，2002b：148）。

德国哲学家卡西尔（Ernst Cassirer）将人类的精神活动分成隐喻性思维和话语——逻辑思维两大类。隐喻性思维被看作人类认识世界的一种原始思维方式，人类思维具有隐喻性。隐喻性思维是一种超越性思维，它超越概念、判断、推理的精确性和有序性，直接对认知对象进行高度概括和抽象。形象性思维是隐喻性思维的突出特点，并使之带有明显的感性体验和情感评价。隐喻的理解过程实际上就是听话者将隐喻中喻体的主要特征转移到本体上并由此重新认识本体的过程（祝敏，2012：349）。

根据语言与思维之间的关系，我们可以推导出隐喻与隐喻性思维的关系：二者是紧密联系在一起的，是动态的，互相促进、互相影响。先有隐喻性思维，后有隐喻语言表达，隐喻性思维决定隐喻语言表达。隐喻语言表达是隐喻性思维的反映，是隐喻性思维的物质表现形式。隐喻性思维是常规的，隐喻语言表达是变异的，因为隐喻性思维可以创造出无数的隐喻语言表达。隐喻性思维通过隐喻语言表达而得到实现，而定型。隐喻语言表达也会对思维方式产生影响，它通过扩展我们的语言来影响我们的思维（舒海英，2005：28—30）。

四　特点：系统性

莱考夫和约翰逊的一个主要发现就是人们系统地使用隐喻表达，因为隐喻概念是系统地构建的。概念隐喻的系统性体现在以下两个方面：（1）每一个概念隐喻都是统领和支配源域和目标域之间对应关系的一个系统；（2）概念隐喻也可以系统地相互关联，构成一个层级结构或平行结构。

对于第一种类型的系统性，它体现在“LOVE IS A JOURNEY”（爱是旅行）这一概念隐喻中。语言隐喻系统地受到概念隐喻的支配，把“爱”的不同方面体现在“旅行”上。用源域“旅行”理解目标域“爱”的原则被非正式地称为“隐喻脚本”（Lakoff，1994：46）。

相爱的两个人就像是一起旅行的旅行者，他们共同的生活目标被看成要到达的目的地。他们之间的关系就如同交通工具，它使得他们可以一起追寻共同的目标。只要这种关系使他们朝着共同的目标前进，就被看作实现了它的目的。旅行并不是那么轻而易举的，途中会出现障碍物，会有十字路口，在那里旅行者需要做出决定朝哪个方向走，是否继续一起旅行。爱情如同旅行，同样会遇到阻碍，陷入困境，面临抉择。相爱的两个人，有可能就此分道扬镳，有可能克服重重困难步入婚姻的殿堂。这样，源域的实体和知识被系统地映射到目标域上，因此，概念隐喻自身就形成了包含两个域之间各种对应关系的复杂系统。

一方面，概念隐喻本身是由蕴涵系统构建的；另一方面，它也是一个更大的系统的组成部分。换句话说，概念隐喻有的时候是按照层级结构组成的，其中，层级中的“低级”映射继承了“高级”映射的结构。以下便是包含 LOVE IS A JOURNEY（爱是旅行）这一隐喻的层级的示例（Lakoff，1994：64）。

第一层：LIFE IS A JOURNEY（生活是旅行）

第二层：LOVE IS A JOURNEY（爱是旅行）；A CAREER IS A JOURNEY（事业是旅行）

第二层的隐喻的两种形式 LOVE IS A JOURNEY（爱是旅行）和 A CAREER IS A JOURNEY（事业是旅行）继承了第一层高级映射的结构。第一层的 LIFE IS A JOURNEY（生活是旅行）是一个更具概括性的隐喻，它包含了第二层的两个隐喻，这两个隐喻被看作它的更为具体的体现。LIFE IS A JOURNEY（生活是旅行）可以包含下列隐喻映射。

旅行（源域）		生活（目标域）
旅行者	→	人
障碍物	→	外在困难
起点	→	出生
行李	→	个人问题
距离	→	持续时间
初始条件	→	天赋
目的地	→	生活目标
终点	→	死亡

以下是受到这一概念隐喻影响的英语表达的例子。

（1） He got a good start in life.（他有一个良好的人生开端。）

（2） He's without direction in his life.（他在生活中迷失了方向。）

（3） I'm where I want to be in life.（我正处于春风得意时。）

（4） I'm at a crossroad in my life.（我处在人生的十字路口。）

（5） He's gone through a lot in life.（他经历了许多人生风雨。）

（6） He's never let anyone get in his way.（他不会让任何人阻挡他前进的道路。）

概念隐喻“LIFE IS A JOURNEY”（生活是旅行）可以总结和解释上述这一类的许多英语习语表达。LIFE IS A JOURNEY（生活是旅行）体现在许多不同的隐喻表达和推理模式中。例如，我们尽力让我们的孩子们受到教育，那样，在生活中，他们就会有一个“好的开端”。如果他们付诸行动，我们希望他们“经历某个阶段”，然后“越过它”。作为成年人，我们希望他们不会有财政困扰或疾病的“负担”或“套索”，如果他们面对这样的困难，他们会克服它。我们希望他们会“有很长的寿命”，他们会在“生活中走得很远”。我们知道作为凡人，他们会“走向最终的安息地”。

爱是生活的一个重要方面，因此，LOVE IS A JOURNEY（爱是旅行）继承了隐喻 LIFE IS A JOURNEY（生活是旅行）的结构。正如莱考夫（1994）所指出的，关于 LOVE IS A JOURNEY（爱是旅行）这一隐喻特殊的地方就是有两个相爱的人，他们就像旅行者，爱的关系如同交通工具，而其余的映射是 LIFE IS A JOURNEY（生活是旅行）这一隐喻的结果。同样地，事业是生活的另一个重要方面，因此，就如爱的隐喻一样，A CAREER IS A JOURNEY（事业是旅行）继承了 LIFE IS A JOURNEY（生活是旅行）的结构，然而，关于事业隐喻特殊的地方是一个成功的事业是一次向上的旅行，因为 STATUS IS UP（地位是向上的）。

总之，生活是一次漫长的旅行，从出生开始至死亡结束。在这次旅行中，许多不同的站点会出现在不同的时间段里，因此，若干连续的短途旅行构成了生活漫长的旅程。这些短途旅行包括教育、爱情、事业，等等。像漫长的旅行一样，在这些短途旅行中，也会出现十字路口、障碍物、交通工具和目的地。这样，就形成了概念隐喻：LOVE IS A JOURNEY（爱是旅行）、A CAREER IS A JOURNEY（事业是旅行）。

概念隐喻的系统在上述例子中是垂直体现的。此外，它也可以水平显现。以下例子便可以说明这一点（Lakoff 和 Johnson，1980：49）。

LOVE IS PHYSICAL FORCE.（爱是物理力量，例如电磁波、引力等。）

（7）There were sparks.（擦出爱的火花。）

（8）I could feel the electricity between us.（我可以感觉到我们之间的爱的电流。）

（9）I was magnetically drawn to her.（她就像一块磁铁，把我深深吸引。）

（10）His whole life revolves around her. （我的整个生活都围着她转。）

（11）There is incredible energy in their relationship.（他们的关系散发着巨大的能量。）

LOVE IS MADNESS.（爱是疯狂。）

（12）I'm crazy about her.（我疯狂地爱上了她。）

（13）She drives me out of mind.（她使我丧失理智。）

（14）He constantly raves about her.（他不断大肆吹捧她。）

（15）He's gone mad over her.（他为她疯狂。）

（16）I'm just wild about Harry.（我狂热地爱上哈利。）

LOVE IS MAGIC.（爱是有魔力的。）

（17）She cast her spell over me.（她向我施了爱的魔法。）

（18）The magic is gone.（爱的魔力已消逝。）

（19）She has me in trance.（她让我神魂颠倒。）

（20）She is bewitching.（她使人着迷。）

LOVE IS WAR.（爱是战争。）

（21）He is known for his many rapid conquests.（他因许多次快速俘获女人的心而著称。）

（22）She fought for him，but his mistress won out.（她为得到他而战斗，但他的情妇最终胜出。）

（23）She pursued him relentlessly.（她不屈不挠地追求他。）

（24）He is slowly gaining ground with her. （他慢慢地占据了她

的心。)

(25) He enlisted the aid of her friends.(他赢得了她朋友的援助。)

(26) He made an ally of her mother.(他和她母亲结成了同盟。)

所以这些隐喻和 LOVE IS A JOURNEY(爱是旅行)一起从不同的角度描述了爱的概念。爱是浪漫的、无法抗拒的，有时候是非理性的、具有挑战的、不顺利的，等等。爱这一概念的复杂性和抽象性决定了它在隐喻表达中的多样化。

显然，概念隐喻和它们的蕴涵形成了一个系统的网络，这一网络构建了人类的语言和思想。传统隐喻理论和概念隐喻理论的根本区别是显著的。传统理论认为隐喻是一个一个独立存在的，它们没有探索隐喻之间的联系；在莱考夫的范式中，隐喻是作为人类的概念化系统来研究的，它们在人类思想和认知的深层运作，并系统地体现于日常语言中。

五 运作机制：跨域映射

莱考夫和约翰逊认为，人类的共同经验应是人类思维之所以有意义的促动因素，因而，表达人类思维的隐喻的基础是人类的经验，若没有这一基础，任何隐喻的表达都是不太可能的(王文斌，2006：28)。尽管隐喻的基础是人类的经验，可隐喻却关涉两个概念之间的关系和互动作用，而这两个概念又是怎样形成这种互动关系的呢？为了回答这一问题，莱考夫和约翰逊提出了隐喻的映射理论。“映射”(map)一词原是一个数学概念，表示“将一个集合中的每一个要素与另一集合中的每一个要素联系起来”。他们从认知角度考察隐喻的本质时借用了这一数学概念，表示两个概念之间的对应，认为隐喻映射就是指从源域到目标域的一种转换。简言之，隐喻映射就是从一个源域映射到一个目标域(王文斌，2006：29)。

映射一般由源域向目标域进行，因此具有单向性的特点。映射同时具有系统性特点，即源域的结构系统地映射到目标域中。这就是莱考夫提出的著名的“不变原则”(Invariance Principle)。所谓“不变原则”，就是隐喻映射在与目标域内在结构保持一致的前提下，保留源域的认知布局，即意象图式结构。例如，如果源域是一个容器图式结构，容器的内部将映射到目标域的内部上，外部映射到目标域的外部上，边缘映射到目标域的边缘上。同样，在路径图式中，源域中的起点被映射到目标域的起点上，源域的目标被映射到目标域的目标上，等等（束定芳，2002：101）。

“不变原则”实际上是对映射过程的一种制约，也就是说，目标域内在的意象图式结构不会受到破坏。目标域的结构限制了自动映射的可能性，而隐喻的意义取决于源域的意义和结构特征。在隐喻理解过程中，源域的结构被大规模地、系统地转移到目标域中，并成为目标域结构的一部分，所以前者决定了后者的意义。需要指出的是，所谓的“不变原则”是一个相对的概念，指的是源域中的一些重要结构关系在目标域中仍得到系统的保留，但这并不意味着源域中所有特征毫无保留地“映射”到目标域中（束定芳，2002：101）。

映射论是概念隐喻理论的重要组成部分，它极大地推动了隐喻理论研究的发展，使得人们进一步明了隐喻认知的工作机制。然而，映射论中的映射主要是从源域到目标域，而最终在目标域中形成的结构、特性和知识是源域原有结构、特性和知识的继承，而目标域本身的结构、特性和知识在映射过程中至少是不明显的，因而映射仅表现出单向性。这样来看，“映射论”尽管对“互动”的具体过程进行了描述，可最终却因看不到“互动”而成为单向运动（束定芳，2004：431）。

第二节　新发展

概念隐喻理论从初创到现在，已经过了30多年的时间，在此期间，学者们从未停止过对它的继续探索和研究，概念隐喻理论也因此有了新的发展，并逐步完善。

一　隐喻的神经理论

莱考夫一直从事概念隐喻根源的研究，他一反乔姆斯基的转换生成学派僵硬的句法分析模式，他认为语言学可以更灵活地与人工智能接轨。莱考夫认为“人的认知过程是高级的生物活动，与计算机的本质区别就在于它在很大程度上依赖于认知主体具有的身体和大脑与外界的互动关系”（赵艳芳，2001：199）。于是，第二代认知科学理论出现了“隐喻的神经理论”（the Neural Theory of Metaphor）。

福柯尼耶和特纳（1996）提出概念整合理论，格雷迪（Joseph Edward Grady）（1997）提出基本隐喻理论，纳拉亚南（V. Hari Narayanan）（1997）

提出隐喻的神经理论，约翰逊（1999）提出并存连接（conflation）理论，莱考夫和约翰逊起初将这些观点合称为“基本隐喻综合理论”（Lakoff 和 Johnson，1999：46）。由于这些观点都可通过纳拉亚南的神经理论做出合理的解释，因此，莱考夫和约翰逊又将其统称为“隐喻的神经理论”（Lakoff 和 Johnson，2003：257）。该理论认为，主观经验和感觉运动经验的并存连接，同时激活了对应神经元的连通。换句话说，两种经验之所以能并存，是横跨神经网络中的永久性神经联结所致。这种联结导致从源域到目标域的激活，解释了人类基本隐喻是如何被习得的。神经元连通论可以合理而又科学地解释隐喻的生成和理解机制（王寅，2006a：3）。

二　概念整合理论

概念整合理论也叫概念融合理论（Conceptual Blending/Integration Theory），国内有的学者把它翻译成合成空间理论或概念合成理论，它是认知语言学领域中最为重要的理论之一。在 1980 年莱考夫和约翰逊出版了《我们赖以生存的隐喻》这部划时代的著作之后，与莱考夫齐名的认知语言学家福柯尼耶于 1985 年出版了同样引人注目的著作《心理空间》，开始了对语言学后面认知冰山的探索。他先后发表了《整合是语法的核心过程》（1996）、《概念整合原则》（1996）、《思维和语言中的映射》（1997）、《概念整合网络》（1998）、《隐喻、换喻与整合》（2000）以及同特纳合著的《我们的思维方式：概念整合心智背后的复杂性》（2002）等大量著述。福柯尼耶及其认知语言学研究中心的同事们极大地发展和完善了他的认知语言学理论，将心理空间理论发展成了概念整合理论（祝敏、席建国，2011：96）。这项理论弥补了概念隐喻观对新生意义阐释不充分的理论缺陷，为分析复杂而新鲜的隐喻表达开创了一条更加深刻的道路（孙毅、陈朗，2009：174）。该理论中的“概念整合”，是指心理空间的合成，而心理空间是指人们进行交谈和思考时为了达到局部理解与行动的目的而构建的概念集（Fauconnier 和 Turner，1996：113）。因此，所谓概念整合理论，就是关于对言语交际过程中各心理空间相互映射并产生互动作用的系统性阐述，其宗旨就是试图揭示隐喻及一般言语意义在线构建背后的那座认知冰山（王文斌，2005：26）。

福柯尼耶和马克·特纳从“心理空间……小的概念包”的角度解释了概念整合理论，这些概念包和具体的情景知识以及被他们描述为长期的图式知识的框架都有关联（Fauconnier 和 Turner，2002）。“心理空间”常常用圆形来表示，相关的属性被罗列或形象地展示其中（见图 3-1）。

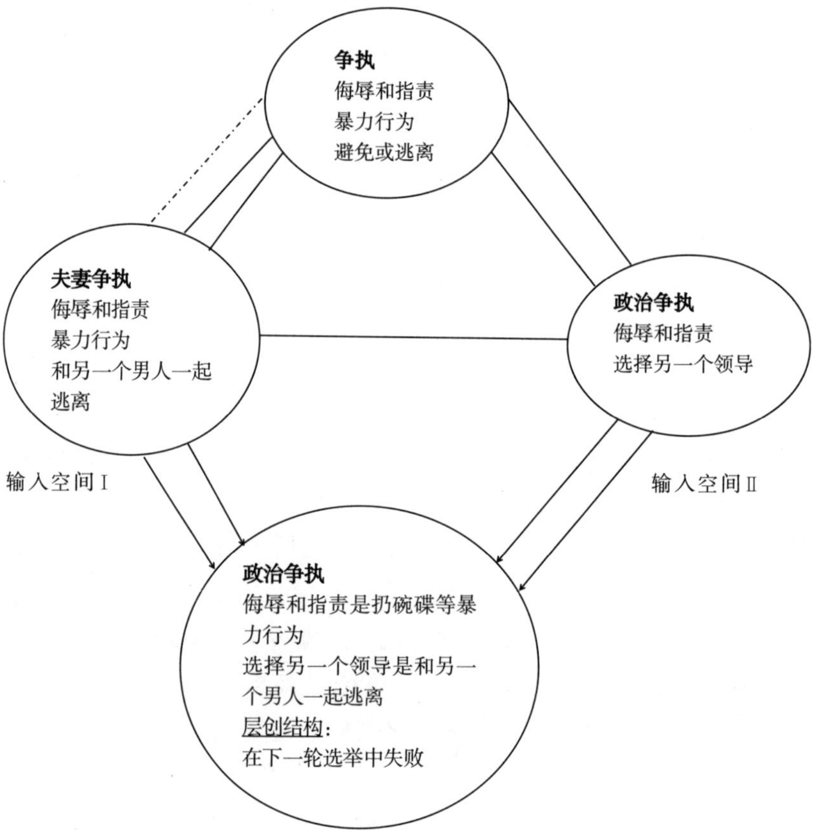

图 3-1　概念整合理论对“扔碗碟”这一隐喻的解释
（Ritchie，2013：116）

这一模型设定了最少四个代表概念的“心理空间”：输入空间Ⅰ（input space Ⅰ）或称源心理空间（source mental space），输入空间Ⅱ（input space Ⅱ）或称目标心理空间（target mental space），一个包含了两个输入空间共同属性的“类属空间”（generic space），以及一个包含了来自每个输入空间的语境上相关成分的“整合空间”（blending space）。额外的成分被作为“层创结构”（emergent structure）加入“整合空间”里。“层创结构”不仅包括来自长期记忆的信息，也包括以类似于计算机程序的方式对“输入空间”共有属性进行比较或详述的结果。

概念整合过程可以分为三个基本过程：（1）构建过程（composition），

即由输入空间投射到整合空间的过程；（2）完善过程（completion），即输入空间的投射结构与长期记忆中的信息结构相匹配的过程，它是层创结构内容的来源；（3）扩展过程（elaboration），即根据它自身的层创逻辑，在整合空间中进行认知运作的过程（祝敏、席建国，2011：96）。

福柯尼耶和马克·特纳（2002）认为，这些“心理空间”（或概念）以“神经集合物”（neural assemblages）的形式存在于大脑中，合成或“混合”涉及在这些神经集合物中改变现存的突触[①]连接或创造全新的连接。“类属空间”为开启新的突触连接提供了一个可能的基础。概念整合的途径如图 3-1 所示，它以英国前首相布莱尔盖茨黑德演讲中“扔碗碟”的隐喻故事为例。

在图 3-1 中的“类属空间”是一个一般的争执图式，它包括了像“侮辱和指责”、“暴力行为”和“避免或逃离”这样的成分，这些一般成分映射至两个输入空间不同的特定成分上。“侮辱和争执”是“夫妻争执”空间的组成部分，是“政治争执”空间的隐含话题，但在布莱尔的演讲中没有提及；“暴力行为”映射至“夫妻争执”空间，体现为“扔碗碟”，但它不是“政治争执”空间的组成部分；“避免或逃离”分别映射为“夫妻争执”空间里的“和另一个男人一起逃离”和“政治争执”空间里的“选择另一个领导”。这些单独的成分在“整合空间”里组合成了隐含的隐喻，并由此产生层创结构：在下一轮选举中失败。

不论是传统语法，还是结构主义语言学，抑或转换生成语法，均在很大程度上仅聚焦于语言形式的静态研究，而很少顾及语言意义如何在线生成这一动态的探索。作为认知语言学重要组成部分的概念整合理论，其注意力主要投放于言语意义的在线生成和解读问题，因而显然是一种动态研究。这是对语言学研究的一大贡献。其次，这一理论认为，隐喻不仅是语言的一种修辞手段，而且是人类普遍使用的一种认知手段和思维方式，并对隐藏于隐喻幕后的在线心理认知机制作了更为深入的揭示，并提出隐喻是两个或两个以上的心理空间在概念上的合成，并且主要是各相关语义要素的合成，由此在业已合成的空间中产生层创结构，隐喻意义的在线构建即在于此。这一观点显然将隐喻研究推向了另一层认知深度——隐喻言语的在线解读过程（王文斌，2006：31）。

---

① 突触是指一个神经元的冲动传到另一个神经元或传到另一细胞间的相互接触的结构。

三 感知模拟论和语境制约下的模拟器理论

认知的感知模拟模式，又称感知模拟论（Theory of Perceptual Simulation），是美国埃默里大学的心理学教授巴萨罗提出的，他的感知模拟论是有关意义理解的新科学，也是一种可用于隐喻解释的新模式。

根据感知模拟论，知觉神经系统在抽象概念的更高层面上汇聚（过滤、组合以及总结）知觉体验，直到将物体和行为序列有意识地体验为连贯的实体。巴萨罗（1999）认为，概念神经系统和知觉神经系统在每一个层面上都是平行和相互作用的，概念神经系统能部分地模拟知觉体验的任何方面。除了五个外在感官的体验（外感受性）（exteroception），感知和模拟还包括情感的内感受（interoceptive）意识，内在身体状态的本体感受（proprioceptive）意识，以及我们认知过程的内省（introspective）意识。基于体验的关联性，模拟器[①]被组织成复杂的概念图式。例如，某一套形状、大小、颜色、质地（毛皮）、声音（如喵喵叫）和行为或行为序列的模拟器典型地在猫的图式中被连接在一起。语言，包括词汇和句法，在知觉体验和模拟器系统中相互联系。对形状、大小、质地和活动的特定组合的体验或多或少自发地激活了猫这个单词，而当我们读到、听到或仅仅想到猫这个单词时，至少这些模拟器的部分子集被激活了。

对知觉体验的确认涉及将原始的知觉与被凸显的图式所激活的感知模拟相比较。里奇（2007：29）举了下面这个例子。他看见一个模糊的移动的斑点，一个特定大小的物体，迅速地穿过他家窗户外面的院子；因为他知道小区有几只猫，所以来自猫的图式中的相关模拟器被激活，并与最近的实实在在的知觉相比较。如果这种匹配相当接近，他就可以得出结论，刚才看到的物体确实是猫。但是，如果知觉和模拟器不匹配（物体更大，或者形状不对），他会考虑是否可能是另一种动物——或许是浣熊——他可能会从浣熊的图式中激活模拟器，并将它们与真实的体验相比较。

人们对隐喻的理解也可以通过感知模拟论来解释，即隐喻模拟假设（Metaphorical Simulation Hypothesis）（Bergen，2012）：当人们使用隐喻时，

---

① 模拟器是与知觉神经系统平行的概念神经系统的较高层次的组成部分，它能够激活对现象的部分模拟。

他们用具体事物来描述抽象概念，那么，很有可能人们是通过对具体事物的模拟来理解抽象概念的。加州大学圣克鲁什分校的心理学家们所做的实验表明完成一个行为甚至仅仅是想象一个行为，如抓握动作，可以加速理解接着出现的与之匹配的隐喻短语，如“掌握概念”，故理解一个像“掌握概念”这样的与隐喻行为有关的短语激活了负责完成同样行为的肌肉运动器官，即在思维上模拟了该隐喻行为。进一步的实证研究表明像时间、道德和感情这样的抽象概念与通过隐喻的方式来描述它们的具体事物——距离、清洁和温暖紧密相连，甚至在没有出现隐喻语言的时候，也是如此（祝敏，2017：93）。

巴萨罗的理论挑战了莱考夫和约翰逊（1980，1999）的观点：隐喻足以表征抽象的、以体验为基础的概念，如情感。他坚持认为，对以体验为基础的概念的直接表征是有必要的，这不仅使概念得到基本理解，还可引导具体体验向抽象概念的映射。他断言，我们对情感有着直接的具体化的体验。里奇（2006）在一定程度上赞同巴萨罗的这个观点。他认为，就“生气”而言，似乎至少有某个直接的知觉体验用以构建原始的情感概念。这些直接的情感概念可以通过由巴萨罗（1999）所假设的神经模拟机制来模拟，并通过跨模态（cross-modal）的隐喻识别能力（Mandler，2004；Gibbs，2006b）与吹爆气球这样的事件相联系，接着再与概念隐喻的词汇标志如“加热的液体”“蒸汽”“爆炸”相连，这些词汇标志是通过人们可以接触到的高度工业化的文化背景下的人工产物而获得（Ritchie，2006：51）。

此后，美国波特兰州立大学传播系的教授大卫·里奇进一步发展了感知模拟论，提出了语境制约下的模拟器理论（Context-Limited Simulators Theory），简称为CLST，它的核心观点是隐喻的使用和理解是语言驱动下的感知模拟器的部分激活，激活过程同时受到认知语境和当前激活的框架和图式的制约。在CLST理论中，里奇试图显示如何在感知模拟论中加入包括关系和文化在内的社会互动的扩展语境的模拟，因为在他来看，除了通过直接的知觉体验获得的概念隐喻外，还有许多概念隐喻是通过文化体验获得的。

CLST理论基于这样一个假设：体验以一种持续的、微妙的方式而有所不同，没有一种代码语言能够表达所有范围内的体验。情感、美学、精神特质的体验提供了极为精细的微差等级，而人所掌握的典型的工作词汇无法表达这种细微的差别。因此，隐喻是语言和思想不可或缺的部分，它使得我们可以思考和交流体验的微妙之处，如果没有隐喻，我们也就无法思考和表达这些微妙的方面。当一个隐喻的表达被广泛使用，并为大家所熟知，它就会被词汇化，它的解释也会在某种程度上固定下来，随后，还会有新的隐喻诞生，或者旧的隐喻通过诗歌、卡通和其他创造性的交际形式得以更新和延续（Ritchie，2006：125-126）。

根据 CLST 理论，与概念相联系的感知模拟器，被与概念相连的词和短语潜在地激活，它们可以被大致分成主要模拟器和次要模拟器（Ritchie，2007：29）。对大多数英语言者而言，单词“猫”激活了某些外感受性的主要模拟器（大小、形状、毛皮质地和喵喵的叫声）以及其他特征，这些特征被认为是猫的定义的组成部分。这其中还包括了某些相关词汇，如“宠物”“猫科动物”“食肉动物”。同样，单词“鲨鱼”激活了某些知觉的一组主要模拟器，主要是视觉的，以及一组相关的词汇（“软骨性骨骼”“食肉动物”“锋利的牙齿”等）。

“猫”和“鲨鱼”这两个概念经常在我们的文化中遇到，每一个都可以激活一大组次要模拟器，尽管它们不起界定的作用，但都和“猫”和“鲨鱼”有着密切关系。“猫”可以激活的次要模拟器有：垂死的鸟身上落下的羽毛、猫的慵懒、黑色羊毛裙上的毛发、由家和壁炉所联想到的情感等。鲨鱼可以激活潜水的记忆，来自昔日 B 级电影中的场景，像敬畏、恐怖、惧怕甚至敬重这样的情感。主要模拟器和相关词汇是像“猫”或“鲨鱼”这一类概念的定义的组成部分，类似于传统意义上的“外延”。次要模拟器和相关词汇，不是定义的组成部分，但它们经常与概念（像害怕、恐惧和敬重这样的情感）相连而被体验，类似于传统意义上的“内涵”。这些次要模拟器和词汇可能与一系列唤起情感的概念相连，这种联系脱离了概念范畴的层级。因此，与“鲨鱼”相关的“害怕”“恐惧”和“敬重”的内感受模拟器也可能会在同一个语义场内与“雪崩”“海啸”，甚至与“口试”有关的模拟器联系在一起，这个“意义场”被与完全不同的概念范畴相关的概念隐喻所激活（Ritchie，2007：29）。

当碰到一个单词或短语时，许多也许所有与它相关的主要模拟器和次要模拟器被飞快地激活（Gernsbacher 等，2001）。在当前语境下不相关的模拟器，它们不能迅速地与在工作记忆①（working memory）中已激活的想法相连，这些模拟器通常在意识觉察（conscious awareness）之前就被压制了，而那些与当前语境相关的模拟器被高度激活（Gernsbacher 等，2001；Kintsch，1998）。工作记忆的当前内容和语境相关的模拟器之间的联系被一个单词或短语激活，成为该单词或短语在当前语境下的意义。如果该单词或短语是隐喻的，与定义有关的主要模拟器被压制；与当前语境相关的次要模拟器，即与概念相联系的体验的细微之处保持激活状态，并与隐喻的本体相连。因此，像“攻击她的论点”这样的短语可能激发与情感的细微之处，如敌视和生气有关的内感受的感知模拟器，即便它没有激发与“战争”或“争论的交锋”图式有关的任何模拟器（Ritchie，2007：30）。

CLST（Ritchie，2006）强调感知模拟器的细微差别，尤其是可能被极富表现力的语言如隐喻、叙述或俏皮话所潜在激活的感情的、内省的、内感受的（凭直觉的）模拟器。一个隐喻可能将整个概念图式作为一个统一的格式塔而激活，这一点是概念隐喻理论所假设的（Lakoff 和 Johnson，1980），抑或它可能仅仅激活了与潜在的概念图式相关的模拟器的一小部分子集。由极富表现力的隐喻激活的模拟器可以保持一段时间的活跃状态，因此，如果随后的隐喻激活了相似的或相容的模拟器，那么累积的效果可能会不同于由任何一个隐喻独自所能取得的效果，而且这样获得的效果更持久。而另外，被隐喻激活的模拟器可以被扩展并通过隐喻的巧妙重复和转化与完全不同的本体相联系。因此，通过一系列的隐喻，一位言者或互动的对立体或群体可以构建、更改和维持情感的、知觉的、概念的思想背景，这些思想构成了参与者对交际事件的全部体验的部分内容，它们与词和短语本身显性的信息内容分离但又相互作用。正如卡梅隆（2007）所指出的，这种“背景”会对谈话及谈话发生的内在关系的发展产生深远的影响。

CLST 理论中极为重要的一个观点是有关隐喻的创造和理解的。里奇

---

① 认知心理学提出的有关人脑的存储的信息的活动方式。人作为一种信息加工系统，把接受到的外界信息，经过模式识别加工处理而放入长时记忆。以后，人在进行认知活动时，需要长时记忆中，信息处于这种活动的状态，就叫工作记忆。它被认为与通常所说的意识觉察有关，即进入工作记忆中的信息就是人自身意识中的内容。这种记忆易被抹去，并随时更换。

教授（2006：205）认为，隐喻不一定通过在具体化体验中将本体和喻体相联系而创造出来，它可以通过本体将感知模拟器激活而创造出来，本体依次激活了隐喻的创造者可以选择的各种图式（以及与每一个图式相联系的语言）。同样，隐喻也不一定凭借本体和喻体在既往的具体化体验中的联系而被理解，隐喻的理解可以通过抑制与语境不相关的模拟器，增强激活与语境相关的模拟器，并将它们与本体相连。Ritchie 教授的这个观点与兰道尔和杜迈斯（Thomas K. Landauer 和 Susan T. Dumais，1997）以及金茨（Walter Kintsch，1998）的研究发现是一致的。CLST 对语言作为概念发展的一个直接来源给予了高度重视，许多广泛使用的隐喻的喻体如“战争”和“拘束衣”主要通过语言媒介被大多数人所了解；还有其他的流行的隐喻喻体是基于仅仅在语言中存在的纯粹虚构的概念，如“巫术”“龙”“魔法”。正如巴萨罗（1999）所指出的，语言是极其强大的，因为它能够激活并连接感知模拟器，在此基础上构建全新的、复杂的、常常完全独立于任何经验基础的图式。

CLST 与概念隐喻理论的许多基本观点是兼容的，但是在具体的神经机制或体验解释上二者存在诸多差异。感知模拟器的观点与莱考夫和约翰逊的更具概括性的断言是一致的，即抽象概念是基于知觉和体验之间的联系（Gibbs，2006b）。从婴儿早期开始，概念和模拟器就逐渐发展起来（Barsalou，1999；Mandler，2004），因此，一旦儿童已经发展了对语言本身的概念，并开始发展与语言相关的复杂模拟器，那么一遇到它们，儿童就开始将词与相关的模拟器和概念相联系。“随着语言技能的发展，儿童从别人的话语中学会如何卓有成效地构建模拟，并构建向别人传递他们的内部模拟的话语。”（Barsalou，1999：607）处于 CLST 理论核心的感知模拟的神经机制不同于莱考夫和约翰逊（1999）所设想的基于“大脑是电脑”隐喻的机制。里奇教授在 CLST 的理论体系中融入了喻体词汇与其他词汇和短语的连接以及和各种感官知觉、内省和情感的模拟器的连接。在 CLST 模式中，概念隐喻起源于直接体验的成分之间可观察的相互关系，或在各种交际互动中所碰到的语言隐喻，有着语言来源或体验来源的概念隐喻常常被随后的两种经验（直接的、语言的）所扩展、详述和充实。CLST 对概念隐喻和语言隐喻给予了同样的重视，将语言隐喻的阐释也纳入了体验哲学的框架，从而拓宽和细化了体验哲学范式下的隐喻研究。

里奇教授（2006）认为，多数隐喻理论未能充分考虑语境因素，故在 CLST 理论体系中，他将隐喻的解释同具体的交际语境结合起来。CLST 的语境包含了在隐喻话语之前的工作记忆中激活的概念、社会关系、文化因素以及共有知识等，这些语境因素在隐喻理解时对模拟器的选择性激活起到了关键性的作用。因为只有那些与语境相关或相一致的喻体单词或模拟器才能得到高度激活并与本体建立连接，从而构成该隐喻在当前语境下的意义；反之，那些与语境不相关或不一致的喻体单词或模拟器的激活会受到抑制。在整个过程中都不一定涉及像概念隐喻理论所认为的对潜在的概念隐喻的加工处理。因此，这种语境制约下的局部激活模式比概念隐喻所假设的整体激活模式更加符合人类认知的经济性原则（范振强，2009：207）。里奇教授的语境观综合了斯波伯和威尔逊（Dan Sperber 和 Deirdre Wilson，［1995］1986）的关联理论、克拉克（Herbert H. Clark，1996）的谈话共同点理论（Theory of Common Ground in Conversation）以及金茨（1998）的工作记忆的概念，并将它们融入神经心理科学的感知模拟论中，以阐释特定交际语境下的隐喻理解的神经加工机制，在进一步完善感知模拟论的同时，也发展了现有的语境理论。

总之，CLST 是里奇教授基于他多年隐喻研究的发现所创建的隐喻解释的新的理论模式。他批判性地接受当前已有的隐喻研究成果，同时将认知科学的其他分支学科如神经科学、脑科学、认知心理学等的最新发现融入他的理论框架中，使之在最前沿的科学理论的指导下，展现隐喻生成和理解的全貌。

CLST 的主要优势是，将隐喻看作语言的一个普通特点，解释了其他隐喻理论没有涉及的最新研究发现，它与人类有限的认知加工能力相一致。同时，它尊重隐喻语言的灵活性和交际能力，并为分析诗歌以及语言的其他创造性使用提供了工具。CLST 有着整合隐喻理论和更广泛的交际理论的潜力，将社会、文化因素融入巴萨罗所描述的认知过程中，相信在不断完善和发展的过程中，它会始终处在隐喻研究的前沿（祝敏，2016）。

第三节　局限性

虽然与传统的意义理论相比，概念隐喻理论具有更强的解释力，更强的理论发挥空间和实际应用价值，但它也存在一些问题与局限性。概念隐喻理论自问世以来，就面临学术界异样的观点，国内外学者都注意到了概念隐喻理论存在的一些不足之处。

第一，在方法论方面，该理论的语料不是来自大型的语料库检索，它的系统性、科学性和真实性常常受到质疑。莱考夫的概念隐喻理论缺乏用来确定概念隐喻的量化标准。如果说，我们能够接受 THEORIES ARE BUILDINGS（理论是建筑物）作为一个概念隐喻，是因为英语中的确存在一系列用描写“建筑物”的词语描写“理论”的隐喻表达。那么，如果只有一例隐喻表达，是否可以建立其相应的概念隐喻呢？（王晶芝、杨忠，2010：101）莱考夫并没有明确指出确定概念隐喻的相应的隐喻表达的数量是多少，这使得该理论在科学性及严谨性方面备受争议。

第二，莱考夫和约翰逊有关映射的单一性和一致性的观点也备受质疑。他们认为，概念隐喻体现了概念和直接经验之间的单一的、一致的映射。但与此相反的观点是潜在的映射常常似乎是模棱两可的，不同的人基于他们各自特有的体验会产生不同的概念映射。潜在的映射也会随着时间的推移而改变，因为根据新的文化体验，熟悉的隐喻会被重新解释（Ritchie，2013：82）。弗瓦克和肯尼迪（John Vervaeke 和 John M. Kennedy，1996）在对莱考夫和约翰逊的概念隐喻“ARGUMENT IS WAR”（争论是战争）的拓展讨论中，提出了类似的批评。弗瓦克和肯尼迪指出许多由莱考夫和约翰逊给出的用以证实这一概念隐喻的词汇隐喻（“在争论中*获胜*或*失败*”“*捍卫立场*”“*攻击对手*”）可以用无数的可替代的喻体来理解，如 ARGUMENT IS FOOTBALL（争论是足球赛）或 ARGUMENT IS BRIDGE（争论是打桥牌）。

第三，概念隐喻理论的局限性还表现在历时研究方面。莱考夫的语料都是共时的、是静态的，研究的是常规隐喻，即研究的是一些固化在语言表达中的“死的隐喻”。根据李福印教授（2005）的观点，如果确实存在跨概念域的映射，那么这些映射不可能是瞬间完成的，我们一定能够在词源上找到充足的证据。但是，莱考夫的概念隐喻理论缺乏对两个概念域映射的历时研究（王晶芝、杨忠，2010：102）。

第四，概念隐喻理论对隐喻意义的解释力也受到质疑。概念隐喻理论通过引入具身体验突破了传统研究框架，但因为所谓的具身体验实质上是对感官体验的抽象提炼，是身体的原始“本体感受体验”，无须与外部世界任何互动，这就使它们完全成了先验的概念，导致语境在隐喻解读中变成冗余信息。概念隐喻理论过于强调跨域概念投射，而所谓的跨域映射其实是不同层级概念域之间的命题演算，推演过程并不涉及非概念信息，因此其解释忽略了隐喻所涉及的丰富感官体验，导致隐喻的意义潜势被贫困化（曲卫国，2018）。

第五，对概念隐喻仅来自于人们的直接体验的观点的质疑。莱考夫和约翰逊认为概念隐喻直接通过概念与体验间的联系而获得，或者通过将这些来自直接体验的隐喻组合起来而获得。兰道尔和杜迈斯（1997）指出，至少在有读写能力的人组成的社会中，个人的绝大部分词汇是通过阅读获得的。金茨（2008）也认为至少一些隐喻可以通过仅仅分析它们的语义关系来获得可靠的解释，尤其是那些带有仅存在于神话中的喻体或不可能直接体验的喻体的隐喻，更有可能是基于词与词之间的联系来理解，而不是基于直接体验来理解。基于神话的隐喻的例子有“she's a *dragon*”（她是一条*龙*），“a *ghost* of chance”（一丝机会），“a *snowball's chance* in *Hell*”（任何机会）。隐喻喻体不可能被直接体验的例子有，“I'll love you *until the end of time*”（我爱你*直到天荒地老*），“my desk is a *black hole* ”（我的书桌是*黑洞*）。另一种可能性是许多最终可以亲身体验的隐喻喻体，在文学作品或大众传媒等次要来源中被人们先行接触到。至少在美国和欧洲，大部分孩子是通过故事的讲述、电影以及历史课获得有关战争的知识，而且很有可能是通过这些间接来源获得的语义联系来理解基于战争的隐喻（Ritchie，2003、2006；Howe，2007）。“*象牙塔*”指并不存在的物体，几乎可以肯定，它首先通过语义联系来习得，尽管如此，像“*推土机*”“*龙*”“*象牙塔*”这一类词汇可以激活印象深刻的感知图像。

以上便是概念隐喻理论存在的主要问题及局限性，它们也成了隐喻专家和学者的研究课题，相信在不久的将来，这些问题和局限性将会得到解决，概念隐喻理论也会在这些质疑中不断改进，越发成熟。

本章小结

本章重点介绍了概念隐喻的理论框架。首先，对概念隐喻的本质做出了界定。概念隐喻具有两大本质特征：其一，它是人类认知的产物；其二，它是概念性的。其次，阐述了概念隐喻的分类。莱考夫将概念隐喻分为三类：方位隐喻、本体隐喻和结构隐喻，其中最普遍的是结构隐喻。概念隐喻理论的哲学基础是体验哲学，主要包括三项基本原则：心智的体验性、认知的无意识性和思维的隐喻性。作为一种革命性的新理论，它对西方传统思想是一个巨大挑战，对哲学、认知科学以及认知语言学产生了深远影响，成为第一代和第二代认知科学的分水岭。此外，本章还提到了概念隐喻的系统性特点。它体现在以下两个方面：（1）每一个概念隐喻都是统领和支配源域和目标域之间对应关系的一个系统；（2）概念隐喻也可以系统地相互关联，构成一个层级结构或平行结构。概念隐喻的理论框架还涉及隐喻认知的工作机制——跨域映射，即从一个源域到一个目标域的映射，这也就是莱考夫和约翰逊提出的隐喻的映射理论，它阐释了隐喻所关涉的两个概念之间的关系和互动作用。概念隐喻理论从初创到现在，一直在不断地发展和完善之中，其中，“隐喻的神经理论”“概念整合理论”“感知模拟论”“语境制约下的模拟器理论”都是在概念隐喻理论的基础之上发展而来，并在不同程度上弥补了概念隐喻理论的不足。在本章的最后，笔者指出了概念隐喻理论存在的问题及局限，它们主要体现在以下五个方面：（1）方法论；（2）映射的单一性和一致性；（3）历时研究；（4）对隐喻意义的解释力；（5）概念隐喻的来源。这些不足之处将成为专家、学者研究隐喻的新课题，相信在不久的将来，概念隐喻理论会更加成熟、更具解释力。

第四章

语法隐喻和语法隐喻理论

第一节　语法隐喻在古代的出现和使用

不论是西方还是我国，许多语法术语来自对现实世界的隐喻。古希腊的斯多葛学派认为语法中“格”（case）这个术语有心理学的和形而上学的依据。“格”源自希腊语的 ptosis（直译为“跌落”），它反映了从词源学上当时的人们对该术语功能的模糊认识，即一个词跌落在另一个词上面，表示词与词之间的关系。由于主语总是挺然直立的，它从不跌落于其他词之上，因而“格”又可分为 ptosis eutheia（直格）和 ptoseis plagiai（斜格）（胡壮麟，1996：1）。

就像语言中的隐喻有着悠久的历史一样，语法隐喻的使用也并非最近出现的语言现象。中世纪，尤其是在 12 世纪到 14 世纪，出现了语法隐喻的大量使用。在这一时期，语法隐喻被应用于各个不同的领域，如宗教、政治和哲学。胡壮麟（2004）认识到了语法隐喻的三种主要用途。

（1）以语法术语来隐喻现实世界

语法术语（特别是格的名称）的一词多义极大地推动了语法隐喻的应用。例如，著名的语法家多纳特斯（Donatus）识别了语言中六种不同的格。他解释说，其中的与格（dative）和宾格（accusative）足以用来谈论罗马。“Dative”一词来自于拉丁语的“dativus”，意为“给予的”，它暗示了罗马政体的受贿和腐败；而“accusative”一词是多义词，它有“责备的、谴责的”意思，故象征了人们的不满和控诉。

（2）以语法结构来隐喻现实世界

圣徒杰罗姆（Saint Jerome）在一封有关翻译理论的信中提到了语法隐喻在《圣经》不同译本中的应用。他指出《圣经》应该逐字翻译，因为它的结构不应随意更改。他举的例子为：《旧约·出埃及记》中的一个短语“regnum sacerdotale”（一个教士的王国）。这个短语以“王国”为中心语，表明人们认为王权高于宗教权威。但在《新约·彼得书》中，这个短语被译为“sacerdotium regale”（国王似的全体教士），“教士”俨然成了中心语。这个句法上的词序变化，隐喻神权大于王权。

（3）以语法理论来隐喻现实世界

源自语法理论应用的语法隐喻的焦点并不在于术语本身，而在于语法形式形成的过程。在中世纪的语法家萨蒂（Sarti）的葬礼上，泰瑞塞斯（Terrisius）说了下列这番话来赞美这位已故的同事和朋友：“不是一个谦卑的肯定，而是一个最高级……，形式上是单数的，因为没有同辈人与他一起组成复数。”要理解这些话语，就必须知晓有关名词的数，以及形容词的比较级和最高级的语法理论。

从中世纪语法隐喻的使用来看，原先从现实世界隐喻借鉴而成的语法术语和理论，转而隐喻现实世界的各种现象，其特征可描写为“语法形式→现实世界”（胡壮麟，1996：3）。尽管语法隐喻在中世纪就已被大量使用，但对它的系统研究仅仅始于30多年前，是以系统功能语言学的代表人物韩礼德的“语法隐喻理论”为里程碑的。接下来，笔者将对该理论的框架、新发展、局限性、哲学意蕴等逐一进行阐述。

第二节　系统功能语言学的语法隐喻理论

系统功能语言学对语法隐喻的研究始于韩礼德。他在1985年的《功能语法导论》一书的最后一章专门讨论语法隐喻的问题。韩礼德认为语法隐喻主要见之于概念功能和人际功能。

一　理论框架

语法隐喻理论与韩礼德的语言系统的层次思想直接相关。语法的传统理论将语言分为四个层次：语音层、词汇层、语法层和语义层（Chafe，1975）。转换生成语法继承了这种观点，将语音、句法和语义作为其理论框架的主干（徐烈炯，1988）。韩礼德在其早年也未能免受传统观点的影响，他将语言系统分为三个层次：音系层、词汇语法层和语义层。由于受到马林诺夫斯基人类学理论和伯恩斯坦社会学理论的影响（朱永生，1994），韩礼德的理论表现出了强烈的语用倾向，这也是他的理论的独特之处。他认为语言的所有这三个层次均与意义相关，而许多其他语言学家则认为形式和意义是两个独立的范畴。韩礼德理论的核心在于，他坚信语言的不同层次的区分，如果是有必要的话，也只是形式上的，而非语言固有本质所引起的。因此，韩礼德后来淡化了词汇语法层和语义层的区分，而仅仅谈论音系层和词汇语法层的关系（朱永生、严世清，2001）。

在韩礼德一系列论文（Halliday，1992、1995、1996）中，他对语言层次及其与语法隐喻之间的关系作了较明确的阐述。韩礼德（1992）指出，在语言进化的初始状态（或原始语言时期），语言呈现为二维的“弹性空间”，即作为认知主体的人与作为认知客体的客观世界直接关联，从而形成了人的意识维度，即非物质或非现象维度与物质性的或现象性维度直接对立的情形，但这种二维空间认知方式并非人类所特有的种系特征，而是一切哺乳动物共有的特征，所以韩礼德称之为“哺乳动物式的经验”。在此后的进化过程中，这种二维空间系统得以解构，在物质（或现象）维度与非物质（非现象）维度之间形成了一个新的、同样是非物质性的符号系统，即词汇语法系统。该系统形成的意义在于最终导致了现代意义上的语言系统的进化成功：一方面，词汇语法作为一种潜势可以表现无限多的意义，另一方面，词汇语法又赋予客观世界以“它者性”，使得认知主体能够以此为工具或手段再现人类经验和构建某种社会现实。韩礼德（1992）明确指出，语法隐喻产生的根源也在于此。在1995年和1996年的两篇论文中，韩礼德则以实例说明语法隐喻的功能在于对人类经验的重塑或重新语法化（朱永生、严世清，2000：96）。可见，韩礼德的语法隐喻理论有着坚实的理论基础。

（一）语法隐喻的界定

语法隐喻，一个语言学的概念，由韩礼德在他的专著《功能语言学导论》中首次提出。在语法隐喻理论被引入之前，韩礼德（［1994］1985）简要地阐述了隐喻的传统观点的本质，即隐喻是意义表达的变异。韩礼德没有把自己局限于隐喻的词汇分析，而是认为隐喻的变化发生在词汇语法层，并不仅仅发生在词汇层上，通常语法变化会伴随词汇变化。“在修辞转义的过程中，会有明显的语法成分的参与；一旦我们认识到这一点，我们就会发现也存在着语法隐喻这一类的事物，变化基本上发生在语法形式上，尽管也经常包含着一些词汇变化。”（Halliday，［1994］1985：342）汤普森则把语法隐喻暂且定义为“语法隐喻是一种意义的表达，它通过词汇语法形式上的演化来表达一种不同的意义”（Thompson，［2000］1996：165）。该定义言简意赅，抓住了语法隐喻最本质的特征。

在韩礼德的阐述中，他似乎没有给我们一个十分清楚的语法隐喻的定义，然而，他对于词汇隐喻和语法隐喻的进一步区分，有助于我们理解语法隐喻理论。传统的词汇隐喻采取的是自下而上的角度，即相同的形式表达不同的意义：字面意义和隐喻意义；而语法隐喻采取的是自上而下的视角，即相同的意义不同的实现形式：一致式，即通常所说的“直白”的语言，和隐喻式，即与一致式相对应的，在某种程度上经过了“转义”的语言（Halliday，［1994］1985）。下面我们以“protests flooded in”（抗议活动如洪水般而至）为例，比较这两种看待隐喻的不同视角，见图 4-1。

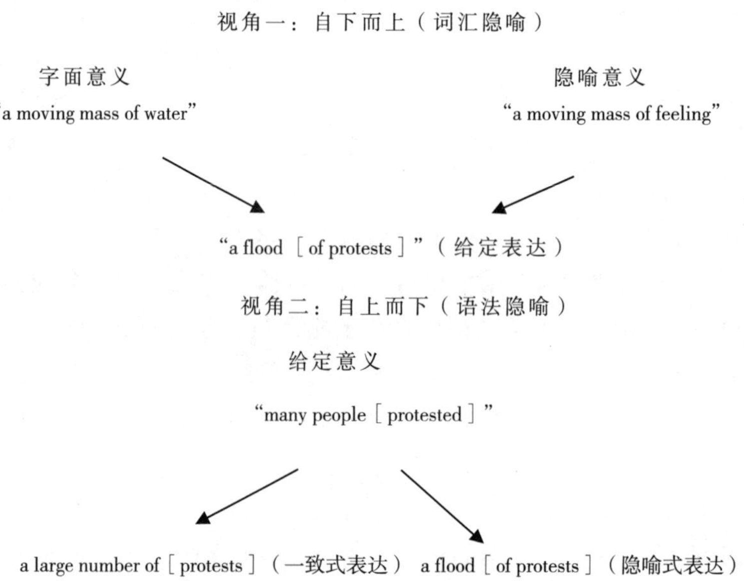

图 4-1　看待隐喻的两种视角

从图 4-1 可以看出，“flood”（洪水）作为词汇隐喻，自下而上看有两个意义：字面意义“a moving mass of water”（流动的水团）和隐喻意义“a moving mass of feeling”（涌动的感情）。“Protests flooded in”（抗议活动如洪水般而至）作为语法隐喻，自上而下看，它的给定意义“many people protested”（许多人抗议）有两个不同的实现形式：一致式“a large number of protests”（许多抗议）和隐喻式“a flood of protests”（如洪水般的抗议)。针对二者的区别，韩礼德从符号学角度进一步指出“词汇转换即词汇隐喻，可以理论化为‘相同能指，不同所指’，语法转换即语法隐喻，应该理论化为‘相同所指，不同能指’”(Halliday，1996)。

如果某个事物被称为隐喻，那么它肯定是通过指称另一事物而成为隐喻的，这里的“另一事物”在系统功能语言学中被称作“一致式”。尽管韩礼德没有给出“一致式”任何明确的定义，但汤普森([2000] 1996：164)将其定义为“更接近外部世界的事物的状态”。例如，在一致式中，名词是对事物的编码，动词是对事件发生的编码。然而，这并不等同于说一致式更好，或更频繁地被使用，抑或它是一种标准的语言表达，“在许多例子中，隐喻表示法已然成为标准，这实际上是语言变化的一个自然过程”(Halliday，[1994] 1985)。但这也并不意味着这些变体完全是同义的，“隐喻的选择其本身就是一次意义的选择，被选择的这个特定隐喻进一步增添了语义特征”(同上)。

显然，在人类语言系统中词汇语法层的存在以及对“一致式”表达的认可使得语法隐喻理论的产生成为可能，与此同时，也为语法隐喻理论提供了物质基础。

(二) 语法隐喻的分类及元功能

系统功能语言学的语法隐喻理论探讨的是语言功能的不同体现，不同的体现过程之间因语言的张力而存在功能上的传递性。语法隐喻主要表现在过程与功能成分的相互隐喻化，这种传递性是产生语法隐喻的前提和根本动力。韩礼德的语法隐喻理论框架由概念、人际和语篇三个“元功能”和音系层、词汇语法层和语义层三个层次构成(胡壮麟，2000：89)。韩礼德将语言的功能分为三大元功能：即概念功能、人际功能和语篇功能，根据这三大元功能，我们可以将语法隐喻分为概念语法隐喻、人际语法隐喻和语篇语法隐喻。概念语法隐喻包括过程变体和名词化现象；人际语法隐喻包括情态语法隐喻和语气语法隐喻；语篇语法隐喻涉及主述位系统、信息系统、衔接系统和谋篇布局等有关方面的多样化表述方式。

1. 概念语法隐喻及其概念功能

概念语法隐喻，以下简称概念隐喻，与语言的概念功能相关。韩礼德认为，语法隐喻是朝着事物性方向发展的，即从过程朝个体方向发展直至最终出现了某一可以指称此类个体的名词(朱永生、严世清，2000：100)。基于这样的假设，韩礼德语法隐喻的重点在概念隐喻，而概念隐喻的重点在名词化。韩礼德首先把人类社会的各种活动经历划分为物质、心理、关系、言语、行为和存在六个过程。物质过程表达人们做事的过程，也表示事物的发生、发展及变化；心理过程表示感觉、反应和认知等心理活动的过程；关系过程表示事物之间处于何种关系；行为过程指诸如呼吸、咳嗽、叹息、哭笑等生理活动过程；言语过程是通过讲话交流信息的过程；存在过程是表示有某物存在的过程（朱永生等，2005：137—144）。前三种是最基本的过程，后三种是次要过程，基本过程交叉存在于次要过程中。语言的概念功能就是要解决语言体现和塑造现实的作用。在这个过程中，语言通过将现实分解为发生的过程、参与过程的实体、用来描述实体的性质或特征，来实现这些功能。在表达某一概念时，说话者必须依次对过程类型、与过程有关的传递系统的功能成分以及能体现这些功能的词类做出选择。一般来讲，过程由动词词组体现，过程的参与者由名词词组体现，事物的性质或特征由形容词词组体现，时间、地点、工具、方式等环境意义由副词或介词词组体现，等等；过程不同，各自的参与者、过程所涉及的对象等也不同。其次，他认为语言系统的三个层次之间的关系是象征和被象征、或者说体现和被体现的关系（朱永生，2006：84）。在概念隐喻中，他显示一个过程可以隐喻为另一个过程，随着过程的转换，各小句中的功能成分（如参与者、过程、环境因子等）可互相隐喻化，被转换的功能成分在词汇语法层体现时又可以从一个形式（如短语和词类等）隐喻为另一个形式（胡壮麟，2000：88）。例如：

(1a) They climbed the mountain on the fifth day.（他们在第5天爬上了这座山。）

(1b) The fifth day saw their ascent on the mountain.（第5天见证了他们的攀登。）

随着 climbed 由过程变成了眼睛所感知的现象 ascent，on the fifth day 由环境因素变成了感知者 the fifth day，the mountain 由对象变成了环境因素 on the mountain，原句（1a）所表达的物质过程，隐喻化为（1b）心理过程了。语法隐喻理论称（1a）为“一致式”，（1b）为“隐喻式”，因而实现了言语功能体现形式的隐喻化。从实质上看，过程的转换能够引起其他参与成分的范畴的转移，换言之，语法隐喻是范畴转移的结果（Halliday 和 Matthiessen，1999：242）。

如前所述，韩礼德将语义与语法范畴之间的非自然关系称作语法隐喻，这种非一致式或隐喻式表达最常见的现象之一就是用名词词组表达过程和特征，这就是名词化现象，属于概念语法隐喻。名词化现象是科技英语最显著特点之一。如下面的（2b）、（3b）、（4b）和（5b）中的斜体部分：

（2a）The police investigated the matter.（警方调查这件事。）

（2b）The police conducted an *investigation* into the matter.（警方对这件事*展开调查*。）

（3a）The floods considerably eroded the land.（洪水极大地侵蚀了这块地。）

（3b）There was considerable *erosion* of the land from the floods.（这块地受到了来自洪水的*极大的*侵蚀。）

（4a）First，she reviewed how the dorsal fin evolved.（首先，她回顾了背鳍是如何进化的。）

（4b）There was a first review of the *evolution* of the dorsal fin.（对*背鳍的进化*进行了首次回顾。）

（5a）They were narrow-minded and I don't like it.（他们心胸狭隘，我不喜欢这种性格。）

（5b）I don t like their *narrow-mindedness*.（我不喜欢*他们的心胸狭隘*。）

从以上名词化实例中，我们得出这类隐喻具有以下三种功能：（1）通过重新范畴化，使原本动态的过程变为静态，为人们认识世界提供了不同寻常的方式；（2）通过动态过程名物化，利用英语名词短语可以包含若干个修饰成分的语法特点，增加名词短语的信息量，从而达到浓缩信息的目的，如（4b）中的"a first review"（首次回顾）；（3）利用英语名词短语可以不包含人称代词的特点，对施事进行虚化，如（3a）中的施事"the floods"（洪水）变成了（3b）中的环境成分"from the floods"（来自洪水），这样可以使句子体现的意义显得更加客观（朱永生，2006：85）。正是由于名词化隐喻具有上述三种功能，特别是后两种功能，这使得名词化在科技语篇中频繁地出现，成为科技语篇的一大语言特征。

2. 人际语法隐喻及其人际功能

人际语法隐喻，以下简称人际隐喻，与语言的人际功能相关。人际功能指的是人们用语言来影响别人，表达自己的情绪、观点，体现交际参与者之间的相互关系，建立语言使用者与外部世界的联系。人际功能主要是通过情态系统和语气系统实现的。与人际功能有关的隐喻性表达包括情态隐喻和语气隐喻（赵德全、李伟，2010：131），这两种隐喻构成了系统功能语言学的人际隐喻。

言语功能作为“交流的小句”的语义功能，在语法层可以由语气来体现（Halliday，［1994］1985：68）。言语角色（提供/索取）和交流物（信息/物品和服务）是言语功能的两对基本语义特征，并由此衍生出陈述、疑问、命令（请求）和提供四种基本言语功能。在通常情况下，典型体现陈述功能的是陈述语气，典型体现疑问功能的是疑问语气，典型体现命令（请求）功能的是祈使语气，提供功能则没有典型的体现形式。这些体现言语功能的典型形式被称为一致式。在不考虑提供的情况下，言语功能及其语气的一致体现中，言语功能范畴和语气范畴呈现一一对应关系。然而，在实际的语言使用中，一种言语功能可以用几种不同的语气来体现，如表 4-1 所示。

表 4-1　　语气隐喻

语气	言语功能	一致式/隐喻式
陈述语气	陈述	一致式
	疑问	隐喻式
	命令（请求）	
疑问语气	疑问	一致式
	命令（请求）	隐喻式
	陈述	
祈使语气	命令（请求）	一致式
	陈述	隐喻式
	疑问	

系统功能语言学认为，一种意义可以有多种表达形式，形式是意义的体现，意义来自形式与功能的结合，形式与功能之间并不存在一对一的关系。一种形式可以表示一种以上的意义，一种意义也可以由两种或更多的形式体现（黄国文，1999：109）。在语气系统中，一种言语功能可以由不同的语气来体现。例如：

（6）Close the door!（关上门!）

（7）Would you mind closing the door?（您介意把门关上吗?）

（8）I feel cold.（我感觉有点冷。）

这三个句子分别为祈使句、疑问句和陈述句，但它们在特定的语境下，都可以用来体现命令或请求的言语功能。反过来，一种语气也可以体现一种以上的功能，比如，陈述语气除了体现其“一致式”的“陈述功能”外，在不同的语境下可以体现“疑问功能”和“命令功能”。

（9）I wonder if you will come.（我想知道你是否会来。）

（可体现“疑问功能”，相当于“Will you come?”你会来吗?）

（10）I wouldn't take the job if I were you.（如果我是你，我不会干这份工作。）

（可体现“命令功能”，相当于“Don't take the job.”不要干这份工作。）

由此可见，不管是一种功能被多种语气表达，还是一种语气体现多种功能，它们都是语气变异现象。言语功能及其语气的隐喻体现实质上涉及了一种语法域向另一种语法域的转移，即从一个语气域到另一个语气域的转移（范文芳，2000：30），这种现象被称为语气隐喻。它所体现的是言语功能的变异，是两种言语功能的结合。

在情态系统中，同样存在表达的变异形式，即情态隐喻。情态系统是讲话者借以表达自己对事物所持的态度、意愿和看法的语义系统。或者说是讲话者对小句所表达的命题的真实性的态度和观点。作为人际意义的重要组成部分之一，情态系统所表达的意义是从说话者本人角度对其命题的成功性和有效性所作的判断，或在命令中要求对方承担的义务，或在提议中要表达的个人意愿。从语义上说，它所体现的是一致性中肯定和否定两极之间的意义（张书慧，2009：147）。情态意义的体现是由情态的取向系统决定的。韩礼德把情态取向分为四种：明确主观、非明确主观、明确客观、非明确客观。情态类型也分为四种：表示概率和频率的情态与表示义务和意愿的意态。韩礼德还将情态和意态与言语功能联系起来。情态（概率和频率）一致地由陈述语气和疑问语气体现，它与命题相联系，交换的是信息；意态（义务和意愿）一致地由祈使语气体现，它与提议相联系，交换的是物品/服务（Halliday，［1994］1985），见表4-2。

表4-2　　情态取向与情态类型

<table>
<tr><th>情态取向</th><th>情态类型</th><th>例句</th><th>言语功能</th><th>一致式/隐喻式</th></tr>
<tr><td rowspan="4">明确主观</td><td>情态（概率）</td><td>I think Mary knows.</td><td rowspan="2">交换信息</td><td rowspan="4">隐喻式</td></tr>
<tr><td>情态（频率）</td><td></td></tr>
<tr><td>意态（义务）</td><td>I want John to go.</td><td rowspan="2">交换物品/服务</td></tr>
<tr><td>意态（意愿）</td><td></td></tr>
<tr><td rowspan="4">非明确主观</td><td>情态（概率）</td><td>Mary'll know.</td><td rowspan="2">交换信息</td><td rowspan="4">一致式</td></tr>
<tr><td>情态（频率）</td><td>Fred'll sit quite quiet.</td></tr>
<tr><td>意态（义务）</td><td>John should go.</td><td rowspan="2">交换物品/服务</td></tr>
<tr><td>意态（意愿）</td><td>Jane'll help.</td></tr>
<tr><td rowspan="4">非明确客观</td><td>情态（概率）</td><td>Mary probably knows.</td><td rowspan="2">交换信息</td><td rowspan="4">一致式</td></tr>
<tr><td>情态（频率）</td><td>Fred usually sits quite quiet.</td></tr>
<tr><td>意态（义务）</td><td>John's supposed to go.</td><td rowspan="2">交换物品/服务</td></tr>
<tr><td>意态（意愿）</td><td>Jane's keen to help.</td></tr>
<tr><td rowspan="4">明确客观</td><td>情态（概率）</td><td>It's likely that Mary knows.</td><td rowspan="2">交换信息</td><td rowspan="4">隐喻式</td></tr>
<tr><td>情态（频率）</td><td>It's usual for Fred to sit quite quiet.</td></tr>
<tr><td>意态（义务）</td><td>It's expected that John goes.</td><td rowspan="2">交换物品/服务</td></tr>
<tr><td>意态（意愿）</td><td></td></tr>
</table>

注：改写自周大军（2003：101）。

从表4-2可以看出，情态类型中的情态是从“概率”或“频率”的角度来表达该信息的可靠性如何。在情态的一致式中，情态词如：possibly/probably/certainly可以表达不同级别的“可能性”，等同于“也许是，也许不是”；情态词如：sometimes/usually/always 用来表达不同级别的“经常性”，相当于“有时是，有时不是”。小句以命题的形式出现，或者其概率和频率都可用语气中的限定性情态动词、情态副词，或者这两者一同表达。意态与提议相联系，在肯定提议（do it）和否定提议（don't do it）之间，有两种“可能性”，这取决于言语功能即：表达“命令”（command）还是“提供”（offer）。在命令中，情态词如：allowed to/supposed to /required to 表达不同程度的义务；在表达“提供”意义的句中，情态词如：willing to/ anxious to /determined to 表达不同程度的意愿。意态交换的是物品或服务，小句则以提议的形式出现。意态一般由语气中的限定性情态动词、被动谓体动词或谓体形容词体现，也可由语气副词和限定性情态动词一同表达（张书慧，2009：148）。我们以上讨论的是情态意义的一致式表达，它们都属于非明确主观或非明确客观的情态取向，即情态意义隐含其中，没有明确地表达出来。而明确的主观取向和明确的客观取向都是隐喻性的，它们都以命题“投射”形式出现。明确的主观取向是通过思维“投射”句来实现的，如：I think、I believe、I reckon、I predict 等，以强调说话者本人看法的主观性。明确的客观取向是通过一个修饰性的关系过程来实现的，比如：It's certain、It's probably、It's usual 等，其中的情态或意态是在一个具有某种属性的命题中表达的，目的就是为了强调说话者对事物判断的客观化。有时为了实现命题的非人称化，明确的客观取向还体现在动词词组隐喻化的被动语态中，比如：It's thought that…、It's reported that…、It's said that… 等，以掩盖说话者本人看法的主观性。总之，如果由于语篇或表达的需要，说话者采取“显性”的表达方式，即将原句当中所隐含的情态意义明确化，就产生了情态隐喻。

情态隐喻和语气隐喻中，都伴有级转移或范畴转移现象，而级转移和范畴转移必然引起意义转移，这种意义转移有时是概念意义的转移，有时是人际意义的转移。概念意义的转移产生概念隐喻，人际意义的转移则产生人际隐喻（赵德全、李伟，2010：132）。

3. 语篇语法隐喻及其语篇功能

作为三大元功能之一的语篇功能，即语言使本身前后连贯、并与语域发生联系的功能，也会由于级或范畴的转移产生语法隐喻。从严格意义上讲，语篇语法隐喻，以下简称语篇隐喻，应该发生在衔接系统、主位系统和信息系统中，因为语篇功能就是在这三个系统中得以实现的。韩礼德对语篇功能的研究深入而透彻，但他并没有承认语篇隐喻的存在。马丁（1992）在这方面做了研究，确认了语篇隐喻的存在，他是提出和研究语篇隐喻的第一人，他对语篇隐喻的最初着眼点是语篇衔接。

马丁认为，在语篇衔接手段中，如果它们不是用来特指或组织外部世界与社会现实的，那么就会构成语篇的内部衔接关系，这种语篇内的衔接关系产生逻辑上的隐喻手段，属于语篇隐喻（黄国文，1999：68）。根据这一提法，下列句子中的第二个 it 构成了语篇隐喻：

（11）Anneclaire leaned toward Sharpay and whispered conspiratorially, "Singing is the easiest part. And, it gives you pleasure." Sharpay wondered a little, and then murmured faintly, "Is *it* really so?"

（安妮克莱尔朝夏佩侧过身去，诡秘地耳语道，"唱歌是最轻松的，它给你带来快乐"。夏佩有点不相信，然后用微弱的声音嘟哝道，"这是真的吗？"）

在这个语篇当中，第一个 it 指的是"singing"（唱歌），属于事物范畴；第二个 it 回指整个安妮克莱尔的断言，与前者构成语篇内衔接关系，是语篇隐喻。马丁将语篇隐喻划分为五种类型：一是元信息，指从具体的人和物到用于组织篇章的名词；二是语篇照应，从最初指现实世界的具体参与者到发展为指代行为、事实等成为语篇照应；三是内部连接，从最初的组织事件发展顺序、时间先后关系等外部连接发展到用来组织篇章；四是协商篇章，指利用人们交谈中的协商结构来组织篇章；五是隐喻性主位，当下一句的主位是上一句的述位，或上一句话，乃至一段话的概括时，这个主位称作隐喻性主位（牛钢钢，2011：107）。

对于马丁的语篇隐喻理论，学术界争议颇多。从级和范畴角度上看，马丁对语篇隐喻的定义有过于宽泛之嫌，他所认定的语篇隐喻有些并没有发生级转移或范畴转移，不属于严格意义上的语篇隐喻。

根据韩礼德和哈桑（Ruqaiya Hasan）的理论（Halliday 和 Hasan，1976：2-30），英语的衔接手段可分为照应、替代、连词和词汇四种。在通常情况下，这四种手段交替出现，共同构成连贯的语篇，形成一整套非标记性的语篇连贯手法。然而，和其他语法隐喻一样，衔接手段有时也会有标记性的用法。换言之，由于某种需要，信息发出者可能会避开常用的语篇衔接手段，而选用另一种方式衔接上下文。从语篇功能的角度讲，这是一种“非一致式”衔接手段，属语篇隐喻。

有关主位系统的语篇隐喻，汤普森的观点比较明确。他认为主位同等结构和谓化主位结构均属于语篇隐喻范畴。原因是这两种结构都可以通过双重及物系统分析使其与“一致式”表达形成对比，从而确定其为隐喻性表达，这种隐喻性表达是谋篇布局的需要，属于语篇隐喻。

（12a） What you need to do is to write a thesis.（你需要做的是写一篇论文。）

（12b） You need to write a thesis.（你有必要写一篇论文。）

（13a） What he will be doing is taking a plane to Beijing.（他将要做的是乘飞机去北京。）

（13b） He will be taking a plane to Beijing.（他将要乘飞机去北京。）

（14a） It was John that gave Mary a handbag at Christmas.（正是约翰在圣诞节给玛丽一个手提包。）

（14b） John gave Mary a handbag at Christmas.（约翰在圣诞节时给玛丽一个手提包。）

（15a） It is we who have not learned how to use it.（是我们还没有学会如何使用它。）

（15b） We have not learned how to use it.（我们还没有学会如何使用它。）

（12a）和（13a）为主位同等结构，主位同等结构是一种特殊的语篇表述策略，是通过“主位=述位”这一等式建立的特殊主位结构，通常由动词 be 充当等式连接符号，构成识别型的关系过程小句。另外，这两句中 what 引导的小句属于名词化范畴，构成一个简单主位或隐喻性主位；从及物性系统角度分析，what 引导的小句在关系小句中是被识别者，充当价值。（14a）和（15a）是谓化主位结构，即传统语法的分裂句，是说话者用来表达强调信息的一种语篇手段，在语篇功能上有明显的对比和强调凸显功能。从本质上看，谓化主位结构就是为了达到强调某一信息的语篇目的，将“一致式”表达中的主位部分进行“谓化”，从而形成了这一独特的隐喻性表达方式。通过双重及物性分析，a 组句子可以还原为 b 组句子，即“一致式”表达。

主位系统的隐喻化势必影响到信息系统的变化。非标记性的小句新旧信息分布结构是“旧信息”+“新信息”。但在主位同等和谓化主位结构中，显然被强调的部分为“新信息”，从而形成了标记性信息结构“新信息”+“旧信息”，即信息性语篇主位。从广义的角度讲，只要在语篇表达方面打破“非标记性”手段，形成隐喻性主位、隐喻性衔接或隐喻性信息结构，都可以称为语篇隐喻（赵德全、李伟，2010：132—133）。

二 新发展

（一）语法隐喻综合征

韩礼德在 1985 年提出语法隐喻后并没有止步，他对科技语篇进行研究，将语法隐喻形式扩展到 13 种，囊括了词汇语法层的类转移（词类的转化）和级转移（语法层级的转化），语法隐喻理论得到进一步扩展。韩礼德把这 13 种隐喻形式称为“语法隐喻综合征”，即：（1）从性状向个体转变，其词汇语法形式从一致式形容词向隐喻式的名词转换，例如 unstable→unstability，safe→safety；（2）从过程向个体转变，即从动词向隐喻式的名词转换，例如 transform → transformation，invent → invention；（3）环境成分转化为个体，词汇语法表现形式由介词转换为名词，例如 with→accompaniment，to→destination；（4）连接成分转向个体，词汇语法表现形式是连词转换为名词，例如 so→cause/proof，if→condition；（5）过程转换为性状，如动词转换为形容词，时态和情态成分转换为形容词，例如 increase→increasing，was/used to→previous，must/will（always）→constant；（6）环境成分转换为性状，其表现形态是副词或介词词组被转换为形容词，例如（decided）hastily→hasty（decision），（cracked）on the surface→surface（cracks）；（7）连接成分转换为性状，表现形式是连词转换为形容词，例如 then→subsequent，so→resulting；（8）环境成分转换为过程，表现为某些介词转换为动词的现象，例如（be）about→concern，（be）instead of→replace；（9）连接成分转换为过程，表现为连词向动词的转换，例如 then→follow，so→cause；（10）连接成分转换为环境成分，表现为连词转换为介词，例如 when→in times of/in… times，if→under conditions of/under… conditions；（11）无人称形式转换为个体，例如 the phenomenon of；（12）无人称形式转换为过程，例如 occurs/ensues；（13）个体转向扩充成分，即名词被用作修饰性扩充成分的语言使用现象，例如 the government（decided）→the government's（decision）/（a decision）by the government/（a）governmental（decision）（Halliday，1996：44）。

总体上 13 种语义功能转化遵循下面这样一个顺序：关系→环境→过程→属性→事物。功能语义的转化是随着词汇语法层的转化进行的，而且只能从左往右进行：关系可以重构为环境，关系和环境可以重构为过程，关系、环境和过程可以重构为属性，属性可以重构为事物。这些隐喻转换都不是单独发生的，而是在一个句子中联合发生，并重构我们的经验，因而韩礼德称之为“语法隐喻综合征”（牛钢钢，2011：108）。

从韩礼德对语法隐喻的重新归类，我们可以看出语法隐喻理论至少有以下几个方面的变化。

（1）拓宽了语法隐喻概念的外延，用韩礼德自己的话说，语法隐喻指的是所有从高级阶的词汇语法表达形式向低级阶的转义使用现象，既包括低级阶的语法隐喻综合征，即我们所说的名词化现象，也包括高级阶的语法隐喻综合征，如从表达序列向句子组合向小句的转换（简单地说就是，从一段文字向复合句向简单句的转换），这无疑使得该理论能够说明更多的语言现象。

（2）摈弃“人际隐喻”的提法，将所有“级转移”现象都归入“语法隐喻”这个概念一并予以考察，而不再与语言的概念、人际和语篇三大元功能相对应。换言之，语法隐喻现象是超越小句范畴之外的隐喻性表达形式，虽然与语言的三大元功能有一定的联系，却不呈现为一一对应的关系。

（3）将语言研究上升到哲学的高度，表明了韩礼德关于语言与世界的关系这一语言哲学命题的观点，也就是说，语法隐喻理论试图在解析语言与世界的隐喻性关系的基础上探讨语言的词汇语法系统是如何重塑人类经验并成为意义产生的源泉即意义潜势的（严世清，2003：53—54）。

自韩礼德提出语法隐喻理论之后，这一研究领域的国内外学者便掀起了一股进一步发展和完善该理论框架的热潮，如拉维利（Louise L. Ravelli）、马丁、麦蒂森、格特力、胡壮麟、朱永生、严世清、范文芳等。接下来，笔者将逐一介绍这些学者的研究成果，以及他们对发展语法隐喻理论所做的贡献。

（二）拉维利对语法隐喻的阐释

拉维利（1985：5）将语法隐喻解释成“一种语法现象，因为两个不同的语法范畴——如动词词组和名词词组——可以在很大程度上体现相同的事物”。后来，她又重新将语法隐喻解释成一种语义选择的替代性词汇体现（Ravelli，1988：134-135）。在她所举的“the mobility of the system”（系统的流动性）这一例子中，言者在描述某个参与者“the system”（系统）以及参与者的某个特质“the mobility”（它的流动性）。然而，她没有选择用识别属性“the system is mobile”（系统是流动的）来体现特质，而是选择使用一个带有修饰语“of the system”（系统的）的参与者“the mobility”（流动性）。可见，它们的语义选择极为相似，但是在词汇语法层的表征却大相径庭。此外，拉维利（1988：137）提出了非一致式“对语义的反馈效应”，通过语法隐喻与话语方式的关系探讨了语法隐喻在不同语域中的语篇建构功能。

（三）马丁的语法隐喻观

在马丁来看，所有的意义都有不止一种实现方式，或者一致的或者非一致的。他认为“语法隐喻是意义在语法层被多重编码的过程”（Martin，1992：329）。像韩礼德一样，马丁也对一致的体现和非一致的隐喻体现做了区分。对马丁来说，“一致关系是语义和语法范畴间的自然关系：人物、地点、事物由名词体现，行为由动词体现，时间和结果的逻辑关系由介词体现等”（Martin，1992：28）。与之相反，非自然的关系就是那些由名词体现的行为，由动词体现的逻辑关系等。可见，所有的意义都可以有一致式或非一致式来体现。虽然马丁注意到在语义和语法范畴之间存在自然和非自然的关系，但他的研究似乎主要集中在语义与语法词类之间的关系。马丁的语法隐喻观有助于我们理解语法隐喻的某些特点，如语法隐喻多重编码的意义，但是，无意地或有意地，他却没有给出语法隐喻的定义（范文芳，2001：25）。

然而，我们不应忽视马丁最重要的贡献之一：他试图解决在系统功能语言学中得到确认的语言的三大元功能相关的问题，为此他将“语篇隐喻”这一术语加入韩礼德的原始理论模型中（Martin，1992）。但是，马丁的理论不足以让人信服，甚至在系统功能语言学家中也未得到广泛认可（严世清，2000：47），尽管如此，“语篇隐喻”这一术语本身预示着隐喻研究的某些突破。

（四）麦蒂森的语法隐喻观

麦蒂森（1992）从语篇元功能的角度对语法隐喻展开研究。他将语法隐喻看成语法资源的第二阶层（second-order）运用：一个语法特征或一套语法特征被用作另一个语法特征或另一套语法特征的隐喻。既然特征通过结构来体现，那么一个语法结构就可以用来代表另一个语法结构。例如，一个识别小句可以被用来代表一个非识别小句，以"被识别者+过程+识别者"这一构型为另一个小句提供替代性的解释。因此，"you want this"这一小句可以通过将你想要的东西名词化为"what you want"，并用"this"识别它来重构成以下识别性小句："What you want is this"，或者"This is what you want"。他进一步阐明语篇功能是通过语法的第二阶层资源来体现的，即语法因语篇的缘故转而重构自身。

麦蒂森有关语法隐喻的阐释强调了语篇功能。他认为，正是由于第二阶层的存在，语法隐喻的句子结构不同于一致式的句子结构。"第二阶层"和语法规则一样重要，但是非一致式句子的语义也不容忽视，语篇功能导致了不同结构带有不同功能。麦蒂森在这里谈论的不是语法隐喻的定义，而是使用语法隐喻的动机。他的"语法隐喻是语法资源的第二阶层运用"的观点使他进一步发现语篇结构通过第二阶层的语法资源来体现。

（五）格特力的语法隐喻观

格特力的语法隐喻观很大程度上偏离了韩礼德以及上文提及的其他系统功能语言学家的观点。他认为"语法隐喻可以被构想成一种有标记的形式"（Goatly，1997：327）。他的观点是：在英语陈述句中，典型的、无标记的形式是主位、主语和施动者合并成一个成分的句子，而在被动句中，施动者和主语则不可合并。例如，"I caught the bird and the bird was caught by me."（我抓住了鸟，鸟被我抓住了），第一个分句是主动的陈述句，I既是主位、主语，也是施动者；第二个分句是被动句，主语 the bird 不是施动者，而是受动者。格特力似乎在暗示这种有标记确保了隐喻的语法表征，他的这个观点拓宽了语法隐喻研究的视角，但仍存在一些不足之处。尽管语法隐喻和有标记有关，但这并不意味着有标记的形式就是隐喻，语法隐喻是一种比有标记更复杂的现象。他的部分观点是可接受的，因为他从句子层面理解语法隐喻，从主位的角度分析语法隐喻。然而，主位理论适用于许多类型的句子，因而并不是专门用来分析隐喻的。

格特力的另一个观点是被动句之所以构成语法隐喻是与被动句的非象

似性序列（non-iconic sequencing）有关。他认为逻辑一致性的特征之一有可能是象似性[①]序列，如将起因、施动者置于受动者之前。我们通常会说，“The professor lectured and then the audience applauded loudly.”（教授做了讲座，接着观众大声鼓掌），而不是“Loud applause followed the professor's lecture.”（大声的鼓掌发生在教授的讲座之后）。可见，被动句颠倒了小句中的象似性序列，除非它带有有标记的主位（范文芳，2001）。

格特力似乎在暗示有标记或非象似性序列确保了隐喻的实现。语法隐喻可能与有标记有某种关联，因为韩礼德在谈论表征的一致式和隐喻的时候，他承认无标记和一致式有隐性的关系（Halliday，1985）。因此，格特力的观点可能有些许道理，他不应为产生这些偏离的想法负全部责任，他的观点很可能源自韩礼德的上述解释。但是，有标记的现象和隐喻有关联并不意味着有标记就是隐喻（范文芳，2001：27），下列“有标记”和“无标记”的比较（表4-3）清楚地说明了这一点。

表4-3　有标记和无标记

无标记	有标记
陈述句	疑问句
肯定句	否定句
陈述语气	虚拟语气
主动句	被动句
简单句	复合/复杂句
现在时	过去/将来时
正常语序	倒装语序

注：毛凡宇（2010：53）。

根据表4-3，我们可以组构各种各样的句子，但是，我们不能把肯定句或简单句等同于一致式，也不能把否定句或复合句等同于隐喻式。范文芳（2001）的评说直击要害，她指出，我们不能把下述句子“On the desk is a book.”（桌上有本书）（on the desk 是主位，a book 是主语），

① 当某一语言表达式在外形、长度、复杂性以及构成成分之间的相互关系上平行于这一表达式所编码的概念、经验或交际策略时，我们就说这一语言表达式具有象似的性质。简言之，即语言结构平行于概念结构，语言结构直接映照概念结构。

"Suddenly the black woman put out her arms heavenward."（突然，黑人妇女把手伸向天空）（suddenly 是主位，the black woman 是主语和施动者）看成隐喻的体现，因为无论主位和主语是否在句中合并，都不能作为判断一致式和隐喻式的标准，语法隐喻是一种比有标记更复杂的现象。

（六）胡壮麟的语法隐喻观

胡壮麟（1996）认为，语法隐喻的历史可以追溯到古典时期，尤其在中世纪，语法隐喻应用于日常生活的各个领域，如宗教、政治、哲学，甚至性领域。在人类生活的各行各业都可以找到使用语法隐喻的例子。胡壮麟（1996）指出，美国的一些功能主义者关注象似性（iconicity）、形义对应（isomorphism）和语法化（grammaticalization）的研究，而另一些学者研究概念隐喻和结构隐喻。尽管使用的术语不同，这些研究在他来看都应属于语法隐喻的范畴或语法隐喻的某种形式，因为他们的研究都致力于探索形式和内容之间的关系。术语"一致性"是和语法隐喻有关的最具争议的话题之一。在韩礼德的理论中，一致性是非常重要的一个理论支撑。他认为，一个隐喻的表达必须和另一个字面形式相对应，韩礼德把它称作一致性，它通过一致式来体现。然而，他没有清楚地界定什么是一致性，什么是一致式（胡壮麟，2000）。胡壮麟对语法隐喻持有不同观点，他的定义比韩礼德的更宽泛。在他来看，如果在句中词类发生改变，那么语法隐喻就会产生（毛凡宇，2010：55），例如：

（16a）We *baby*（n. →v.）your car.（隐喻式：我们呵护你的车。）

（16b）Our task is to repair your car with care.（一致式：我们小心翼翼地修理你的车。）

此外，将语法隐喻再分类为 13 种类型表明了系统的成熟性以及语法隐喻在语篇分析领域的应用的开端。作为意义潜势的来源，语法隐喻通过重塑人类经验强化了科学语篇的专业性和合理性。受到韩礼德研究的启发，胡壮麟（2000）评价了语法隐喻的新分类，以及语法隐喻和其他语言学流派的理论的相似性。胡壮麟（1996）的结论：现实通过隐喻化过程以语法形式在语言中体现，有其理论基础，可以作为韩礼德关于语法隐喻本质的观点的支撑。胡壮麟的观点拓宽了语法隐喻研究的视角和范畴。

（七）朱永生和严世清的语法隐喻观

朱永生、严世清（2000：97）认为，韩礼德理论体系最明显的缺陷是一致式或非一致式的区分不够清楚，没有固定的或适用的标准。韩礼德不仅没有提供辨别“一致性”与“非一致性”语言形式的标准，甚至对术语的来源也没有赋予系统的理论阐释，而是以一种随意的方式将它们引入其理论框架：“我们假定任何一个隐喻性的表达方式都有一个或多个‘字面’的——用我们的术语毋宁说是‘一致性’——的表达形式。”（Halliday，1985：321）换句话说，对任何给定的语义构造，在词汇语法层至少有一个一致性的体现。

然而，严世清（2000）的观点更为折中，他指出，既然隐喻性有程度上的差异，那么寻找一致性的固定标准似乎意义不大，一致性本质上可能是动态的，因此“一致性”这个术语的不明确在某种程度上既是允许的也可能是必要的。他认为，语法隐喻和词汇隐喻的差异与其说是质的不同，不如说是视角的不同，它们相互之间呈互补性。

严世清（2000）指出，“语法隐喻”这个术语听起来比较怪异，难以接受，很大程度上是因为隐喻已被公认为一种语义现象。譬如建构主义者从一开始就将隐喻看作一种与人类认知机制休戚相关的语义现象，即使非建构主义者也是从词项的选择限制之中探求语义异常的产生机制。生成语义学中的谓词升格转换假说（the Predicate-lifting Transformations Hypothesis）认为（徐炯烈，1988），低级阶的谓词和高级阶的谓词组合之后可以构成新的高级阶的谓词。该理论实际上也可以用来阐释语法隐喻现象，尤其是韩礼德（1996）所说的隐喻综合征的情形。严世清（2000、2001），在对汉语语篇和英语语篇进行比较研究的基础上，提出语法隐喻的实例在语言使用中是丰富的、广泛的，并进一步阐明语法隐喻普遍存在于所有人类语言和语篇类型中。

（八）范文芳对语法隐喻研究所做的贡献

国内学者所做的语法隐喻的研究中，范文芳的研究是最系统、最综合的研究之一。她通过详细探讨概念语法隐喻和人际语法隐喻，以及提供一个新的理论框架，完善了韩礼德的语法隐喻理论。范文芳（2001）对语法隐喻的研究是里程碑式的，她不仅阐明了自己的观点，也对其他功能主义者所做的研究进行了客观的评论。受到莱考夫的概念隐喻观和韩礼德的语法隐喻观的启发，她尝试重新界定了语法隐喻。

语法隐喻是语法范畴从一个语法域向另一个语法域的转移使用。语法域的转移使语法隐喻具有双重语义这一重要特征。据此，我们可以判定一种体现形式是一致式还是隐喻式。如果一个体现形式只有一种语义特征，那就是一致式；如果它具有双重语义特征，那就是隐喻式（范文芳，2007：14）。

范文芳认为，在一致的体现中，就如同马丁所说，语义和语法范畴之间的关系是自然的；而不一致的体现则是非自然的关系。她进一步指出，语法范畴不应只局限于词类，在人际隐喻中，它可以从词类层面上升至小句层面（范文芳，2001：30）。此外，在她的博士论文中，根据精密度阶（delicacy scale），她将语法隐喻做了进一步的分类。例如，她将经验语法隐喻[①]看作从一种过程向另一种过程的转移，并将经验语法隐喻分为四类：从过程 A 向过程 B 的转移，从过程 A1 向过程 A2 的转移，从显性过程向隐性过程的转移以及从零过程向显性过程的转移（范文芳，2001：188）。基于韩礼德有关语法范畴一致体现的观点，范文芳（2001：38）用图 4-2 来显示及物性的隐喻体现。

在下面的例句中，“过程”被隐喻化为“名词词组”和“修饰语”。

（17a）He described the event in detail.（他详细地描述了这个事件。）

（17b）He gave *a detailed description* of the event.（他对这个事件做了详细的描述。）

（17c）I asked him to give *a descriptive account* of the event in detail.

---

① 经验语法隐喻指相关语法隐喻关注的对象是经验性的语义内容，这些内容的识解方式与它们的日常表征方式错位，从而出现双重语义内容的交汇或耦合现象。先前的相关研究是纳入概念语法隐喻的总体称谓之下进行的，既没有明确区分经验语法隐喻和逻辑语法隐喻。近年来，学者们逐渐开始关注逻辑语法隐喻的研究（Jones，2010；董敏、徐琳瑶，2017；董敏，2018）。语法隐喻理论基于跨语法语义域概念，分析语义单位与语法单位之间的错位重组体现关系，扩展语言的意义潜势。并列结构和主从结构的扩展逻辑语义关系容易跨越经验系统的不同现象重新出现，发生并列连词和从属连词到动词、名词、介词短语等的转类，构造形式变体，实现关系成分和过程、关系成分和实体、关系成分和环境成分等语义成分的交联（semantic junction），形成“新的意义实体”，建构逻辑元功能维度的语法隐喻，即逻辑语法隐喻。本研究未将逻辑语法隐喻纳入其中，故未在正文中提及。

(我让他对这个事件详细地给出描述性的报道。)

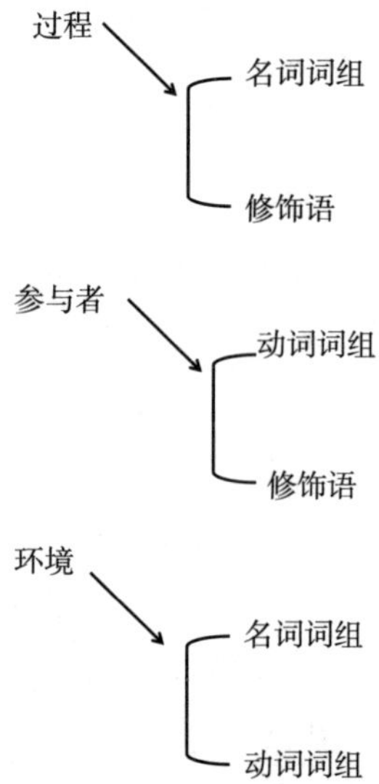

图 4-2 及物性的隐喻体现

(17a) 的过程一致地体现为动词词组 "described the event in detail"; (17b) 是隐喻式, 物质过程由名词词组 "a detailed description" 来体现; (17c) 也是隐喻式, 物质过程隐喻化为修饰语 "descriptive"。我们注意到在这一类转移中也涉及了名词化。例如, 在 (17b) 和 (17c) 中, "a detailed description of the event" 和 "a descriptive account of the event" 都是 "described the event in detail" 的名词化形式。根据范文芳及物功能选择的语法隐喻模式 (见图 4-2), 参与者可以隐喻化为 "动词词组" 和 "修饰语"; 环境可以隐喻化为 "名词词组" 和 "动词词组"。例如:

(18a) My mother took a knife to cut a cake for us. (我的母亲拿出一把刀来为我们切蛋糕。)

(18b) He was *knifed* in the back. (他的背部被刺了一刀。)

(18a) 是一致式, 参与者由名词词组 "a knife" 来体现。在 (18b) 中, 参与者被隐喻化为动词词组 "was knifed", 它是二种语义的结合, 即过程的意义和参与者的意义的结合。

(19a) We are sad that he was broke.（他破产了，我们对此感到伤心。）

(19b) His *sadness* moved us to tears.（他的伤心让我们落泪。）

(19c) The news of his being broke *saddened* us.（他破产的消息使我们伤心。）

(19a) 是关系过程的一致式，环境由形容词“sad”来体现。在 (19b) 中，环境被隐喻化为名词词组“his sadness”，在 (19c) 中则被隐喻化地体现为动词词组“saddened us”，而非副词词组或介词词组。

范文芳对语法隐喻的系统化研究将有关语法隐喻的分散讨论集中于系统功能的理论体系下，她对语法隐喻的分类使我们对语法隐喻有了更深入的理解，在以她为代表的致力于语法隐喻研究的学者的不懈努力下，韩礼德的语法隐喻理论变得更加完善。她是第一个著书详细阐述语法隐喻的国内学者，也是在语法隐喻的研究领域里最具影响力的学者之一。范文芳的研究激发了更多学者从事语法隐喻研究，促进了语法隐喻研究的跨学科发展。

三 局限性

在众多的语言学理论中，有许多研究意义与表达式之间的理论。与语法隐喻理论相比，这些研究不是十分细致和深入。语法隐喻理论的最大特点是基于词汇语法层的研究，这也是语法隐喻理论取向的特点。语法隐喻理论并非十全十美，它也存在不足和局限性，主要表现为以下几点。

(1) 有关“一致式”和“非一致式”（隐喻式）的观点是韩礼德“语法隐喻理论”的支柱，但是，对于什么是“一致式”，他并没有给出令人满意的定义，而仅仅把它描述为“经验解释的典型方式”(Halliday, [1994] 1985)，因为什么是“典型的方式”，什么不是，这很难解释清楚。在韩礼德和马丁（1993）的著作中，他们确实提供了辨别“一致式”的一些标准，如年龄、简单、自然、方式等，但这些标准本身也很难界定。例如，我们无法分辨哪一个表达更简单，或更自然。韩礼德在某种程度上随意地采用了这个术语，他认为“设想语言中存在着‘一致式’，就像说话者辨认措词的典型模式一样”(Halliday, [1994] 1985)。此外，在语法隐喻的讨论中，韩礼德（[1994] 1985）经常提到“我们不知道什么是一致的，什么是隐喻的”之类的话。可见，韩礼德本人对于“一致式”和“非一致式”的区分也不够自信，但他却以这种区分作为“语法隐喻理论”的基础，这着实让人有点困惑。

（2）虽然承认“隐喻式”与“一致式”在意义上有区别，但过分强调它们之间在意义上的同一性，导致对意义的描写不充分。胡壮麟等（2005：418）认为“韩礼德不重视体现规则”，从而使语义与语法之间的关系说明不充分。语法隐喻只是轻描淡写地讨论存在主客观取向和明确与非明确的取向，没有重视两类表达式之间意义上的区别。正是对“一致式”与“隐喻式”在意义上的同一性的过分强调，导致轻视了两类表达式之间在意义上的区别（侯建波，2008a：30）。

“同义性”问题实际上是语法隐喻的一个核心概念。语法隐喻涉及同一意义的不同表达，但一致式和隐喻式又不完全同义。一致式和隐喻式到底在哪里是“同义”的还需要进一步研究。韩礼德和麦蒂森（1999：243-244）提出的交联概念部分地回答了这个问题。概念隐喻式是交联的，因为它把一致式中的核心意义与隐喻式中的一个意义交联起来。例如，develop rapidly（发展迅速）是一致式，是一个过程，而 rapid development（迅速的发展）是隐喻式，它具有交联性，是过程与事物的交联（张德禄、董娟，2014：42）。

（3）对人际意义的描写不充分，解释不完整。在系统功能语言学中，对人际隐喻的论述主要从情态和语气两个角度论述。“隐喻式”和“一致式”之间还存在反映说话人与听话人之间其他多种意义，它们没有得到充分的解释。

例如：

（20a）Read it!（祈使句：读！）

（20b）I wonder if you can read it.（陈述句：我想知道你是否可读一下它。）

（20c）Would you mind reading it?（疑问句：你介意读一下它吗？）

（20a）是“一致式”，而（20b）及（20c）是“隐喻式”，它们属于人际隐喻中的语气隐喻。但这三个句子除了语法隐喻中涉及的人际意义的不同之外，还存在社会地位、角色、客气程度和正式程度等文体风格的变化，这些意义没有在语法隐喻的理论框架中得到充分体现（侯建波，2008a：30—31）。

（4）我们在上文提到韩礼德进一步扩展了他的“语法隐喻理论”，将语法隐喻重新分成13种类别，但是他没有将“实体→过程”（在语言上体现为名词转化为动词）、“性状→过程”（在语言上体现为形容词转化为动词）等现象包括在内。然而，在语言中，确实存在这种转化。例如：

（21）We *baby* your car.（我们呵护你的车。）

（22）He *dogged* my steps all the way.（他一直尾随在我身后。）

例（21）和例（22）中的斜体字均属于这种类型的转化，即实体“婴儿”和“狗”分别转化成了过程“像看护婴儿一样地对待”和“像狗一样地尾随”，这一类的语法隐喻在日常语言中普遍存在。可见，系统功能语言学“语法隐喻理论”的解释力没有涵盖语言中的所有现象，这也是它在解释力上存在的局限性。当然，迄今为止，还未发现可以用来解释所有语言现象的理论，各种隐喻理论都或多或少存在一些不足之处。

除了我们以上提到的“语法隐喻理论”的局限性，还有一些学者，如福塞特（Robin P. Fawcett）认为语法隐喻是一个十分松散的，包括内容过多的术语，其中许多语言现象都互不相关，它只会把事情搞得过于复杂。他还认为语法隐喻的显著缺点是在附加的一层（即词汇语法层）中对语言现象进行解释，从而会有两个标准来解释语法隐喻（侯建波，2008b：5—6）。

尽管“语法隐喻理论”存在这样或那样的不足，但是它对隐喻研究所做的贡献是毋庸置疑的，隐喻研究也因此获得了较大的发展。它的长处和优势也是有目共睹的，其优势主要表现为两点：（1）语法隐喻作为从小句向语篇的过渡的重要环节，它研究句子之间的关系，包括聚合关系与组合关系；（2）语法隐喻研究的对象是动态的语言过程，它涉及三个方面：人类语言的进化、个人语言的习得过程和语篇的展开过程（侯建波，2008a：31—32）。语法隐喻的这种过渡作用以及动态性是它独特的优势，也使得“语法隐喻理论”在隐喻研究的历史中占得一席之地，无法被其他隐喻理论取而代之。

第三节　语法隐喻理论的哲学意蕴

系统功能语言学的“语法隐喻理论”是对现代语言学的一大贡献，它在解析语言与现实之间隐喻性关系的基础上，探讨了语言的词汇语法系统是如何重构人类经验并成为意义产生的源泉即意义潜势的，更重要的是它表明了韩礼德对于语言与现实的关系这一语言哲学的核心命题的观点，具有十分浓厚的哲学意味（杨志勇，2010：IV）。韩礼德在提出和发展语法隐喻理论的同时，也梳理和形成了自己的语言哲学思想，主要体现在以下三个方面：语义观、纯理（元）功能思想和语境观。

一　语义观

韩礼德始终把意义研究作为语言学的一个必不可少的组成部分。他认为语义决定句法，语法描写应从意义入手。语法在本质上就是语义系统，通过从无数的具体语义和功能中抽象出三大元功能，即概念功能、人际功能和语篇功能，从而实现不同社会环境中语言使用的具体目标（戴卫平、贾鹰，2006：144）。在对传统语义学理论进行部分摈弃和继承之后，韩礼德提出意义是动态的，与语言使用过程中的每一次选择都相关，语义应被看作连接语言系统和客观世界的接面，而又不属于语言范畴或客观现实范畴（朱永生、严世清，2000：97）。语言是一个多层次的意义符号系统，在语义和语音/文字层次之间有词汇语法层次作为中介，因此语言具有内在的隐喻潜力。传统的隐喻理论采用“自下而上”的视角，一个词语可以有本义和隐喻两种解释；而语法隐喻则是“自上而下”，一个概念在词汇语法层可以有不同的体现方式：一致式和隐喻式（常晨光，2004：33）。韩礼德在1996年发表的一篇论文中曾明确指出，词汇隐喻是“能指相同，所指不同”，而语法隐喻则是“所指相同，能指不同”。这种意义与表达关系间重置的可能性，是解决意义潜势扩展的主要手段，即语法隐喻（Thompson，[2004] 1996：220）。

虽然韩礼德一直强调语言学研究的重心应该是意义，甚至将语言的性质都界定为一个社会意义学系统，但是他的语义观直到20世纪90年代才得以发展成熟。在《你如何表达意义》（1992）一文中，韩礼德提出了意义进化论的思想。根据该思想，现代语言起源于某种原始语言，其特征是人类物质层面的经验与意识层面的经验直接对立，但它却不是人类所特有的经验方式，其他很多动物与自然界的关系都是如此，所以韩礼德称之为哺乳动物式的经验。现代语言进化成功的标志是词汇语法系统对哺乳动物式的经验所认识到的意义予以语法化，并成为介乎意义层面和表达层面（即语言）之间的一个弹性空间层面。这一中介面的重要性在于它使得人类脱离了其物质经验的直接情境，而所谓语法化过程指的实际上就是语法隐喻的各种工作机制，如命名、分类、语篇重组与优化等（严世清，2003：54）。从语言使用者个体发展的角度来看，儿童的原始语言是语言发展的第一个阶段，在这个阶段语言是一个两级系统，意义直接被编码为语音和姿势的表达，无语法可言；随着儿童的成长，儿童语言过渡到成人语言，将意义编码为词汇语法，然后将词汇语法编码为表达；最后，语言使用者进入“语法隐喻”阶段，对语义进行交叉编码，使语义有不同的词汇语法，以致不同的表达方式体现。人类语言的群体进化也大致经历了这三个阶段（常晨光，2004：35—36）。

意义进化论视语言为一种功能性的整体、人类进化的产物。语言作为一个进化的意义系统和生物系统一样为了抵制各种冲击而进化。在进化的过程中，语言也许会是杂乱的、偏离的，甚至是完全和另一种语言交织在一起的。韩礼德认为这是互补性的体现：混合语言提供多余能量，其适应性使得语言在不断变化的生态社会环境中进化并繁荣起来。韩礼德在评价自己在系统框架内的研究工作时，坦承他的有关儿童语言发育的观点和达尔文的语言作为高等意识的观念是非常相似的。达尔文（Charles Robert Darwin）曾断言“某些语言形式能生存下来的原因就是新鲜。这些语言形式获取生存斗争的胜利，是由于自然选择的结果”（转引自赵霞，2012：97）。由此可见，意义进化理论充分体现了达尔文的“适者生存”“物竞天择”等思想。事实上，进化的思想自始至终贯穿于韩礼德的整个理论体系，如功能语法、语法隐喻和语篇推进模式等。因此，意义进化理论是韩礼德语言哲学思想的核心理念，只有充分理解韩礼德语言理论体系中的达尔文进化论思想，才能理解这一理论的思想精髓。意义进化论为语法隐喻提供了理论依据，从人类认知发展的角度阐释了隐喻的发展演变过程，进一步论证了人类语言的发展是一个去隐喻化的过程。

二　纯理（元）功能思想

系统功能语言学派认为，语言的功能有五层含义，即一般意义上的功能、微观功能、宏观功能、纯理（元）功能和语法功能。一般意义上的功能指语言平时被人们运用时所发挥的作用，如问候、祝愿、感谢、抱怨、道歉、告别等。微观功能指儿童语言的功能，包括工具功能、控制功能、交流功能、个体功能、启发功能、想象功能、告知功能等七种功能。在儿童的原型语言中，一句话只具备一种功能。宏观功能是儿童放弃原型语言向成人语言过渡时出现的语言功能，包括理性功能和实用功能。理性功能指的是儿童把语言用作观察事物和学习知识的一种手段或途径。实用功能指的是儿童把语言用作做事的手段。随着功能数目的减少，每种功能表达的意义增多了。纯理功能指人类语言经过过渡时期进入成人语言阶段时的功能，包括概念功能、人际功能和语篇功能。纯理功能是高度抽象和概括的语义概念，要借助语言系统得以体现。语法功能是最具体的一种功能，是纯理功能在语言系统中的体现形式，是构成一个语义系统的具体语义成分。这五个层次的功能之间是相互关联的。纯理功能产生于宏观功能，宏观功能产生于微观功能，语法功能是纯理功能在词汇语法层上的具体体现，语言的实际运用构成了一般意义上的功能（吴宪忠、张清东，2009：70—71）。

系统功能语言学的语法隐喻理论体现了语言的纯理功能思想，在这里，我们将着重论述语言的纯理功能。韩礼德认为当人类从儿童语言发展过渡到成人语言阶段后，原来的理性功能演变成概念功能，实用功能演变成人际功能。概念功能、人际功能以及语言本身的语篇功能构成成人语言的纯理功能。纯理功能意指这三种功能是高度抽象的功能。

概念功能表达的是主观世界和客观世界的内容，它表述人们对主客观世界的经验。而要表达一个社会意义，首先要进行过程的选择，即根据所要表达的意义从及物性系统的六种过程（物质过程、心理过程、关系过程、言语过程、行为过程和存在过程）中选择一种表达方式；然后根据所选过程再对其施动者、对象、感知者和方式等参与成分进行选择；最后再从短语系统中选择适当的表达式来充当这些成分（赵德全、李伟，2010：130—131）。及物性系统中的各种过程都可以隐喻化，即一个过程可以隐喻为另一个过程。各个过程之间的隐喻化都是在语义功能的层次上发生的变化。这些语义范畴要经历“体现”过程才能进入词汇语法。这样，在词汇语法层次上也有隐喻化，最常见的是“名词化”。名词化是将过程（其词汇语法层的一致形式为动词）和特性（其一致式为形容词）经过隐喻化，不再是小句中的过程和修饰语，而是以名词形式体现的参与者（胡壮麟，1996：4）。以上谈论的是语法隐喻中的概念隐喻，它是由概念意义的转移而形成的语法隐喻。

人际功能指的是人们用语言来影响别人，表达自己的情绪、观点，体现交际参与者之间的相互关系，建立语言使用者与外部世界的联系。人际功能主要是通过情态系统和语气系统来实现的（赵德全、李伟，2010：131）。与人际功能有关的隐喻性表达即人际隐喻，它是由人际意义的转移而引起的，包括情态隐喻和语气隐喻。情态隐喻和语气隐喻在上文已做过详细阐释，这里不再赘述。

语篇功能是语言使本身前后连贯、并与语域发生联系的功能。它与语篇隐喻的产生有关。从广义的角度讲，只要在语篇表达方面打破"非标记性"手段，形成隐喻性主位、隐喻性衔接或隐喻性信息结构，都可以称为语篇隐喻。而这些手段的形成又和概念隐喻和人际隐喻密不可分。比如，名词化隐喻可以造就隐喻性信息或隐喻性主位；人际隐喻，尤其是主位化评论句结构（如，It is possible that he does not agree with you.），其本身为明确客观的情态隐喻的同时，也形成了隐喻性主位，构成了语篇隐喻（赵德全、李伟，2010：133）。

语言的三大纯理功能在成人语言中是同时并存的，这是因为讲话者总是在通过连贯的话语（语篇功能）和别人交际（人际功能）的同时，反映周围的客观世界和自己的内心世界（概念功能）。在语言交际过程中，除了少数只表示"寒暄"这一人际功能的套语外，一般的话语都具有上述三大纯理功能（林亚军，2008：134—135）。语法隐喻与语言的三大纯理功能紧密相连。与纯理功能相关的三种语法隐喻极大地丰富了语言的表述方式，各种语法隐喻也往往互为因果，交织在一起。

三　语境观

系统功能语言学派关于语境的思想可以追溯到伦敦学派的奠基人、波兰裔英国人类学家马林诺夫斯基（Bronislaw Kaspar Malinowski）。通过对特罗布里恩德群岛土著人语言的实地考察，他发现，要正确理解土著人的谈话意义，就必须联系语言使用环境。根据自己的观察和体会，他分别于1923年和1935年提出了情景语境和文化语境的概念。弗斯（John Rupert Firth）发展了马林诺夫斯基的语境理论，并于1935年提出了语言语境。

韩礼德在马林诺夫斯基和弗斯的语境理论基础上，创立了自己的语境理论，取得了令人瞩目的成就（吴宪忠、张清东，2009：71）。他的语境理论模型由语言语境、情景语境和文化语境组成。语言语境指的是语篇内部的上下文。情景语境，亦称语域，指的是与语言交际活动直接相关的宏观环境，由话语范围或称语场、话语基调或称语旨和话语方式或称语式三种语境因素组成，并通过语篇中语句的意义结构得到体现。话语范围指的是正在发生的事件、谈论的话题等。话语基调指的是交际者以及他们的基本情况等。话语方式指的是交际渠道和媒介。所谓意义结构是指及物性、语态、语气、情态、主位、信息等结构。文化语境指的是语言交际活动参与者所处的整个文化背景，是通过语篇的语类结构得到体现的。所谓语类结构，从表面上看是某一类语篇的内在结构或步骤，实际上是人类的社会文化活动模式在言语活动中的反映（朱永生，2005：6—7）。

韩礼德认为语言不是一种理想的、抽象的形式或结构，而是一种“语言行为潜势”，这种潜能为人类使用语言提供了无数的可能性，意义就是在对可能性的选择之中产生的。而选择并不是任意的，要受到文化语境和情景语境因素的制约。因此韩礼德重视语言的社会文化语境与语义表达之间的关系，强调社会文化语境对语言的支配和影响，正如罗杰·福勒（Roger Fowler）所说，“语言结构最终是由它所要实现的语境功能决定的”（福勒，1991：50）。这种观点集中体现在韩礼德的语境思想之中。韩礼德语境理论揭示了社会文化语境与语言之间相互作用的机制，条分缕析地揭示了文化与语言之间的完整机制和过程。那么韩礼德是通过什么样的方式将社会文化语境（外部因素）与语言文本（内部因素）结合起来呢？

他选择了社会文化语境、情景语境与语言符号之间的意义层面作为两者之间的融通渠道。在韩礼德来看，语义是“把语言和非语言联系起来的编码层面”（韩礼德，2006：252）。韩礼德认为语义网络需要“向上联系”，“即和一些普遍的社会理论或行为理论联系起来”（韩礼德，2006：256），也就是韩礼德的社会文化语境和情景语境层面——语域；同时还需要“向下联系”，“即和在语法层的语言形式的范畴联系起来”（韩礼德，2006：25），也就是韩礼德所提出的词汇语法层。语境决定着语义：话语范围决定语言的概念意义，话语基调决定语言的人际意义，话语方式决定语篇意义。语义决定词汇—语法：概念意义、人际意义和语篇意义又分别制约着及物性系统、语气情态系统和主位系统。而语法隐喻也正是在这些系统中分别得以体现，因而间接地受制于这三种语境因素：话语范围制约概念隐喻的体现，话语基调制约人际隐喻的体现，话语方式制约语篇隐喻的体现。语法隐喻理论需要结合情景语境中的三个变量才能对隐喻性表达做出更合理的解读，语域理论同时也能帮助言者/作者根据特定的场合选择合适的隐喻式或一致式，来完成意义的有效传递（祝敏，2015：128）。可见，语法隐喻理论从一个侧面间接地展现了韩礼德的这种语境思想。

隐喻问题在当代语言哲学中具有重要意义：这不仅因为隐喻直接涉及语言的使用，而且因为隐喻被视为构成我们说话的一个基本条件（江怡，2009：3）。隐喻研究可以在不同的学科背景下进行，涉及许多普通语言学和哲学问题。语言学家们对隐喻孜孜不倦地探索使人类对自身的认知运作机制加深了认识。尽管在韩礼德的整个语言学理论中，隐喻理论只是其中的一小部分，但它却集中体现了韩礼德的语言哲学思想。

综上所述，语法隐喻理论所蕴含的语言哲学思想主要体现在以下三个方面：语义观、纯理功能思想和语境观。韩礼德始终把意义研究作为语言学的一个必不可少的组成部分。他的意义进化论思想为语法隐喻提供了理论依据，从人类认知发展的角度阐释了隐喻的发展演变过程，揭示了人类语言的进化过程和演变规律。系统功能语言学的语法隐喻理论也体现了语言的纯理功能思想。概念功能、人际功能以及语言本身的语篇功能构成成人语言的纯理功能，即高度抽象和概括的语义概念。分别体现这三种纯理功能的概念隐喻、人际隐喻和语篇隐喻极大地丰富了语言的表述方式。此外，语法隐喻理论还从一个侧面间接地展现了韩礼德的语境思想，即情景语境的三个变量对语法隐喻构成和体现的制约作用。

语法隐喻以其独特的视角揭示了人类的思维方式和对语言本质的领悟，已然成为一种全新的语言哲学思潮，对认知语言学的认知句法研究乃至整个语言学领域都有相当大的参考价值。语言哲学的隐喻研究成果为语言研究提供了一个崭新的视角。隐喻研究因此也成为哲学研究的热点，隐喻性话语因而也成为哲学的最好表达形式。

本章小结

本章首先回顾了语法隐喻研究的历史，指出语法隐喻早在中世纪时就已被大量使用，其主要用途分别体现在以语法术语、语法结构和语法理论来隐喻现实世界。尽管语法隐喻的使用和研究有着悠久的历史，但对它的系统研究仅仅始于30多年前，是以系统功能语言学的代表人物韩礼德的“语法隐喻理论”为里程碑的。接着笔者着重介绍了“语法隐喻理论”的理论框架。

“语法隐喻理论”的理论框架由概念、人际和语篇三个“元功能 ”和音系层、词汇语法层和语义层三个层次构成。根据这三大元功能，我们可以将语法隐喻分为概念语法隐喻、人际语法隐喻和语篇语法隐喻。概念语法隐喻包括过程变体和名词化现象；人际语法隐喻包括情态语法隐喻和语气语法隐喻；语篇语法隐喻涉及主述位系统、信息系统、衔接系统和谋篇布局等有关方面的多样化表述方式。

此后，韩礼德又提出了“语法隐喻综合征”这一概念，将语法隐喻形式扩展到13种，拓宽了语法隐喻概念的外延，使得该理论能够说明更多的语言现象。还有其他学者如拉维利、马丁、麦蒂森、格特力、胡壮麟、朱永生、严世清、范文芳等致力于语法隐喻理论的完善和发展。

当然，“语法隐喻理论”并非十全十美，它也存在一些不足之处。主要体现在：(1) 没有给出关于“一致式”的令人满意的定义；(2) 过分强调“隐喻式”与“一致式”在意义上的同一性，导致轻视了两类表达式之间在意义上的区别；(3) 对人际意义的描写不充分，解释不完整；(4) 在“语法隐喻综合征”中，没有将“实体→过程”“性状→过程”等现象包括在内，导致“语法隐喻理论”在解释力上的缺憾。

语法隐喻理论的哲学意蕴也是语法隐喻研究不可或缺的一个方面，韩礼德在提出和发展语法隐喻理论的同时，也梳理和形成了自己的语言哲学思想，主要体现为：语义观、纯理（元）功能思想和语境观。

尽管“语法隐喻理论”存在不尽如人意的地方，但它对隐喻研究的贡献以及它独特的优势是有目共睹的。它必将吸引越来越多的学者进行深入研究，甚至跨学科的研究，它必定会日趋完善并发掘语言的真谛。

第五章

概念隐喻理论与语法隐喻理论的比较

从第三、第四章的讨论中，我们可以清楚地知道，语法隐喻和概念隐喻既非完全相同，也非完全不同。也就是说，它们不同于对方，但相互之间又有联系。显然，它们的相似和关联要比它们的不同更重要。因为这两种不同的隐喻之间的相似性和关联性暗示了语言的功能观和认知观之间的关系，这对语言学研究有着重要意义。这一章将致力于研究语法隐喻和概念隐喻的相似点和不同点，并在此基础上进一步探索二者的互补性，希望我们可以从中发现它们潜在的关联，并找出这两个不同的隐喻理论之间的兼容和互补，以便我们更全面且深刻地理解它们。

第一节　概念隐喻理论与语法隐喻理论的不同

我们在上文讨论语法隐喻时，曾提到语法隐喻的一个临时性定义，即“语法隐喻是一种意义的表达，它通过词汇语法形式上的演化来表达一种不同的意义”（Thompson，［2000］1996：165）。换言之，当一位语言使用者用某种程度上偏离外部世界事物状态的方式表达意义，即偏离“一致式”（用动词表达的过程，用形容词表达的属性，等等）表达时，语法隐喻就产生了。根据韩礼德（1996、1999）后续著作中所述，语法隐喻可以用来指所有级转移和范畴转移现象。总之，语法隐喻发生在词汇语法层，它指所有在语言表达上偏离于所谓的“一致式”的表达。语法隐喻可以被概括为“相同的所指，不同的能指”（Halliday，1996），即表达一个相似意义的不同方式。

“概念隐喻理论”是认知科学不可或缺的组成部分，其基本观点为：

语言就其本质来说是隐喻的；概念系统主要是隐喻性的；隐喻是人类身体、大脑、心智和经验的产物，它们存在于我们日常生活、语言、思维和哲学中，不用隐喻来思考经验和推理是难以想象的。隐喻的基本过程从本质上来说是映射过程，是人类基于不同事物之间的相似性而把熟悉的、已知的、具体的范畴概念（源域）映射于抽象的范畴概念（目标域）（Lakoff 和 Johnson，1980；Lakoff，1987）。

基于上述事实，“语法隐喻理论”和“概念隐喻理论”的区别是显而易见的，而且它们之间存在较大的差异。所以，在接下来的部分，笔者将聚焦于二者的不同，从本质、研究重点、对待语言与经验之间关系的态度及对隐喻存在于何处的看法这四个方面探讨它们之间的区别。

一 本质的不同

基于我们上文的阐述，毫无疑问语法隐喻具有显著的社会性，此外，概念隐喻强调了人们认识世界，尤其是那些不规则和抽象的事物的方式，因此，它具有极为重要的认知功能。

“语法隐喻理论”是韩礼德语言观的重要组成部分。韩礼德强调语言干了什么而非语言是什么。他认为，语言是一种社会符号。语法隐喻是用不同的方式来表达相似的意义，其中一种表达方式为“一致式”，另一种为“隐喻式”。韩礼德（1996）把“一致式”看成意义进化初始阶段语义层和词汇语法层之间的关系。当人类语言进化至“语法隐喻”阶段的时候，对语义进行交叉编码，使语义有不同的词汇语法，以致产生不同的表达方式，即“隐喻式”。简言之，人们仅仅是在语言的使用过程中开始尝试使用语法隐喻，语法隐喻并非在人类幼年时期和语言一起习得。因此，从个体发展的时间框架来讲，语法隐喻反映了认知水平的提高；从语言系统发展的角度来看，语法隐喻反映了人类语言的进化（常晨光，2004：36）。

此外，语法隐喻的应用因文体的不同而有所不同。刘承宇（2003）通过比较科技语篇和新闻报道发现，概念语法隐喻在科技语篇中的应用远远超过它在新闻报道中的应用，因为前者更强调客观性。相反，人际语法隐喻更多地出现在新闻报道中，而不是科技语篇中，因为前者往往通过语气和情态系统的隐喻性表达来实现人际意义，例如言者或作者的态度、意愿等。因此，从本质上讲，语法隐喻是社会性的，它具有强大的社会功能。

而概念隐喻主要关注的是人们思想和行为的运作机制以及人们认识世界的方式。例如，人们基于人体的构造来区分山头和山脚；在旅行的框架下将生活和爱情概念化；以建筑物为基础理解理论和经济系统。考威塞斯（2002）认为，最普遍最常用的源域包括人体、健康和疾病、动物、植物、建筑物和结构体、机器和工具、游戏和体育运动、金钱和买卖、烹饪和食物、冷热、明暗、力量、移动和方向等，其中大部分都在人类的直接经验的范围之内；另外，最常见的目标域包括感情、欲望、记忆、思想、社会、民族、政治、经济等，其中大部分在人们看来是抽象而又重要的范畴概念，往往需要借助人类的直接经验来理解。

总之，概念隐喻体现了人们思维和认知的方式，而不是人类语言的发展过程，它属于认知科学的范畴，具有特有的认知功能。可见，“语法隐喻理论”和“概念隐喻理论”在本质上是不同的，它们分别隶属于不同的学科，体现了语言的不同功能。

二　研究重点的不同

从上一节的讨论，我们发现语法隐喻和概念隐喻有着不同的出发点。语法隐喻以某个社会背景下人们使用语言的方式为出发点，而概念隐喻以人们思维和推理的方式为出发点。出发点的不同导致了它们研究重点的不同。“语法隐喻理论”的重点在于解构语言系统，以历时研究方法，追溯语言构建社会现实的历程。而“概念隐喻理论”主要关注的是思维和理解，其目的是要揭示人类的认知模式。

概念隐喻是一种认知方式，直接作用于人们概念系统的形成。莱考夫认为，隐喻是一种普遍模式，在这种模式中，一个域可以系统地用另一个域中的词汇来谈及或表达。具体来讲，隐喻是人类通过认知和推理将一个概念域系统地、对应地映射到另一个概念域，即跨域映射，体现的是两个认知域的语义互动。它的一个重要语义特征是喻体的意义与本体或语境相冲突，对隐喻的理解就是对这种冲突的消解（任丽花，2012：56）。

韩礼德和麦蒂森（1999）指出虽然莱考夫和约翰森等人的隐喻理论提到了语法范畴在隐喻产生过程中的作用，但是严格地说，他们的概念隐喻理论仅限于对词汇隐喻的讨论，其缺陷是不能说明为什么一些语义特征相互矛盾的隐喻可以被用于描述同一事物。韩礼德和麦蒂森（1999）认为，如果将隐喻工作机制纳入词汇语法系统（而不仅限于词汇层面）予以探讨，亦就是从语法隐喻的角度讨论隐喻问题，人们一方面可以发现隐喻所包含的不同范畴间语义特征相连接的情况，即概念隐喻理论所说的不同认知域之间语义特征的融合，另一方面又可以将单个的隐喻现象与整个语言的意义潜势联系起来，剖析语言的词汇语法系统解读人类经验和构建社会现实中某些抽象的理念或意识形态的机制。与概念隐喻理论相比，语法隐喻理论的优势在于它可以从抽象层面上探讨这种隐喻性工作机制，而不必受制于少数隐喻之间的相容性或不相容性（严世清，2003：55—56）。

可见，语法隐喻的研究领域更广阔，它不仅涉及人类经验，更涉及反映权力与控制等的社会关系，而概念隐喻仅研究人类如何认识新领域或新经验。

三　对语言与经验之间关系的看法的不同

语言与经验之间的关系问题是语言哲学历久弥新的话题，20 世纪 90 年代的语言学界以认知语言学对其的研究影响最大，成果也最为显著（如 Johnson，1987；Lakoff，1987；Lakoff 和 Johnson，1999）。概念隐喻理论隶属于认知语言学的研究范畴，认知语言学对语言与经验之间的关系所持的观点既代表了它的观点。韩礼德在不断的研究与探索过程中，对语言与经验之间的关系也形成了自己独到的见解，他的观点代表了语法隐喻理论对此所持的观点。

首先，就经验的本质而言，认知语言学认为，经验是知识，是先于语言存在的一种知识，对经验的建构实质上是一种知识表征。但是，韩礼德（1995）认为，将经验看成知识就意味着经验是独立于并且先于语言而存在的，只是通过语言表现出来，这种观点弯曲了语言与经验之间的关系，将语言看成了对既有概念结构的编码。在韩礼德来看，经验不是“知识”，而是“意义”，是依赖并通过语言来识解的意义。韩礼德还强调，经验不是一种产物，而是一种资源，是理解、表征以及作用于现实的一种潜势，我们的日常生活是对这种潜势的实例化（instantiation）（Halliday 和 Matthiessen，1999：1）。

其次，在研究语言与经验关系的问题上，功能语言学与认知语言学有着不同的视角。认知语言学是从经验出发向下解释语言现象的，而韩礼德则是从语言出发向上建构经验的，两者的区别如图 5-1 所示。

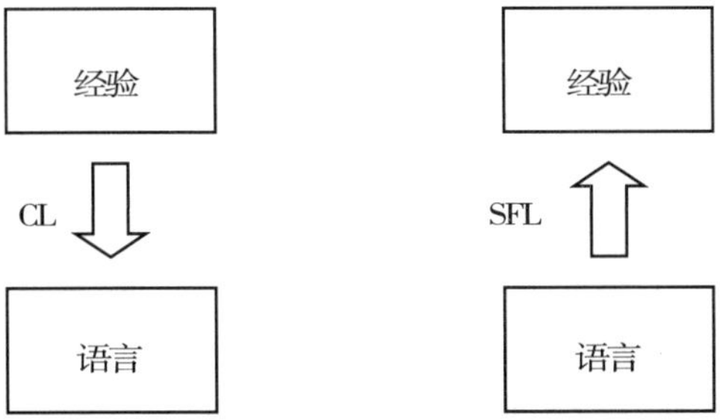

图 5-1　CL（Cognitive Linguistics）与 SFL（Systemic Functional Linguistics）关于经验与语言之间关系的观点比较

认知语言学认为，对于同一事件，不同的语言使用者有时用不同的语言结构来描述，这可以用语言使用者对世界的经验不同来解释。而功能语言学批判地继承了萨丕尔（Edward Sapir）和沃尔夫（Benjamin Whorf）的语言相对论，认为正是由于语言结构的不同导致了人们对经验的建构也不相同。

最后，认知语言学突出经验的个体性，认为对于相同的事件人们有时使用不同的语言结构来表达，这植根于不同的语言使用者对世界的体验不同（Unger 和 Schmid，2001）。而韩礼德（1992）则强调经验的群体性。他认为，经验识解为意义的过程是一种合作行为，有时伴有冲突，但通常是一种协商的结果。因此，经验是一种集体的构建，是集体共同拥有的资源，这与韩礼德将语言看作社会意义系统的观点是一致的。语言作为解释经验的基础，更具体地讲是一种社会符号，而不是人的心智系统，因此经验研究的重点也不应该是个体，而是某一文化中的社会群体，生活在不同文化中的集体以不同的方式识解经验。简言之，经验的识解是一种社会过程，是社会主体间的过程（赵莉，2011：4—5）。

四　对隐喻存在于何处的看法的不同

我们在上文中提到，语法隐喻存在于人类的语言系统中，它聚焦于语言，并发生在词汇语法层上，因为语法隐喻是指我们用不同的词汇语法形式表达相似语义内容的现象，它无法脱离语言而存在。

当引入语法隐喻这一术语时，韩礼德曾提到，如果某个事物被称为隐喻，那么它肯定是通过指称另一事物而成为隐喻的，我们可以把相比之下更不具隐喻性的变体称为“一致式”（Halliday，［1994］1985）。也就是说，对于每一个隐喻表达而言，在其背后都存在一个“一致式”。每一个以隐喻方式表达的意义都可以用一个更为一致的形式来表达。这两种形式只不过是表达相似意义的不同表达方式而已，无所谓哪一种形式更好或更糟。

在韩礼德（［1994］1985）来看，在儿童语言以及处于进化初始阶段的语言中并不能找到许多语法隐喻的例子。例如，我们总是用名词表达实体，用动词表达过程，用形容词表达属性。此外，我们用物质过程表达做某事的过程，用思维过程表达思考的过程，以及诸如此类的表达均没有使用语法隐喻。语法隐喻存在于语言中，用以重塑人类经验，并重新解读语言之外的现实世界，这使得我们的语言具有更丰富多彩的表达方式，如我们可以用名词表达过程、属性，而不仅仅用动词和形容词来表达，我们还可以用疑问句表达命令，而不仅仅使用祈使句来表达。可见，语法隐喻为表达某一特定的人类经验提供了更多的方式，从而增添了语言的活力。

另外，概念隐喻渗透于我们的日常生活中，不仅仅存在于语言中，还存在于我们的思想和行为中。就我们的思维和行动而言，普通的概念系统在本质上基本为隐喻性的（Lakoff 和 Johnson，1980）。而且概念隐喻存在于语言中仅仅因为它存在于思想中。“语言隐喻”（即语言中的隐喻）是大脑概念系统中的隐喻概念的表达（Kovecses，2005）。可见，概念隐喻并非像语法隐喻那样是在语言发展演变的过程中进入语言的，而是在语言演化的初始阶段就已存在于语言之中。没有概念隐喻，我们就不能把像人类情感那样的抽象域概念化。既然任何一种语言都赋予它的使用者表达几乎任何事物如遥远的和毗邻的、真实的和虚构的、具体的和抽象的事物的潜力，那么概念隐喻就肯定贯穿于语言发展的整个历史之中。

不同于语法隐喻，概念隐喻的存在并非基于任何“一致式”的存在的设想。在概念隐喻中，不存在可以转换成隐喻表达的“一致式”。例如，我们往往用和“旅行”相关的词语谈论“生活”。如果没有“LIFE IS A JOURNEY”（生活是旅行）这一概念隐喻，我们就无法如此清楚而又深入地理解“生活”的结构。因此，隐喻首先存在于我们的思想中，然后才存在于我们的语言中。

总之，语法隐喻存在于我们的语言中，它是在语言发展演变的过程中逐渐形成的，而概念隐喻首先存在于我们的思想中，它在语言演变的初始阶段就已存在，语言仅仅是概念隐喻存在的证据的一个重要来源。在我们的社会和文化实践中，概念隐喻可以化身为某种程度上有形的事物或过程，如某个重要场合中的座次安排就具体而又形象地体现了“IMPORTANT IS CENTRAL”（重要是中心）这一概念隐喻。

第二节　语法隐喻理论与概念隐喻理论的相似之处

我们在上一节探讨了语法隐喻理论和概念隐喻理论的主要区别，然而这两种理论除了在本质、研究重点、对待语言与经验之间的关系以及隐喻存在于何处的看法等方面的不同外，还存在许多相似之处。既然语法隐喻是在语言使用过程中出现的不可避免的结果，而概念隐喻是人们认识世界的必要手段，那么这两个理论在对待隐喻的观点态度上必然会有许多相通的地方，笔者将在下文一一加以阐述。

一　建构主义观点

建构主义一词源自皮亚杰（Jean Piaget，1972）的发生认识论，其核心思想是人的认识必然会受到认知机制中的适应和调节机制的影响，也就是说，人类认识是新信息与认知主体已有知识互动建构的结果。该思想对西方理论界产生了巨大影响，并成为逻辑相对主义的主要理论依据，与牛顿（Isaac Newton）、洛克（John Locke）时代以来统治西方思想界三百多年的逻辑激进主义和逻辑实证主义抗衡。奥托尼（Andrew Ortony，1979）也吸收了这一思想，将隐喻理论分为非建构主义理论和建构主义理论。前者认为隐喻就严格意义而言是多余的，它们仅用作修饰的目的，原则上可以用字面表达来替代（Draaisma，2000）。它主要包括传统的修辞学隐喻理论和转换生成语法的隐喻观。而后者把隐喻看成存在于语言、思想和行为之中的一个动态过程。它并非是多余的，而是在人类生活中起着重要的作用。它包括理查兹的互动理论、雷迪（Michael Reddy）的管道理论、概念隐喻理论以及语法隐喻理论等。建构主义思想最重要的观点是要表明人类语言并不是简单地反映世界，而是通过思维机制去认识乃至建构真理，所以建构主义者认为世界上根本不存在所谓纯粹的真理，人类所能认识到的至多只是相对的真理（严世清，2003：55）。

韩礼德和麦蒂森曾明确表示系统功能语言学的语义观继承了叶尔姆斯

列夫（Louis Hjelmslev）以及弗斯等人的欧洲功能主义语言学传统，隶属于建构主义派别（Halliday 和 Matthiessen，1999：17）。韩礼德认为，“我们不知道语言进化之初是否沿着同一轴线即从一致的表达方式逐步修缮的轴线展开”，但可以肯定的是，“每一门语言的历史大多是一个非隐喻化的历史，即最初隐喻性的表达形式逐步失去其隐喻特征的历史”（转引自朱永生、严世清，2000：98）。例如，“do a dance”（跳个舞）、“have a bath”（洗个澡）、“make a mistake”（犯个错）等，这一类表达在英语中大量存在，它们属于最常用的表达，早已失去其隐喻特征。这就意味着隐喻渗透于语言之中，意义的表达如果离开了隐喻，就会变得极为困难。隐喻表达并非是反常和少见的，而是正常和普通的，它们已成为语言的组成部分，一般来说，它们甚至比所谓的“一致式”更为自然。例如，没有人会认为当“Can you pass me the salt?”（你能把盐递给我吗?）意为“Pass me the salt!”（把盐递给我）时，是一种变异的用法。相反，在大多数情况下，“隐喻式”表达比推荐的“一致式”表达更得体、更自然。人们在实际使用“隐喻式”时，通常没有意识到它的隐喻本质。

与语法隐喻相一致，概念隐喻也把隐喻看成语言中不可或缺的部分，它体现了人们思维和行动的方式。我们在思考和谈话时，大多无意识地使用了概念隐喻。这种情况确实发生了，更有甚者，即便把某种隐喻性的语言形式摆在我们眼前，我们也意识不到它是隐喻。例如，许多人不会把“I'm in love”（我恋爱了）或者“you are wasting my time”（你在浪费我的时间）这一类的表达当成隐喻，尽管它们的确是概念隐喻“LOVE IS A CONTAINER”（爱是容器）以及“TIME IS MONEY”（时间是金钱）的实例。像这样的例子不计其数。人们没有意识到它们是隐喻的原因之一就在于它们的惯例性。这些隐喻非但不是不同寻常的，反而已成为司空见惯的表达方式。

显而易见，语法隐喻理论和概念隐喻理论都接受建构主义思想，它们并没有将隐喻看作反常的或附属的，而是将它当作语言解读社会现实的一种方式。它们在这一点上如出一辙。

二　把隐喻看成一种语义现象的观点

正是由于语法隐喻理论和概念隐喻理论都隶属于隐喻研究的建构主义阵营，它们在语义观上也并不完全相悖。语法隐喻理论和概念隐喻理论都承认隐喻是一种语义现象，都把隐喻表达看成有意义的选择，并试图解答隐喻如何以其独特的方式表达意义这一核心问题。

在韩礼德看来，人类表达意义的过程实际上是一个创造意义的过程，语法形式上的选择也是有意义的选择，因此，语法隐喻也是一种语义现象。20 世纪 90 年代起，系统功能语言学内部如马丁、哈桑以及韩礼德本人发表了一系列的论文进一步阐明和完善语法隐喻理论思想。韩礼德（1992）通过儿童语言发展与语言进化的类比关系对意义的起源提出了意义进化理论。我们注意到他试图从历史的，即意义进化论的视角为语法隐喻理论寻找理论依据。他认为，首先，儿童最初自创的原型语言形式仍处于与当时的直接情景相关联的原始阶段；之后，随着儿童在社会语境中将自己逐步定位为一个社会人之后，他对成人语言的掌握才顺利完成。因此，从个体发展的时间框架来讲，语法隐喻反映了认知水平的提高；从语言系统发展的角度来看，语法隐喻反映了人类语言的进化。人类语言的词汇语法系统作为介乎“意义层面”与“表达层面”的中介面，其重要作用在于终于使得人类能够超越直接情境的束缚，即使得语法隐喻的出现成为可能（毛帅梅，2006：76）。

概念隐喻理论的语义观是经验主义的语义观。莱考夫（1987）、约翰逊（1987）等针对客观主义，提出了经验主义，试图来说明客观主义无法解释的许多语言现象，他们的意义观是：（1）思维是与躯体有关的，把人类的概念系统联系在一起的结构来源于躯体的经验，并以这种经验为基础而产生意义。我们的概念系统的核心直接根置于感知。躯体的活动存在于物体和社会的经验之中。（2）思维是想象的。对于不直接根置于经验的概念，人类通过隐喻或转喻等想象的过程得到理解，这些概念都是超越了外在现实的表征。（3）思维具有格式塔特征结构。格式塔结构指的是在人类经验中反复出现的有组织的统一的整体。概念隐喻理论依托于认知语义学的经验主义意义观，这种语义观主要是关于思维和理解的。思维之所以能产生，人的躯体起着重要的作用。人类思维不是超验思维的特例，而是产生于人的生物本质、经验以及生活环境的自然状况。概念结构之所以有意义，是因为它与人的躯体有关，换句话说，它与我们的前概念的（preconceptual）躯体经验有联系（张辉、王少琳，1999：33）。

综上所述，语法隐喻发生在词汇语法层，而概念隐喻最初存在于人类的概念系统。概念隐喻关注于我们如何认识我们所生活的世界。它通过语言来体现，注重某一特定意义是如何表达的而不是一个词是如何使用的，这恰巧与语法隐喻的观点不谋而合。语法隐喻也强调这一点，它注重一个意义是如何通过语言的词汇语法来表达的。这两个理论在语义观上的不同主要体现在隐喻实现的方式上。具体地说，语法隐喻认为，隐喻是通过语法形式的转换来实现的；而概念隐喻认为隐喻是通过概念化（即跨域映射）来实现的。但这个差异改变不了二者在语义观上的本质看法的相同，即隐喻是一种语义现象。

三　对隐喻创造相似性和构建社会现实的认同

语法隐喻和概念隐喻都认识到了隐喻在构建社会现实上所体现的强大作用。它们并没有把视野局限于隐喻在语言内部所起的作用，而是坚信隐喻在我们生活的物质世界中以及解读人类经验的方式上产生了深远的影响。

在进一步探讨语法隐喻在重塑人类经验所起的作用之前，我们有必要先来了解韩礼德的语言观。在韩礼德来看，语言是一种社会符号，不是由句子组成的，而是由文本或语篇组成的，即某种人际语境下的意义的交流。在意义交流的语境中并不缺乏社会价值（Halliday，2001）。韩礼德还认为，孩子学习某种语言，其实就是识解某种意义潜势，即，在意义潜势实现的同时，他识解了某种语义系统（同上）。所有这一切都表明语言带有某种社会倾向，它有显著的社会功能。

在人类使用语言的过程中，语言在其互补的两个功能上发展演化，这两个功能就是识解经验和触发社会进程。我们强调经验的范畴以及经验之间的关系不是天生“赋予”我们的，也不是被动地由语言来体现，而是以词汇语法为驱动力，主动地由语言来识解。凭借着语言作为有层次的符号系统的独特属性，它才能将经验转换成意义（Halliday 和 Matthiessen，1999）。语法隐喻正是以这种方式来构建社会现实的。

从上述引文中，我们可以得出以下结论：在词汇语法的驱动下，语言能够识解人类经验。由于语法隐喻发生在词汇语法层，所以它具有识解和重塑人类经验的功能。凭借语法隐喻，我们可以使用不同的表达形式来表述相同的人类经验。就语法形式而言，隐喻式和一致式并不相似，正是语法隐喻把看似完全不同的二者放在一起，并赋予了它们相似性。正如韩礼德（1995）所述，语法将形式范畴化，它把一些相似的形式归为同一种范畴，以区别于其他形式。例如，由于名词化，我们感受到一个动词短语和一个名词短语的某些相似，因为它们都传递了相似的信息。例如：

（1a） The driver's *over-rapid downhill driving* of the bus resulted in *brake failure*.（下坡时，司机*驾驶速度过快*导致*刹车失灵*。）

（1b） The driver *drove* the bus *so rapidly down the hill*, so *the brake failed*.（*因为下坡时司机开车的速度太快*，所以*刹车失灵了*。）

名词化是概念语法隐喻的典型表征，所以，很显然，例（1a）是隐喻式，例（1b）是一致式。由此可见，语法隐喻在语法形式之间，即隐喻式和一致式之间创造了相似性，它具有重新解读和重新塑造人类经验的功能。

植根于人类经验的概念隐喻也具有创造相似性的能力。例如，若不是概念隐喻"HAPPY IS UP"（快乐是向上的），我们就不会发现"快乐"和"上"这两个域之间的关联；如果没有概念隐喻"THEORIES ARE BUILDINGS"（理论是建筑物），我们通常也不会注意到这两个事物之间的相似性。因此，一般来说，概念隐喻不是基于在源域和目标域之间所感知到的现存的相似性，恰恰相反，它创造了两个域之间的相似性。此外，概念隐喻也创造了目标域之间的相似性，这些目标域是通过相同的源域来进行概念化的。例如，隐喻"TIME IS A LIMITED RESOURCE"（时间是有限的资源）和"LABOR IS A LIMITED RESOURCE"（劳动是有限的资源）创造了"劳动"和"时间"这两个目标域之间的相似性，它们的相似性是通过共同的源域"有限的资源"而产生的。因此，在我们谈论工资时，即可以把它看成"时间"的产物，又可以把它看成"劳动"的产物。

概念隐喻同样能够构建社会现实，其根本原因是它能够组织我们的思想。让我们以大布什（George Bush Sr.）总统1993年有关毒品的演讲为例说明概念隐喻的这一功能。在演讲中，他运用了以下三个概念隐喻。

A. DRUGS ARE EVIL SUBSTANCES FLOWING INTO OUR COUNTRY（毒品是流入我国的邪恶物品）

B. BEING DRUG DEPENDENT IS HAVING A DISEASE（吸毒成瘾

就是生病)

C. DRUG DEALERS ARE ENEMIES (TO BE FOUGHT AGAINST)(毒品贩子是我们打击的敌人)

这三个概念隐喻共享某些蕴涵，它们可以在组织我们的思想时起作用，并决定在这种情况下的社会政策。隐喻 A 的意思是滥用毒品的问题并非来自国家内部，而是由外面进入国内的；隐喻 B 说明毒品上瘾是身体现象，而不是社会现象；隐喻 C 将罪恶的源头指向毒品贩子。因此，隐喻 A+B 表明这个问题不是社会内部因素造成的；隐喻 B+C 可以引出对毒品上瘾者和毒品贩子的不同态度。对于前者，可以通过花钱建医院来治疗那些上瘾者；而对于后者，可以将更多的警力投入毒品交易频繁进行的地区，也许还应该建造更多的监狱来惩戒那些毒品贩子。通过巧妙运用这三个概念隐喻，大布什总统淡化了毒品问题的严重性，缓和了民众对政府的不满，提升了美国政府在国民心中的形象。因此，概念隐喻可以对物质世界产生某些潜在的影响，隐喻创造了现实，而不仅仅是给予我们一种方法来对先前存在的现实概念化（Lakoff 和 Johnson，1980）。

四 对隐喻使用者的意识形态和态度的体现

语法隐喻和概念隐喻的另一个重要的相似性是二者都体现了隐喻使用者的意识形态、态度或观点。它们并非纯粹的语言现象，而是反映了人类经验以及使用者的态度和思想意识，即语言使用的社会属性。

语法隐喻在许多方面体现了其使用者的态度和意识形态。例如，名词化作为概念语法隐喻的一种主要体现形式，被广泛地应用于科技语篇。正如第四章所述，名词化能够把一种动态过程转化为一个静态的事实，以隐藏行为的实施者。鉴于此，名词化的使用通常反映了使用者对他所谈论的事物所持的观点和态度。例如：

(2a) *Corruption* and the *lack of freedom* led to *downfall* of the empire.(*腐败*和*自由的缺乏*导致帝国的*垮台*。)

(2b) Because the government *is corrupted* and there *is no freedom*, the empire gradually *lost its prosperity*.(因为政府*腐败*，国内*没有自由*，所以帝国逐渐*衰亡*。)

（2b）建议为（2a）的一致式表达。（2b）的原因状语从句由两个部分（或并列分句）构成，我们完全有理由怀疑其中的任何一部分。我们可以质疑政府是否是腐败的或那个国家是否真的没有自由，然后否认它们中的任何一个。然而，就（2a）而言，我们不能否认“腐败”或“自由的缺乏”，因为作者在句中的措辞就好像它们是不可否认的事实。这确实体现了语言使用者的思想观点，他声称帝国的垮台是由像腐败、自由的缺乏这样的内在因素引起的，而不是由别国的侵略这一类的外在因素所导致，这在某种程度上开脱了他国的侵略致使帝国灭亡的罪责。韩礼德（1999）也举了类似的一个例子：

（3a）*Prolonged exposure* will result in *rapid deterioration* of the item.（*长时间暴露在露天*会导致该物品的*使用寿命迅速缩短*。）

（3b）If the item *is exposed for long* it will *rapidly deteriorate*.（如果该物品*在露天暴露过长的时间*，它的*使用寿命会迅速缩短*。）

（3a）是某种台湾产的扶手椅说明书中的一句话。显然，这是一个隐喻式表达，其中的名词化示例不止一个。（3b）建议为（3a）相应的一致式表达。将二者作一比较，我们发现（3b）更容易理解，但与此同时，它也失去了科技语篇中所应有的“客观性”或“权威性”；（3a）中的名词化掩饰了人际关系中的所有属性，因而感觉更客观、更科学。仔细查看（3b），我们发现它的隐含意思是：

（3c）I hereby warn/instruct you that if you expose the chair for long it will rapidly deteriorate.（我特此警告/指示你，如果你把椅子过长时间暴露在露天，它的使用寿命将会大大缩短。）

常识告诉我们，没有一个制造商会对消费者，也就是自己的“上帝”，使用那样的命令语气。这个例子证明了使用名词化表达的益处，它的客观性隐藏了言者或作者的语气，以及说话者和受话者之间的人际关系。既然掩饰态度也是一种态度，我们就可以把它作为名词化体现态度及观点这一功能的又一示例。

除名词化外，人际语法隐喻是证明隐喻体现使用者思想观点的又一强有力的例证。在请求别人做某事时，人们往往会使用疑问句的表达形式而非祈使句，这属于人际隐喻其中的一种类别——语气隐喻，例如，话语“Would you please open the window for me?”（你可以帮我打开窗吗?）而不是“Open the window!”（打开窗!）的使用，表明说话者意识到他或她不熟悉受话的对象或身份低于受话的对象。新闻记者通常不会说“我认为”“根据我的观点”这一类的话，即便他们所说的话确实是他们自己的观点。相反，他们倾向于使用“据说”“据报道”这一类的表达或用被动语态来掩盖自己的身份。这样，新闻不仅让人感觉更客观，而且如果所报道的新闻不真实或有其他问题，记者本人也可以避免公众的指责。

在第三章中我们曾提到，概念隐喻一般可以被定义为从一个概念域到另一个概念域的映射。这种概念域之间的映射必然是部分的，而非全部的。如果它们的映射是全部的，那么一个概念域就会成为另一个概念域。这也就是说，当我们用另一个概念域来谈论一个概念的某个方面时，我们必然会掩饰这个概念的其他方面。例如，在用“战争”的概念域谈论争论时，我们的确强调了争论中有关冲突的方面，而掩盖了争论的其他方面，如有关合作的方面。突出什么方面，掩盖什么方面，这体现了隐喻使用者的观点和意识形态。

莱考夫和约翰逊（1980）意识到了时间的两个相互矛盾的结构。在第一个结构中，将来在我们的前方，过去在我们的后方，如例（4）所示；而在第二个结构中，将来在我们的后方，过去在我们的前方，如例（5）所示。

（4）That is all *behind* us now.

（后方→过去）（现在一切尽在我们的身后。）

In the weeks *ahead of* us, we have to finish this task.

（前方→将来）（我们必须在未来的几个星期内完成这项任务。）

（5）In the *following* weeks, it will be rainy and windy.

（后方→将来）（接下来的几个星期将会多雨和多风。）

In the *preceding* months, we have worked rather hard.

（前方→过去）（在之前的几个月里，我们一直努力工作。）

在例（4）所表征的第一种结构中，我们在移动，而时间保持静止；

在例（5）所表征的第二种结构中，时间在移动，而我们保持静止。第一种情况体现了概念隐喻“TIME IS STATIONARY AND WE MOVE THROUGH IT”（时间是静止的，我们穿过它），如下面的表达就运用了该隐喻，“As we can go through the years...”（当我们穿越年代……）；第二种情况体现了另一个不同的概念隐喻“TIME IS A MOVING OBJECT”（时间是一个移动的物体），未来正向我们移动，如下面的表达正是对该隐喻的运用，“I look forward to the arrival of Christmas.”（我期待圣诞节的到来）。可见，不同隐喻的选择体现了使用者不同的视角或观点。

接着，我们来看考威塞斯（Kovecses，2005）所举的例子，它们同样证明了隐喻暗示了隐喻使用者的观点。人们可以用下面的表达正面地谈论欧洲的联合，“We are delighted that Germany's unification takes place under the European roof.”（德国的统一发生在欧洲的屋檐下，对此我们感到很高兴），在这个表达中，欧洲被看成一个大家庭，其中的赞美之意不言而喻。当然也会有一些关于欧洲联合的负面观点，如一旦这种联合对某个国家起了副作用，要脱离它是困难的。下面的这个表达就体现了这种负面观点，“a building without fire-escapes：no escape if it goes wrong”（一座没有安全出口的建筑：一旦发生火灾，无处逃生）。

还有一个类似的例子，那就是来自不同社会阶层的人以不同的方式看待和谈论社会革命。例如，统治阶层的人可能会认为革命是一种疾病，因为他们享受着安逸舒适的生活，根本不可能喜欢革命。生活在社会底层，对现实社会不满的人谈论革命时，会使用截然不同的概念隐喻。他们也许会认为革命是希望，是救星。一方面，我们正是以这种方式对某一社会现象或任何其他事物发表肯定的或否定的观点；另一方面，我们所使用的隐喻体现了我们的意识形态、态度或观点。

第三节　语法隐喻理论与概念隐喻理论的互补性

在本章的前两节，我们比较了语法隐喻理论和概念隐喻理论的不同之处和相似之处，不仅发现了这两个理论有着各自的研究视角、侧重点、优势和局限性，还发现它们在语言认知层面上所达成的一致，即共同的建构主义立场以及有关隐喻的共同的基本思想，这为我们进一步探索二者的互补性奠定了理论基础。将语法隐喻理论和概念隐喻理论结合起来考察，取人之长补己之短，有助于我们全面认识和解释隐喻，并促进隐喻理论的兼容并蓄及隐喻研究的长足发展。语法隐喻理论和概念隐喻理论的互补性主要体现在隐喻的功能、工作机制及认知理据等三个方面。

一 隐喻的功能

对于语法隐喻的功能，韩礼德认为，隐喻能给语义组合（semantic configuration，近似于一般语言学所说的语句）增添语义特征，因此隐喻与“一致性”的表达形式之间有着某种系统的关系，但并不完全同义。他还指出语言很可能是从“一致性”的表达形式开始逐步进化的；另一种可能性是隐喻从一开始便是语言的内在性质之一。（朱永生、严世清，2001：122）。

对于概念隐喻的功能，认知语言学认为，隐喻既是人类认识新事物的需要，也具有组织人类概念系统和发展人类认知的功能。莱考夫和约翰逊（1980：154）指出：隐喻的基本功能是以某一领域的经历来理解另一领域的经历。隐喻是人们对范畴进行概念化的工具，他们（1999：82）还指出：“概念隐喻的主要功能是将推理类型从一个概念域映射到另一个概念域。”概念隐喻在思维和语言中是无处不在的，通过概念隐喻我们可以不断挖掘事物间的各种新联系，为认知世界提供一种基本方式，形成组织经验结构和概念系统的基础，同时还可用来发展理论体系。因此隐喻不仅是一种话语的修辞现象，而且是人类认知活动的工具和结果，隐喻在本质上是一种认知现象，具有重要的认知功能（姚婵莉，2005：156）。

隐喻的认知功能在系统功能语法中被称为“双向的隐喻化过程”（胡壮麟，1996）。韩礼德（1995）明确指出：语法一方面具有认知世界的功能，即识别不同现象之间的共性的形式，因此词汇语法范畴反映了客观存在的事物，是该事物语码化的结果。另一方面，语法所做的又是一种强制性的归类：将某一群现象看作相似的，并将它们与其他现象区分开来。他所说的这几个方面都与认知语言学中的范畴、范畴化、家族相似性等概念相呼应。语法重塑了人类经验，反映了语言的社会建构性，从这一点我们看出语法隐喻是着眼于语言与社会的关系（姚婵莉，2005：156）。可见，语法隐喻理论和概念隐喻理论可以互相补充说明，在概念隐喻理论强调隐喻的认知功能的前提下，语法隐喻理论进一步提示了隐喻的认知价值。

二　隐喻的工作机制

概念隐喻是一种认知方式，直接作用于人们概念体系的形成。如本章第一节中所阐述的，隐喻是一种普遍模式，在这种模式中，一个域可以系统地用另一个域中的词汇来谈及或表达。具体来讲，隐喻是人类通过认知和推理将一个概念域系统地、对应地映射到另一个概念域，即跨域映射，体现的是两个认知域的语义互动。它的一个重要语义特征是喻体的意义与本体或与语境相冲突，对隐喻的理解就是对这种冲突的消解。

人类的认知能力不但受到时间和空间的限制，而且还会受到自身感觉器官结构的限制。因此，人类在认识周围的世界、探索未知的领域时都要借助已知的概念及概念系统，并将已知映射到未知的领域，以获得新的知识和理解。比如，我们首先通过了解自己身体形成相应的概念结构，在此基础上，将关于人体的概念结构映射到周围事物或社会组织上，即“近取诸身，远取诸物”，这就有了“床头”“桌脚”“头目”“首脑机关”“拖后腿”。这种由人体域向具体域的结构投射，是人类的一种基本的认知方式，具有直接、明确的特点。通过隐喻我们用已经熟悉的概念来建构和理解抽象的概念（秦德娟，2008：137—138）。

而韩礼德和麦蒂森（1999）则认为，如果将隐喻工作机制纳入词汇语法系统（而不仅限于词汇层面）予以探讨，也就是从语法隐喻的角度讨论隐喻问题，人们一方面可以发现隐喻所包含的不同范畴间语义特征相连接的情况，即概念隐喻理论所说的不同认知域之间语义特征的融合；另一方面又可以将单个的隐喻现象与整个语言的意义潜势联系起来，剖析语言的词汇语法系统解读人类经验和构建社会现实中某些抽象的理念或意识形态的机制。与概念隐喻相比，语法隐喻理论的优势在于可以从抽象层面上探讨这种隐喻性工作机制，而不必受制于少数隐喻之间的相容性或不相容性。

韩礼德和麦蒂森（1999）指出，虽然莱考夫和约翰逊的概念隐喻理论也谈到了语法在隐喻产生过程中的作用，但他们的概念隐喻只局限于狭隘的对词汇隐喻的探讨，不足之处在于，不能说明为何一些语义特征相互矛盾的隐喻可以被用于描述同一事物。他们曾对以“争论”（ARGUMENT）的认知模型的概念化形成的两种隐喻：AN ARGUMENT IS A JOURNEY（争论是旅行）、AN ARGUMENT IS A BATTLE（争论是战斗）

进行了研究。仔细观察不难发现，“journey”（旅行）和“battle”（战斗）两个认知域之间有着明显不相容的语义特征：前者强调的是一种或轻松惬意或充满历险的一次人生旅途，含有快乐、喜悦、惊奇和刺激的语义特征；后者则有着相反的语义特征，即暴力、凶残、血腥、屠杀等含义，因此后者很难与前者在语义上相互融合（杨玲，2008：78）。然而，从语法隐喻理论的角度对这些隐喻的研究表明，在这些具体的词汇隐喻背后实际上还有更高层面的隐喻（hyper-metaphor）即语法隐喻在起作用。再看下面这段文字：

This *concept* does not propose new and radical ways to fight. Rather it describes *conflict* in terms of an *environment* which considers not only conventional systems, but also chemical, nuclear, and electronic. It also forces *consideration* of this *conflict* in terms of reaching the enemy's follow-on echelons. *Consideration* of such a battlefield is necessary if we are to reinforce the *prospects* of winning. (Halliday 和 Mathiessen, 1999: 275)

（这一概念没有提出崭新的、激进的战斗方法。相反，它从环境的角度描述了冲突，这一环境不仅考虑到了常规系统，还考虑了化学的、原子核的和电子系统。它也促使人们从深入敌军后续梯队的角度考虑冲突。如果我们想增大赢的可能性，那么考虑这样一种战场是很有必要的。）

文中的 concept、conflict、environment、consideration、prospects 等语法隐喻构建了一个抽象的战争世界，而战争可能造成的平民伤亡以及对其他生物的毁灭则被完全掩饰了。换言之，之所以媒体会使用许多概念上明显不相容的概念隐喻，其原因是在这些概念隐喻之上还有语法隐喻机制在起作用，该机制具备某种过滤功能，使得语言的词汇语法系统可以运用概念上既相互补充又相互矛盾的隐喻解读和重塑人类经验（严世清，2003：56）。

以上揭示了语法隐喻理论和概念隐喻理论在解读隐喻工作机制上所呈现的互补关系。

三　隐喻的认知理据

从认知的角度看，语法隐喻可以理解为一种范畴跨越，但是，这个跨越不是意义范畴的跨越而是语法范畴的跨越，如从言辞到成分、从动词到名词的跨越。在语法隐喻跨范畴的说法上，产生了体现意义的一致式和隐喻式（金娜娜、陈自力，2004）。郎天万、蒋勇（1997）认为，只有研究人的概念系统的移植才能理解语法隐喻系统，因为隐喻从本质上讲，是人的思维模式的体现。语言使用中的隐喻表达式只是一种表层的现象，真正对认知起推动作用的是其深藏在我们认知体系中的隐喻概念。在语法隐喻的生成过程中，人们首先是在概念层面上将一个范畴隐喻化为另一个范畴，然后才在语言层面上将一个词语或句式隐喻化为另一个词语或句式。正因为如此，认知语言学的象似性原则和图形——背景理论可以从认知层面上解释语法隐喻的内在生成机制。

认知语言学家认为，象似性是指语言与思维的关系，即语言结构直接映照经验结构。王寅（1999）把象似性定义为语言符号在音、形或结构上与其所指之间存在映照性相似的现象。语言的一致式可以直接反映现实世界的结构，表现为语法与现实的一致性，符合语言的象似性原则。按照象似性原则，名词和名词词组所反映的现实世界应是实体，而动词和动词词组所反映的现实世界应是过程。

图形——背景理论首先产生于20世纪初的格式塔心理学，它反映的是人们在观察事物时注意力的分布状态。认知语言学图形——背景理论中的“图形”是指某一认知概念或感知中突出的部分，即注意的焦点部分；“背景”为其衬托部分。在认知语言学的研究领域，跟人们的感知经验相关的一个认知模式是舞台模式。假设模式是一个舞台，那么除了施事、受事等这些在舞台上表演的原型角色，还离不开时间、处所等场景角色。场景角色的凸显度通常比原型角色低。凸显观是认知语言学的一种表征方式，有助于我们理解隐喻式的运作机制。一般情况下，在一个简单的主—谓—宾结构的句子中，主语对应于图形，宾语对应于背景，两者属于原型角色，是凸显的部分，主语则是注意的焦点，而场景成分（如状语）是不凸显的，动词则显示了主语与宾语的关系。在一个句子中，因为能够做主语和宾语的成分主要是名词或名词词组，所以在语言表达中，在主语和宾语位置上表示实体语义的名词或名词词组能够被凸显；与此相反，因为表示过程、性质及环境意义的一致体现式都不是名词或名词词组，所以它们在其一致式中就不能被凸显。正因如此，如果要凸显表示过程、性质以及环境的意义，我们就必须把相应成分放在主语或宾语的位置上，用实体的表达形式（即名词或名词词组）来表达其意义。这样，语言的隐喻式，亦即语法隐喻，就产生了（张法科、邵新光，2009：19—20）。请看下例：

（6a）They arrived at the village on the third day.（他们在第三天到达了村庄。）

（6b）The third day witnessed their arrival at the village.（第三天见证了他们到达村庄这一事件。）

句子（6a）是一致式，句子（6b）是隐喻式，因为原来由物质过程体现的经历转由心理过程来体现。在（6a）中，They 是图形，the village 是背景；在（6b）中，The third day 是图形，their arrival 是背景。根据图形——背景理论，它们属于原型角色，是被凸显的部分，主语是注意的焦点，更受关注。可以看出，The third day 从（6a）中的时间场景角色转变为（6b）中的图形，成为注意的焦点，获得了凸显。显然，在隐喻式中作者想要引起读者关注的是他们到达的时间；与此同时，（6a）中的谓语动词 arrived 名词化为（6b）中的 arrival，以作为 witnessed 的宾语，成为背景，也是原型角色，相较于一致式中的动词的表达，是更为凸显的成分。在隐喻式中，“他们的到达”这一事件也是作者要强调的。可见，名词化的语法隐喻是象似性原则和图形——背景理论共同作用的结果，其隐喻式和一致式不仅在语言表达上有所不同，在语义表达上更是各有侧重，这一切都是有认知理据的。同理，它们也可以用来解释其他类别的语法隐喻的生成过程，这里不再赘述。

而概念隐喻的构建和识解则可以在意象图式理论上找到理据。认知语义学认为隐喻是人类概念形成的基础，隐喻的心理基础是意象和意象图式在起作用，也就是说隐喻的两个域之间之所以能发生映射，主要是因为它们之间存在相同的意象和意象图式。作为隐喻的心理基础的意象图式实际上是内化于人类的经验中，意象图式是人类在与客观世界互动过程中形成的基本认知结构。这些意象图式交织在一起就构成了人类经验网络，人类的理解和推理都是凭借意象图式来进行的（秦耀咏，2005：77）。人类经验中具有多种意象图式，莱考夫（1987）为我们总结了多种意象图式：容器图式、部分—整体图式、连接图式、中心—边缘图式、起点—路径—目标图式、上—下图式、前—后图式、线性图式、力图式等。下面我们就以上—下图式为例来说明意象图式在构建与识解隐喻的过程中所起的作用。

认知语言学界普遍认为，在所有隐喻中空间隐喻对人类的概念形成具有特殊重要的意义，因为人类多数抽象概念都是通过空间隐喻来表达和理解的。莱考夫和特纳（1989：99—100）认为，空间隐喻是一种意象图式隐喻，它将作为源域的空间概念投射到抽象的目标域上，在这一过程中，空间意象及其内在的逻辑都被保留下来。

研究表明，“上—下”概念在最初形成阶段都是纯空间概念，然而，经过人类多年的使用和发展，“上—下”概念从原有的空间意义中拓展出丰富的隐喻意义。我们也知道“上—下”图式的形成有其生理和物质基础，人是直立行走的动物，头在上，脚在下；人和多数哺乳动物睡觉时躺下，醒后站立起来，正常人以站姿和坐姿完成日常生活的绝大部分内容，只有重病者被迫躺在床上；人死后均倒下。由于有这样的体验和感受，人类把这种体验和感受投射到其他目标域，形成“上—下”图式隐喻，因此人类得出了 GOOD IS UP（好是向上的），BAD IS DOWN（坏是向下的）；HAPPY IS UP（快乐是向上的），SAD IS DOWN（悲伤是向下的）这一系列隐喻图式。例如：

（7）I'm feeling *up* today.（“up”代表心情好）

（8）He came *down* with flu.（“down”代表病倒了）

（9）如果他当*上*书记，很可能是造福百姓的好书记。（“上”代表升职）

（10）有个别负责人丢*下*一堆烂账逃遁无影。（“下”代表不作为）

从以上分析，我们可以看出意象图式与隐喻构建和识解之间的关系。意象图式作为“人类经验和理解中一种联系抽象关系和具体意象的组织结构，是反复出现的对知识的组织形式，是理解和认知更复杂概念的基本结构，人的经验和知识是建立在这些基本结构和关系之上的”（秦耀咏，2005：76）。总之，各类意象图式都有助于认知主体根据自身最直接的体验而形成的概念结构来认知新的、不熟悉的及抽象的概念。换言之，在隐喻的生成过程中，意象图式是实现映射的先决因素。意象图式使人们得以从一个认知域向另一个认知域进行隐喻映射，隐喻义就是通过意象图式的映射而产生的。通过隐喻，认知主体认识了新事物、丰富了自身的概念结构（秦德娟，2008：138）。

隐喻的认知理据解释了隐喻产生的心理机制，进一步阐释了隐喻表达形式和深藏在认知体系中的隐喻概念之间体现与被体现的关系。语法隐喻聚焦于语言的词汇语法层，研究隐喻式与一致式表达之间的相互转换；概念隐喻聚焦于人的概念系统，解析隐喻产生的认知心理。二者从不同的层面阐释了隐喻是如何产生以及运作的，它们之间的互补性不言而喻。

第四节　语法隐喻理论与概念隐喻理论的交叉点

第三节我们探讨了语法隐喻理论和概念隐喻理论的互补性，在后面的章节中将探讨这种互补性如何运用到某一特定语篇的分析中。本节的研究可以说起到了承上启下的作用，旨在论证为什么这两个理论可以同时运用于某一特定语篇的分析中，它们是如何相互兼容的，即二者的交叉点体现在什么地方。

一　名词化和本体隐喻

名词化是语法隐喻的其中一个类别，而本体隐喻是一种概念隐喻。我们可能会有这样的第一印象：它们是两种完全不同的现象，但仔细的审视会让我们发现二者之间的联系。

名词化通常可以分为以下三种类型：将属性当作事物，将评价当作事物和将过程当作事物（朱永生，2006：84—86）。事物的属性或特质在一致式中是用形容词来表达的，然而，在隐喻表达式中它们可以用名词来重新措辞。那就是说，言者（或作者）可以将属性当作事物来描述，例如：

（11a）They ceased to be *hostile* because they lost personnel.（他们不再相互*敌对*，因为双方各有人员伤亡。）

（11b）They ceased *hostilities* because they lost personnel.（他们停止*敌对的局面*，因为双方各有人员伤亡。）

（12a）They are *cold* and I don't like them.（他们很*冷淡*，我不喜欢他们。）

（12b） I don't like their *coldness*.（我不喜欢他们*冷淡的态度*。）

这类隐喻属于概念语法隐喻的范畴。比较这两个例句中的一致式和隐喻式，我们发现名词化体现为：一致式（11a）和（12a）中的属性"hostile"（敌对的）和"cold"（冷淡的），在其隐喻式（11b）和（12b）中被当作参与者"敌对的局面"和"冷淡的态度"来描述。

评价意义在一致式中通常用情态动词或情态副词来表达，在其隐喻式中可以用名词来重新措辞。换句话说，言者（或作者）可以将评价当作事物来描述，例如：

（13a） I achieved what I *could*.（我实现了我所*能够*完成的。）

（13b） I achieved my *potential*.（我发挥了我的*潜力*。）

（14a） That's what you *should* do.（那是你*应该*做的。）

（14b） It is your *obligation* to do that.（那样做是你的*责任*。）

这种类型的隐喻属人际语法隐喻的范畴，其中的例（a）都是一致式表达，而例（b）则是隐喻式的表达。（13a）中的情态动词"could"表示能力，（14a）中的情态动词"should"表示义务，它们在其隐喻式中被分别转化为名词"potential"（潜力）和"obligation"（责任）。通过比较例句中的隐喻式和一致式，我们发现，带有情态动词的句子都具有口语的特点和非正式的风格，而相应的名词化形式则显得正式、严肃。这样的差异可以导致不同人际意义的产生，因而会在一定程度上影响话语参与者之间人际关系的建立和维持，从而影响交际目标的最终实现。

名词化的最后一种类别是"将过程当作事物"。按照一致式的要求，过程由动词体现，而在隐喻式中，则可以由名词来体现。这就是说，言者（或作者）可以把过程当作事物来看待，例如：

（15a） In order to *argue* that this is not so, he simply *points out* that there *are no* synonyms in mental language.（为了*论证*情况并非如此，他仅仅*指出*在心理语言中*没有*同义词。）

（15b） The *argument* to the contrary is basically an *appeal* to the *lack* of synonyms in mental language.（对相反观点的*论证*，其*说服力*主要体

现为在心理语言中同义词的缺乏。)

这类名词化现象也属于概念语法隐喻的范畴。它们通过将一致式中的动词转化为名词："argue→argument"，"point out→appeal"，"be no→lack"，使原本动态过程变为静态，并利用英语名词短语的语法特点，如可以包含若干修饰成分，可以不包含人称代词，从而达到浓缩信息，使句子体现的意义显得更加客观的目的。这也是名词化在科技语篇中频繁使用的重要原因之一。

以上所举的语法隐喻理论框架中的名词化的例句，如果从概念隐喻的角度来看，也是体现本体隐喻的例子，因为在这些例句中，我们是依赖实体和物质来理解属性、评价和过程这一类概念的。我们的经验在数量上是无限的，在范围上是广大的，所以将属性、过程和评价看成事物仅仅是我们的经验的一小部分，这部分经验是通过实体或物质来概念化的。一方面正是由于我们把属性、过程和评价看作事物，我们才能够拥有它们、失去它们、把它们赠予别人、享受它们、评价它们、或谈论它们的起因和后果；另一方面，不管结果是好是坏，它们都能帮助我们做事。它们是 A PROPERTY IS AN OBJECT（属性是物体）、AN ACTION/A PROCESS IS AN OBJECT（行为/过程是物体）、AN ATTITUDE IS AN OBJECT（态度是物体）这一类的本体隐喻。除了我们以上提到的这些经验，我们还有许多经验是通过实体来概念化的，如通货膨胀、时间、感情、经济体系等诸如此类的抽象事物。可见，具体的物体有助于我们理解抽象的概念。

因此，上面讨论的语法隐喻体系中的名词化，如果从概念隐喻的范畴来研究，确实是某种本体隐喻。

二 从心理过程向物质过程的转化

上文我们提及人们往往会使用具体的物体来将抽象的事物概念化。作为源域的具体物体为理解抽象概念提供了一条认知通道。用我们所熟悉的具体事物来理解抽象的观点，毫无疑问是更为容易的。正如，莱考夫和约翰逊（1980）所认为的，我们通常用物质的东西把非物质的东西概念化，换句话说，我们用能清晰描绘的事物把不能清晰描绘的事物概念化。如果没有概念隐喻，许多抽象概念，如我们的情感和想法，是无法清楚表达的。雷迪的“管道隐喻”就说明了这一点：IDEAS ARE OBJECTS（想法是物体），LINGUISTIC EXPRESSIONS ARE CONTAINERS（语言表达是容器），COMMUNICATION IS SENDING（交流是传送）（付岩，2009：54）。“管道隐喻”相当于概念隐喻理论中的本体隐喻。例如：

（16）It is hard to *get* that idea *across* to him.（很难*让*他*明白*那种观点。）

Your reasons *came through* to us.（我们*清楚*你的理由。）

The meaning is right there *in* the words.（意义就*在*词*中*。）

It is difficult to *put* my ideas *into* words.（我的想法难以*言表*。）

I *gave* you that idea.（我*给*你我的想法。）

The idea is *buried* in terribly dense paragraphs.（想法就*隐藏*于深奥的段落中。）

接下来，我们将进一步解析概念隐喻“IDEAS ARE OBJECTS”（想法是物体）。就物体而言，它可能会发生若干变化，经历一系列过程，从资源到产品，从产品到商品，从商品到消耗性物品，然后到器具。简言之，人们往往会用资源制造新产品，然后与他人交换这些产品，这样产品就变成了商品。购买这些商品的人开始使用或消耗这些商品，在将它们应用于生活诸多方面的过程中，商品最终实现了它们的价值。

正如物体在不同阶段，以不同的形式被人们感知一样，人们也以同样方式理解和谈论想法。于是派生出下列概念隐喻：

（17）IDEAS ARE RESOURCES（想法是资源）

The writer *used up* all his ideas.（作家*耗尽*了他所有的想法。）

If we *pool* our ideas, we may be able to produce a really good plan.（如果我们*集思广益*，也许能提出一个真正合理的计划。）

（18）IDEAS ARE PRODUCTS（想法是产品）

The writer *turns out* many wonderful ideas.

（这位作家*炮制*了许多精彩的想法。）

I have to *take the rough edges off* my idea, *hone* it *down*, and *smooth* it *out*.

（我需要*修剪*想法中的*棱角*，*使之更锋利*，*更流畅*。）

(19) IDEAS ARE COMMODITIES (想法是商品)
We should *give* our idea *a new label*.
(我们应该给我们的想法贴上一个*新的标签*。)
The simple-minded ideas were *packed* in colorful words.
(单纯的想法用多彩的词汇来*包装*。)
(20) IDEAS ARE CONSUMABLE GOODS (想法是消耗性物品)
One cannot *swallow* the ideas in that book overnight.
(人不可能在一夜之间将整本书中的想法*吞食*。)
Some teachers tend to *spoonfeed* their students.
(一些教师往往将知识*填鸭式地灌输*给学生。)
(21) IDEAS ARE INSTRUMENTS (想法是器具)
She has tried two doctors *with* the idea of having an abortion.
(她在两位医生那里试*用*了堕胎的想法。)
This is a *sharp* remark. (这是一番*尖锐的*话。)

如果从语法隐喻的角度来看，这些概念隐喻的例句也是体现概念语法隐喻的例子，因为想法如物体般所经历的一系列过程暗示了从心理过程向物质过程的转化。如前所述，如果我们把想法当作物体，那么交流就是传送，理解就是把握。例如：

(22) COMMUNICATION IS SENDING (交流是传送)
Word will suffice to *convey* his grief. (言辞足以*传达*他的悲痛。)
This is the message that we want to *get across* to the public.
(这就是我们要*传达*给公众的信息。)
(23) UNDERSTANDING IS GRASPING (理解是把握)
It *escaped* me. (它*逃脱*了我的*掌控*。)
People gain initiative only when they *grasp* the rules of things.
(只有当人们*掌握*了事物的规则之后，才能赢得主动权。)

例(22)用传送物体将交流思想感情概念化，例(23)用把握物体将理解思想观点概念化，如果用语法隐喻的视角来考量，它们也属于心理过程向物质过程的转化，因为交流、理解属于人的认知心理活动，而传送、把握体现的是人做事的过程。

当一个人理解另一个人的言辞时所处的心理状态可以借助“被另一个人向他投去的物体所击中”来概念化，这样就产生了下列隐喻：

(24) Her sad story *touched* our hearts.（她悲伤的故事*触动*了我们的心灵。）

“News of Adolf Merckle’s death left me deeply *shaken*,” he said.（“阿道夫·墨克尔的死亡消息让我极为*震动*，”他说。）

He was *struck* by what his mother said.（他被母亲的一番话所*打动*。）

同样，例（24）既是概念隐喻的具体实例，同时又是语法隐喻的例子，因为理解他人的言辞原本属心理过程，在例句中被重新措辞为“被物体击中”这一物质过程。

显然，一些隐喻的表达在隶属于概念隐喻的研究范畴的同时又属于语法隐喻的研究范畴。因此，概念隐喻和语法隐喻是相互交叉的而不是毫不相关的。正是基于这两个理论的交叉点和兼容性，它们才构成互补关系，我们才可以将它们同时运用于分析某一特定的语篇，发挥这两个理论各自的优势，用对方理论弥补本理论的不足和局限性，从而构建一个隐喻语篇分析的双维视角的模式，从语言的词汇语法层面到认知心理层面，纵向解析隐喻的表达形式，深入理解隐喻的生成和运作机制。

本章小结

本章首先比较了概念隐喻理论和语法隐喻理论的异同点，指出二者的不同主要体现在本质、研究重点、对语言与经验之间关系的态度及对隐喻存在于何处的看法这四个方面。此外，这两个理论还在以下四个方面具有相似性：它们都接受建构主义思想；都把隐喻看成一种语义现象；都相信隐喻可以重塑人类经验，并为我们创建社会现实；都认为隐喻可以反映隐喻使用者的意识形态、态度和看问题的角度等。基于概念隐喻理论和语法隐喻理论的异同，笔者进一步探索了二者的互补性，即它们在隐喻的功能、工作机制及认知理据这三个方面所呈现的互补关系。概念隐喻理论和语法隐喻理论之所以具有互补性是因为二者是相互兼容的，它们存在若干交叉点。例如，语法隐喻的研究重点名词化，如果从概念隐喻的角度来审视，它属于本体隐喻，因为我们是依赖实体和物质来理解属性、评价和过程这一类概念的，也就是说，名词化可以在概念隐喻理论中找到其认知理据。而概念隐喻中的本体隐喻，如果从语法隐喻的角度来审视，则属于概念语法隐喻，因为我们可以将它看成从心理过程向物质过程的转化，也就是说，本体隐喻可以在语法隐喻理论中找到其物质基础。

朱永生、严世清曾对语法隐喻和概念隐喻之间的关系做过以下论述：语法隐喻为概念隐喻研究提供了“理论依据”“新的视角”“新方法”和“认知价值”（朱永生、严世清，2001：138—140），可谓填补了一大空白。而笔者认为，概念隐喻也为语法隐喻的存在提供了认知心理的基础。显然，两大隐喻理论可用于相互解释，并在一定程度上弥补对方理论的不足。

从第六章开始，笔者将以具体的语篇为例，分析阐释概念隐喻理论、语法隐喻理论、二者的融合以及概念隐喻理论的延伸性研究故事隐喻如何应用于语篇分析中。

第六章

莎士比亚十四行诗的隐喻分析：认知连贯机制、语篇衔接手段

隐喻研究的历史悠久，其间不同阶段的学者对之进行过不同的界定。传统的隐喻研究把隐喻看作反映了语言的特点，而不是思想的特点，因而只是把隐喻作为文学作品的修辞手段和语言现象来研究。现代学者们的研究已突破了修辞学所关心的隐喻的形式和修辞效果的局限，将研究延伸到了社会语言学、认知语言学、语用学、语言哲学等学科，大大拓宽了其研究领域，且现代学者们已将研究重点放在了认知语言学视角下的隐喻研究。本章将以莎士比亚十四行诗中的隐喻为语料，首先运用认知语言学的概念隐喻理论对诗集中的隐喻展开语篇分析，找出十四行诗中存在的隐喻网络，通过图示解析其中的认知连贯机制，并把诗集的主题意义放在隐喻网络中解读，发现两者之间的联系及隐喻网络对主题意义建构所起的积极作用。接着，将系统功能语言学的衔接理论与概念隐喻理论相结合，展开对莎诗隐喻语篇衔接的认知探究。

第一节　莎士比亚十四行诗介绍

十四行诗是源于意大利民间的一种抒情短诗，文艺复兴初期时盛行于整个欧洲，其结构十分严谨，分为上下两部分，上段为八行，下段为六行，每行十一个音节，韵脚排列：abba abba cdc ded。莎士比亚的十四行诗的结构却更严谨，他将十四个诗行分为两部分，第一部分为三个四行，第二部分为两行，每行十个音节，韵脚为：abab cdcd efef gg。这样的格式后来被称为“莎士比亚式”或“伊丽莎白式”。对诗人而言，诗的结构越严谨就越难抒情，而莎士比亚的十四行诗却毫不拘谨，自由奔放，正如他的剧作天马行空，其诗歌的语言也富于想象，感情充沛。

莎士比亚大约在1590—1598年创作了154首十四行诗，共分为两部分，第一部分为前126首，献给一个年轻的贵族（Fair Lord），诗人的诗热烈地歌颂了这位朋友的美貌以及他们的友情；第二部分为第127首至152首，献给一位“黑肤女郎”（Dark Lady），描写爱情；最后两首及中间个别几首与故事无关。一方面莎士比亚在他的十四行诗中直抒胸臆，热情颂扬友谊和爱情。其境界宽广宏大，大胆表白了人文主义者对人类和他们的美好感情及创造力的赞美，以及对“不朽”精神的追求。而另一方面作者又在诗中表露了对现实的不满，对理想破灭的厌恨，对道德负罪感的反抗。诗人的人格淋漓尽致地展现在读者面前——崇高与卑劣、伟大与渺小、自矜与自卑，这正是人文主义所赞扬的人性所在，而非完美无缺、可望而不可即的神性。莎士比亚的154首十四行诗前后连贯，浑然一体，是作者的内心独白以及对人生的感悟，它将一个凄美动人的爱情故事展现在读者面前，令读者沉醉其中，令读者为之动容。莎士比亚十四行诗的永恒魅力和独特风格在于它丰富的词汇、精练的笔墨、新颖的比喻、巧妙的结构、悦耳的音调，诗歌的艺术魅力在莎士比亚的诗集中发挥到了极致。

第18号十四行诗是莎翁最优美的十四行诗。诗中作者对时间的毁灭力量及将诗歌献给爱友带来的永恒之美做了深邃的思考。夏日的晴朗是短暂易变的，但诗中的美丽则会永存，由此看出莎士比亚对诗歌的永恒性深信不疑。以下是第18号十四行诗的原文和译文。

Sonnet 18
Shall I compare thee to a summer's day?
Thou art more lovely and more temperate.
Rough winds do shake the darling buds of May,
And summer's lease hath all too short a date.
Sometime too hot the eye of heaven shines,
And often is his gold complexion dimmed,
And every fair from fair sometime declines,
By chance or nature's changing course untrimmed;
But thy eternal summer shall not fade
Nor lose possession of that fair thou ow'st,
Nor shall death brag thou wander'st in his shade

When in eternal lines to time thou grow'st.
So long as men can breathe or eyes can see,
So long lives this, and this gives life to thee.
译文：
或许我可用夏日将你作比方，
但你比夏日更可爱也更温良。
夏风狂作常会摧落五月的娇蕊，
夏季的期限也未免还不太长。
有时候天眼如炬人间酷热难当，
但转瞬又金面如晦常惹云遮雾障。
每一种美都终究会凋残零落，
或见弃于机缘，或受挫于天道无常。
然而你永恒的夏季却不会终止，
你优美的形象也永远不会消亡，
死神难夸口说你在它的罗网中游荡，
只因你借我的诗行便可长寿无疆。
只要人口能呼吸，人眼看得清，
我这诗就长存，使你万世留芳。（辜正坤译，2007：37）

第二节　莎士比亚十四行诗的隐喻及隐喻网络

大量隐喻的使用是诗歌艺术表现手法之一，其目的是为达到某种玄妙、尖新或朦胧的修辞效果。读者对隐喻的解读关系到对诗歌内涵和主题意义的把握和领悟，它如同一把打开诗歌宝藏的钥匙，一旦读者拿到了正确的那把，他就可以尽情遨游在诗歌的艺术宫殿中，细细品味、享受诗歌的艺术之美。莎士比亚在运用隐喻方面有着过人之处，他能将多个隐喻糅合进一个段落甚至一句话中，从而使之形成混合式隐喻，产生一种令人意想不到的效果，但经细细回味，却又合情合理，这也正是莎士比亚的语言如此多姿多彩、清新优雅、精妙绝伦的原因所在。莎士比亚十四行诗中的众多隐喻，并非凌乱混杂，而是极具系统性和层次性。隐喻与隐喻之间构成隐喻链，而隐喻链与隐喻链之间又构成了更具包容性的隐喻网络。每一个隐喻网络均有一个核心（基本隐喻），以该核心为出发点向四周延伸、扩展出各种与之相关的子喻体。莎士比亚十四行诗中对真、善、美的讴歌，对人性的充分肯定以及对“不朽”精神的追求也正是在这隐喻网络中得以展现、得以释放。纵观整部诗集，笔者发现贯穿始终的主要有两大隐喻网络：（1）以“人一生的变化=自然界中事物发生的变化”为核心的隐喻网络；（2）以“时间=具有破坏性的事物”为核心的隐喻网络。两大网络相互交叉，融会贯通，如同密织的蜘蛛网使分散在诗中各部分的隐喻错落有致地分布在各交叉网点上，对建构和深化诗歌的主题意义起到了积极的作用。

第三节　隐喻认知机制的连贯性

依据莱考夫和约翰逊的“概念隐喻理论”，语言中的隐喻表达方式与隐喻概念体系是紧密相连的，思维与语言都具有系统性，它表现在两个方面：其一，在同一隐喻概念下构成以一个概念谈论另一概念的系统的方式。如用 attack a position、indefensible、strategy、win、gain ground 等表示战争的词语来谈论争论的不同方面构成了 ARGUMENT IS WAR（争论是战争）的体系。其二，不同的隐喻概念具有统一性。隐喻概念有其外在的系统性，即在跨隐喻概念之间具有统一性。同一本体可能有不同的隐喻，但他们之间不是矛盾的，而是统一的。以 ARGUMENT 为例，它的隐喻表达式有：ARGUMENTS ARE BUILDINGS（争论是建筑物）、ARGUMENT IS WAR（争论是战争）、ARGUMENT IS JOURNEY（争论是旅行）、ARGUMENT IS CONTAINER（争论是容器）。

JOURNEY：目标、方向或进展

CONTAINER：内容、力量

BUILDING：基础、力量、结构

WAR：方法（攻守）、结果（输赢）等

这些不同的隐喻概念虽给人的形象不同，每一隐喻强调和说明不同的方面，但其目的是相同的：使人们以不同的方式理解和认识本体的全貌（赵艳芳，1995）。系统的概念隐喻的运用使得这些隐喻概念所表达的主题也成为一个连贯的系统。正是隐喻概念的这种系统性为隐喻在语篇层次上获得连贯性奠定了认知基础。

从当代认知隐喻观的角度来审视莎士比亚十四行诗，我们可以把它看作隐喻网络构成的多维意义空间。笔者在上文提到诗集中主要存在两大隐喻网络，接着我们就来剖析它们的认知构造，第一个隐喻网络参见

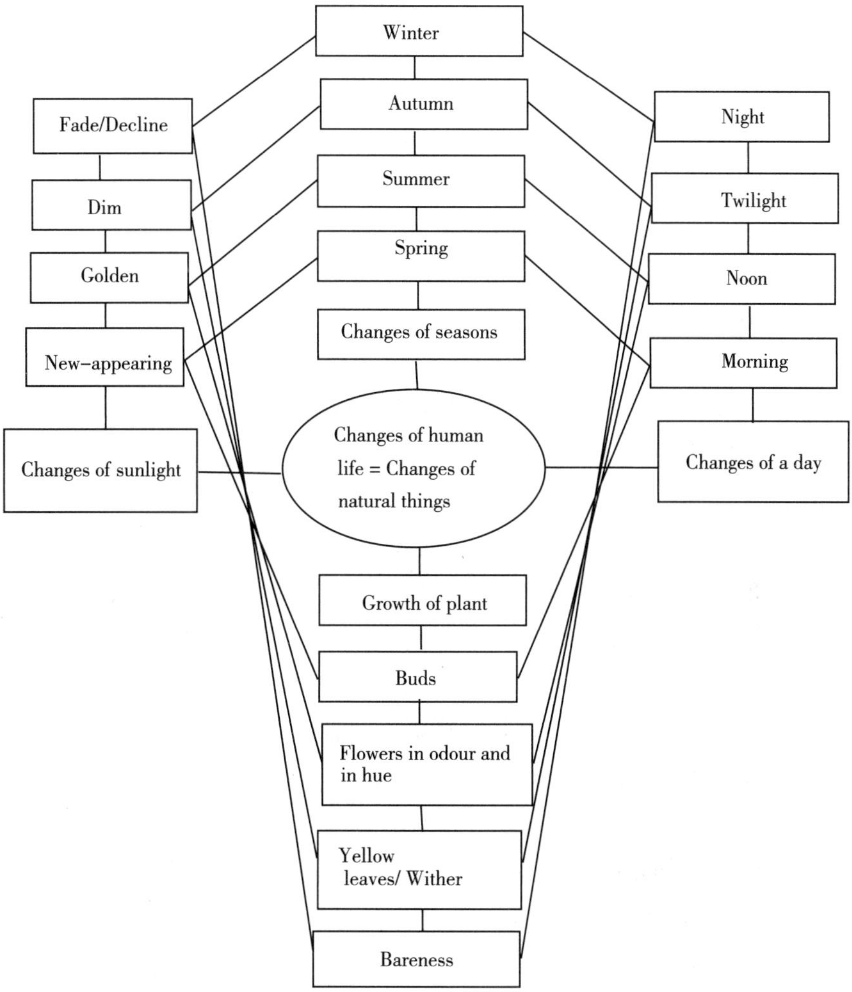

图 6-1 "Changes of Natural Things" 的连贯网络

图 6-1，第二个隐喻网络见图 6-2。如图 6-1 所示，位于网络中心的是基本隐喻，也叫根隐喻"人一生的变化=自然界中事物发生的变化"。"自然界中事物发生的变化"在诗中具体地体现为四个方面：（1）四季的更替；（2）阳光的强弱变化；（3）植物的生长变化；（4）一天的时间变化。它们紧紧围绕在核心隐喻周围，并以此为基础，做出渐进性的、有规律的、

系统的描述，使得不同子隐喻间的语义连贯起来。

四季的变化在诗集中均有提及，“春”出现 6 次，“夏”出现 20 次，“秋”出现 3 次，“冬”出现 10 次。春象征着一个新的开始，一个新生命的孕育，一个新的希望的到来。在莎士比亚的诗中，“春”象征着新鲜与活力，预示着美好人生的开始。例如：

> Speak of the spring and foison of the year:
> The one doth shadow of your beauty show,
> The other as your bounty doth appear,
> And you in every blessed shape we know.
> (Sonnet 53)

这首诗表达了莎士比亚对爱友美貌的赞叹，犹如“春天”投影的爱友，成了美的化身，对友人示爱体现了莎士比亚对美的执着追求。“夏”在诗中多次出现，如“summer's green”（Sonnet 12）、“summer's breath”（Sonnet 54）、“making on summer of another's green”（Sonnet 68）。英国的夏季不同于中国的酷暑，颇似中国春季的莺飞草长，绿意盎然，却又别具特色。英国夏天温暖而不炎热，是最宜人之季，然而英国的夏天又极为短暂，不历一月便已呈花褪残红之态（林瑛，2009）。在诗人眼中，夏天象征着人生的巅峰时期，辉煌但转瞬即逝。难怪诗人写道：就连美好的夏天也比不上爱友的美：

> Shall I compare thee to a summer's day?
> Thou are more lovely and more temperate.
> (Sonnet 18)

诗人在欣赏夏的美好的同时也在感叹她的易逝，由此联想到了自己漂亮的爱友，他的容颜也会因时间的流逝而失去往日的光彩。虽然容颜会老去，但是诗人希望用自己的诗永久地将爱友的美留住。爱友“永恒的美”显然可以胜过夏日“短暂的美”。可见，莎士比亚追求的是美的“魂”，而非美的“形”。诗中“秋”只出现 3 次（Sonnet53、97 和 104）。它是“夏”和“冬”的过渡期，象征人生由巅峰走向没落：

Have from the forests shook three summers' pride;
Three beauteous springs to yellow autumn turned
(Sonnet 104)

从这句诗中，读者可真切体会到诗人的那种无奈：人生飞逝，美亦难留。秋去冬来，斑斓的色彩被一派惨淡凄冷的景象所替代。大自然到了衰败的季节，人的一生也进入了低谷：寂寥失落的晚年。

For never resting time leads summer on
To hideous winter and confounds him there.
(Sonnet 5)
What freezings have I felt, what dark days seen,
What old December's bareness everywhere!
And thou away, the very birds are mute;
Or if they sing, 'tis with so dull a cheer
That leaves look pale, dreading the winter's near.
(Sonnet 97)

诗人此时此刻的心情也犹如人生四季的改变，友人的离去使诗人的世界一片阴冷与漆黑，到处弥漫着冬的荒芜，就连鸟儿的歌声都变得凄婉伤感，树叶也呈现出衰败的颜色。

“季节变化”的隐喻贯穿了整部诗集，成为该隐喻网络的一条主线索，与之相辅相成的还有三条线索，即“阳光的强弱变化”“植物的生长变化”“昼夜更替”。这三个隐喻链围绕各自的根隐喻，进一步延伸出进展性的、语义上连贯的、逻辑上有序的子隐喻。这些子隐喻分别与“季节变化”的子隐喻呈一一对应模式：

季节变化→	阳光的强弱变化→	植物的生长变化→	昼夜更替→	季节变化
春季→	阳光初照大地 →	植物长出花蕾 →	清晨 →	春季
夏季→	金色的阳光 →	鲜花怒放 →	正午 →	夏季
秋季→	光线暗淡 →	树叶枯黄 →	黄昏 →	秋季
冬季→	光线的消逝 →	一片荒芜 →	夜晚 →	冬季

它们以人生的变化与自然界事物变化的相似性为切入点，从不同的角度阐述了人生四季变化的典型特征：希望（春）、辉煌（夏）、衰落（秋）、死气沉沉（冬），从而突出了诗人对“不朽”的精神追求。十四行诗中对“不朽”的精神追求与柏拉图（Plato）哲学的精髓相吻合。由于对自身生命中自然和超自然节奏的认知、对四季轮回变化的认知、对痛苦和死亡的不可避免的认知，人类意识到理想与现实之间的差距，这种悲剧感使得他们不安恐惧，害怕自我的生命甚至宇宙的存在都是毫无意义的。正是在这种情况下，人类转向了对“不朽”的追求，使之成为对抗死亡和宿命的武器。对“不朽”的追求是对死亡威胁的自我防卫，是为了反抗死亡和消除死亡带来的恐惧。实现方式就在于把短暂的个体生命复制、转移或存储到不朽的艺术杰作中。莎士比亚力图通过诗歌和悲剧实现人类的“不朽”，时间证明他是真正的赢家，他的灵魂朝圣穿越时空到达“不朽”的王国（刘静，2009）。

如图6-2所示，该隐喻网络的核心隐喻是“时间=具有破坏性的事物”。“具有破坏性的事物”在十四行诗中具体体现为：（1）战争；（2）自然的力量；（3）实施破坏的工具；（4）邪恶的人；（5）具有破坏力的动物。这五种表象分别作为根隐喻的五个子喻体围绕目标域（时间）做不同角度跨语域的特征投射，相互之间保持并列关系，对时间的特质做了全方位、深层次的阐释。而这五个子喻体又可作为核心喻体在同一语域内做进一步的延伸和推进，于是，一个错落有致、语义连贯的隐喻网络便形成了。

“战争”是“具有破坏性的事物”的第一个表象。诗人把战争的破坏力与时间的破坏力巧妙地糅合在一起，整部诗集就像是一部战争史，向读者栩栩如生地描绘了“美”与“时间”的战争。“Besiege thy brow”、“dig deep trenches in thy beauty's field”（Sonnet 2），“overturn statues”、“root out the work of masonry”（Sonnet 55），“downrazed lofty towers”（Sonnet 64），“the ambush of young days”（Sonnet 70），从这些词汇中，读者可以体会到时间的强大攻势，而在与时间的较量中，“美”始终处于劣势，它不断地受到蹂躏和践踏，以至于诗人不能袖手旁观，多次呼吁要向时间宣战，甚至提议当深挖战壕，加固城防：

And all in war with time for love of you,
As he takes from you, I engraft you new.
(Sonnet 15)

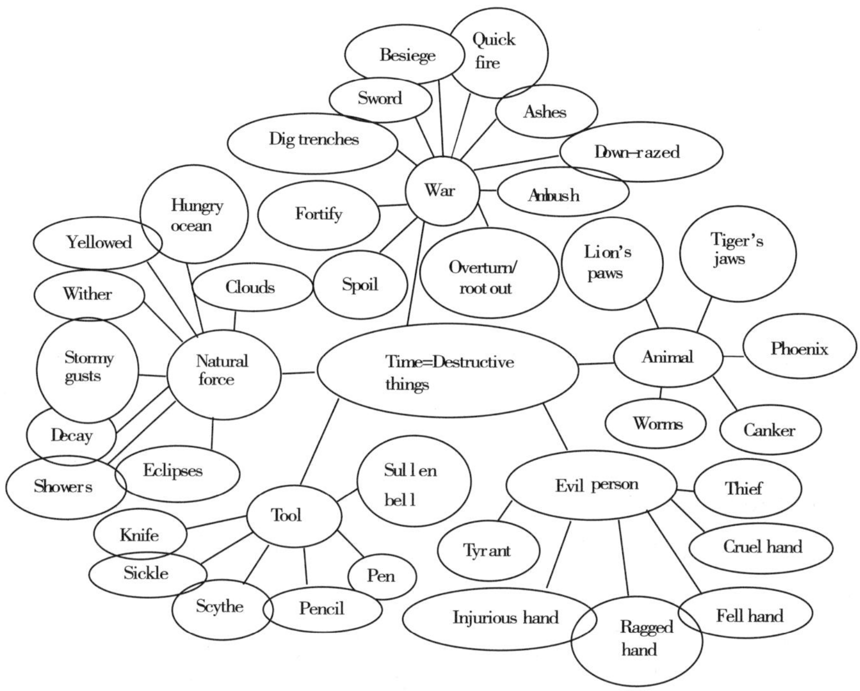

图 6-2 “Destructive Things” 的连贯网络

But wherefore do not you a mightier way
Make war upon this bloody tyrant, time,
And fortify yourself in your decay.
(Sonnet 16)
For such a time do I now fortify
Against confounding age's cruel knife.
(Sonnet 63)

然而在“时间”的火攻（quick fire）和利刃（sword）的挥砍下，“美”终将灰飞烟灭（ashes），沦为“时间”的“战利品”（time's spoil）。可就在读者叹息扼腕之时，莎士比亚却笔锋一转，指出只有依靠他的诗行，“美”才能战胜“时间”，获得永恒：

Nor Mars his sword nor war's quick fire shall burn
The living record of your memory.

…
So, till the judgement that yourself arise,
You live in this, and dwell in lovers' eyes.
(Sonnet 55)
O none, unless this miracle have might:
That in black ink my love may still shine bright.
(Sonnet 65)

莎士比亚十四行诗将诗作为记载美的手段。无论是形态之美还是精神之美，在现实生活中都要受到时空的限制，会最终消亡，所以是有限的，但是在诗中却可以永垂不朽，美作为诗歌追求的最高典范和艺术准则，通过诗歌形式的延续可以世代传承。从这个意义上来说，诗歌可以鼓励人们追寻美好的情感，相信永恒价值的存在，提升对现实幸福和美的品位（李静、李玉艳，2010）。

"时间"不仅像"摧毁一切的战争"，也像"不可抵御的自然之力"，让人随时随地都笼罩在它的阴影之下，慢慢或顷刻损毁于它的侵害。具体地说，"时间"时而像"遮天蔽日的乌云"（clouds）和"日蚀、月蚀"（eclipses）让日月无光，让一切美好的事物黯然失色（Sonnet 35）；时而像"倾盆大雨"（showers）淹溺诗人的真爱（Sonnet 124）；时而如"风暴"（stormy gusts）将一切横扫，只留下断壁残垣，一片狼藉（Sonnet 13）；时而又像"凛冽的寒风"让鲜花凋零（wither），叫茂叶枯卷（yellowed），使万物衰败（decay）（Sonnet 5、Sonnet 11、Sonnet 126）。"时间"更像"饥饿的大海"（hungry ocean），滚滚向前，吞噬陆地。海的自然运动象征时间对事物的侵蚀：

Like as the waves make towards the pebbled shore,
So do our minutes hasten to their end,
Each changing place with that which goes before;
In sequent toil all forwards do contend.
(Sonnet 60)

时间的流逝不会停息，如同浪涛一刻不停地向前奔涌，它带走美丽的容颜，让生命终结。然而在毁灭旧事物的同时，它也创造着新事物。世间万物就是在这永不停息的新旧交替中永恒地存在。又如：

When I have seen the hungry ocean gain
Advantage on the kingdom of the shore,
And the firm soil win of the watery main,
Increasing store with loss and loss with store.
(Sonnet 64)

海陆盈亏变换象征时间的流逝和事物的不断更迭。万物都在时间的流逝中轮回，这是自然的运动规律（田俊武、程宝乐，2005）。

莎士比亚还把时间描绘成“实施破坏的工具”。它就像一支“古旧的画笔”（antique pen/time's pencil），在诗人爱友的美额上面乱抹线条，将美颜修改成满脸褶皱的丑陋容颜（Sonnet 16、Sonnet 19）；它更是一把“霜刀利斧”（knife），肆意挥舞，在爱友的前额上刻下浅槽深沟（Sonnet 19、Sonnet 60、Sonnet 63）；“时间”也可能成为“世人的丧钟”（sullen bell），宣告生命的终结，死神的降临（Sonnet 71）。但在诗集中出现的最多的还是“scythe”或“sickle”这一隐喻，在第 12、60、100、116、123、126 首诗中多次出现。这两个词是同义词，均为镰刀的意思。把时间比作镰刀的隐喻和古希腊的神话传说有关。镰刀一直是古希腊之前丰产之神克洛诺斯（Kronos）的象征物，后来人们混淆了他和时间化身克洛诺斯（Kairos）的名字，于是克洛诺斯手执着镰刀（或长柄大镰刀），以提醒人们时间的无情流逝（檀明山，2001：445）。莎士比亚和文艺复兴时期的其他诗人一样，把时间与克洛诺斯的可怕形象融合在一起，是为了“强调时间的破坏作用”（胡家峦，2001：161）。时间是莎士比亚十四行诗集中一个不可忽略的重要主题。在这部十四行诗集中，无论是美还是友谊和爱情，都受到时间的制约。莎士比亚力图通过对艺术、爱情等可以超越时间之物的探寻，来超越人的生命隶属于时间的被动地位（吴笛，2002），以完成生命的“不朽”之旅。

在诗集中，“时间”有时俨然成为了一个“邪恶之徒”。它是“嗜血的暴君”（bloody tyrant），对爱友的美颜施暴虐于某一天（Sonnet 5、Sonnet 16）；它是“窃贼”（thief），偷取（steal away）爱友春情勃发的活力

(Sonnet 63)。特别值得一提的是，莎士比亚对“邪恶之徒”的手进行了特写：那是双冬寒粗手（ragged hand）把爱友体内的夏天掠夺（Sonnet 6），是双残酷之手（cruel hand）、狠毒之手（injurious hand）将爱友捣碎、折磨（Sonnet 60、Sonnet 63），还是双毁灭之手（fell hand）抹掉前代留下的豪华与荣光（Sonnet 64）。这些细节描写表达了莎士比亚对时间的独特体验和思考，既刻画了时间对爱和美的无情侵蚀，也表现了诗人企图超越时间暴政的愿望。

莎士比亚还把“时间”比作“具有破坏力的动物”，特别是在第 19 首中，“时间”化身为“吞噬一切的怪兽”，它与雄狮交战，磨钝了狮爪（blunt the lion's paws）；与猛虎搏斗，竟然能虎口拔牙（pluck the teeth from the tiger's jaws）；与长生鸟厮杀，忍叫它活活燃烧（burn the long-lived phoenix）。狮与虎都是凶恶的动物，爪和牙是它们致命的武器，一旦没有了这两样武器，它们的凶狠也随即消失。狮和虎象征年富力强的青年，而没有爪和牙的狮、虎象征人到老年。长生鸟是希腊神话中一种长生不死的鸟，它象征永恒。时间能让野兽失去力量，让青年变老，让永恒幻灭，但爱友的青春却会留在诗人的诗作中，“my love shall in my verse ever live young”。“时间”有时又像“令人憎恶的蚊虫”（canker），它们在娇蕾里躲藏、滋生（Sonnet35、Sonnet 70），吸干爱友的血液，使青春枯萎、衰亡（Sonnet 63）。“时间”摇身一变又成了“最龌龊的蛆虫”（vilest worms），它把生命的渣滓分解（sonnet 71、Sonnet 74），使人的肉身彻底消失，开始灵魂之旅。

在十四行诗中，莎士比亚用他的笔墨与时间抗衡，热情赞颂美，赞颂文学的力量，抒发对友人与爱人的真挚情感；与此同时，赞扬人的智慧，人的伟大与不朽，充分体现了其所处的文艺复兴时期人文主义的思想观。莎士比亚的十四行诗因其艺术之美的震撼力以及人文主义关怀引起的共鸣，超越了时空，被赋予了普遍意义，从而“不属于一个时代而属于所有的世纪”（谈瀛洲，2005）。

以上提到的两大隐喻网络，相互之间以“时间”为纽带，把两者融会贯通，拼接成更大的隐喻网络，使整部诗集内容连贯、紧凑，主题更为鲜明。两大隐喻网络之间的关系如图 6-3 所示。

总之，隐喻思维的实质是通过一类事物来理解和审视另一类事物，是联系不同事物（范畴）的重要手段（Lakoff 和 Johnson，1980：5）。让泰(D. Genter）等人指出，隐喻产生和理解的基本机制是“类比”。通过大脑

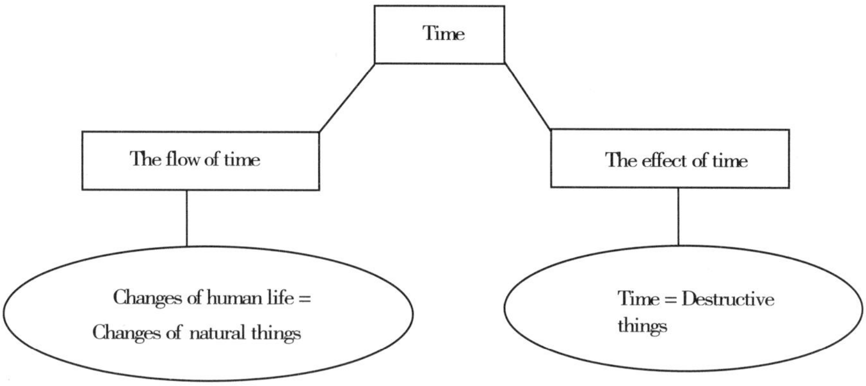

图 6-3　两大隐喻网络的拼接

中的类比迁移，我们可以发现和创造事物之间的相似性，从而把一个概念转化为另一个概念。在理解语篇的过程中，我们总是试图在篇内和篇外不同的语言或非语言项目之间建立起某种联系，从而获取语篇的连贯性，这一点正好体现了隐喻的上述运作机制。语篇中的隐喻使用不仅是一种修辞学和美学意义上的润饰，更是对语篇本身起到组织与构建作用（转引自张玮、张德禄，2008）。隐喻的这种特质在诗歌语篇中的体现尤为突出，它使整个语篇主题更加鲜明，寓意更为深刻，给读者无尽的遐想空间。同时，也使得这个语篇前后连贯，一气呵成。本研究正是基于隐喻的这种特质，对莎士比亚十四行诗中的隐喻展开了语篇分析，找出十四行诗中存在的隐喻网络，解析其中的认知连贯机制，并把诗集的主题意义放在隐喻网络中来解读，发现两者之间的联系及隐喻网络对主题意义建构所起的积极作用。在本章的下一节，笔者将在隐喻认知连贯机制的基础上探讨莎士比亚十四行诗中的语篇衔接手段。

第四节　隐喻的语篇衔接

随着近年来“隐喻研究”的蓬勃发展，特别是莱考夫和约翰逊“概念隐喻理论”的提出，大大推动了学者们对莎剧或莎诗的隐喻研究。纵观学者们的研究，笔者发现大多数学者或者分析莎士比亚某一部作品或某一首十四行诗的隐喻意象，或者通过隐喻分析来阐释莎士比亚作品或诗集中的某一主题。他们通常采用系统功能语言学的语法隐喻理论或认知语言学的概念隐喻理论来展开语篇分析，诠释莎诗或莎剧语篇的隐喻意义。然而，很少有学者结合这两个研究领域的理论，并将莎士比亚154首十四行诗中的隐喻融会贯通，视作一整体，研究其内在的隐性的衔接机制和外在的显性的衔接手段。故笔者将以此为突破口，将系统功能语言学的衔接理论与认知语言学的概念隐喻理论相结合，展开对莎诗隐喻语篇衔接的认知探究，希望能给莎士比亚作品的隐喻研究带来新的启迪，并促进系统功能语言学和认知语言学互补性研究的发展。

一 衔接理论简介

“衔接”是语篇分析领域的核心概念，而衔接理论的创立一般认为是以韩礼德和哈桑的专著《英语的衔接》的出版为标志的。在书中，他们将衔接明确定义为“那些组成语篇的非结构性关系。它们，……，是语义关系，是语篇的一个语义单位”（转引自张德禄，2001：23）。他们将衔接分为语法衔接和词汇衔接。语法衔接有四种：照应（reference）、替代（substitution）、省略（ellipsis）、连接（conjunction）。词汇衔接也有四种：重复（repetition）、同义/反义（synonymy/antonymy）、上下义/局部—整体关系（hyponymy/meronymy）和搭配（collocation）（Halliday和Hasan，1976）。此后，哈桑（1985）又在两人合著的《语言·语境·语篇》一书中，将衔接的范围扩大到了实现谋篇意义的结构之间的关系。在此基础上，胡壮麟（1994）进一步扩大了衔接范围，把及物性结构关系作为一种衔接手段，提出了语篇连贯涉及多层次的观点。张德禄、刘汝山（2003）把衔接关系分为语篇内衔接关系和语篇与语境间衔接关系两大类，将研究视角从语篇内扩大到语篇外，使语篇衔接与连贯的理论获得了进一步的发展与应用。

韩礼德和哈桑的衔接理论在受到一些学者的推崇和赞誉的同时，也受到了另一些学者的质疑和批评。其中，有一种反对观点认为：语篇研究应从语言运用的过程和认知科学的角度来探讨语篇的连贯问题，连贯性是一种心理现象，而不是语篇或社会语境的特点（王振福，2002：92）。尽管该观点有片面的地方，但它却是对衔接理论的有益补充。衔接不仅体现为语法、词汇手段，即表层/显性的衔接方式，还受到人们的心理认知模式，即深层/隐性的衔接机制的制约。换言之，语篇连贯受到两个层面的影响，人们潜在的认知模式乃是连贯的基石，而由它支撑的外在的衔接手段是其框架结构，它们共同构建了语篇连贯的大厦（祝敏、沈梅英，2012）。

二　隐喻衔接研究综述

对隐喻的认知研究，是近几年来研究的热点。学者们已逐渐从最初的单个隐喻的意义建构和推理机制的阐释转向研究隐喻在语篇层面上的运作及其功能。根据莱考夫和约翰逊的“概念隐喻理论”，隐喻本质上是通过一种事物来理解另一种事物。它涉及两个概念域，其中一个概念域说明另一概念域，说明的概念域称作源域，被说明的概念域称作目标域。隐喻是从源域向目标域系统的、部分的结构映射。因此，隐喻概念具有系统性和连贯性的特征，其本质特征赋予了隐喻的语篇衔接与连贯功能（Lakoff 和 Johnson，1980）。此后，霍伊（Michael Hoey）在《语篇中的词汇模式》（1991）一书中论述了隐喻的语篇组织功能。在国内，廖美珍（1992）是最早研究隐喻的语篇衔接功能的学者。魏在江（2006）则从隐喻认知与语篇的界面着眼对隐喻的语篇功能进行探索。任绍曾（2006）通过分析罗伯特·佩·华伦（Robert Penn Warren）的叙事语篇《国王的人马》中痉挛（twitch）的隐喻化过程以说明隐喻是统驭语篇的因素。苗兴伟在廖美珍的研究基础上，提出了概念域在语篇层面上的更为复杂的映射模式（苗兴伟、廖美珍，2007）。张玮、张德禄（2007、2008）先后研究了语篇中的隐喻性特征及其对于语篇连贯的重要作用，以及语篇组织过程中的隐喻构型及结构性衔接关系的形成。魏纪东（2006、2010）研究了篇章隐喻中博喻的结构类型、组篇特征和衔接模式。他的专著《篇章隐喻研究》（2009）更进一步阐释了隐喻在语篇层面的语义、语法建构和认知基础。另外还有一些学者，以文学语篇，特别是诗歌语篇为语料，深入阐释了隐喻的语篇衔接与连贯功能，如张沛（2004），魏在江（2008），唐晓云、许峰（2010），祝敏（2011a）。以上研究为研究莎诗隐喻的语篇衔接奠定了理论基础。

三　莎诗隐喻衔接机制

脍炙人口的莎士比亚十四行诗语言多姿多彩、清新优雅、精妙绝伦，大量隐喻的使用更是其诗歌魅力之所在。莎士比亚十四行诗中的众多隐喻，并非凌乱混杂，而是极具系统性和层次性。隐喻与隐喻之间构成隐喻链，而隐喻链与隐喻链之间又构成了更具包容性的隐喻网络。每一个隐喻网络均有一个核心（根隐喻），以该核心为出发点向四周延伸、扩展出各种与之相关的子隐喻。莎士比亚十四行诗中对真、善、美的讴歌，对人性的充分肯定以及对“不朽”精神的追求也正是在这隐喻网络中得以展现、得以释放（祝敏，2011a：28—29）。莎士比亚十四行诗的主题意义是贯穿隐喻网络始终的一条主线索，它使诗歌中众多看似无关联的隐喻，在读者解读主题意义的认知过程中联结为一整体，使隐喻的语篇连贯性得以实现，这可以看作莎诗隐喻的隐性衔接机制。当隐喻概念在语篇中作为宏观命题组织语篇时，就会制约着语篇中的命题内容和语言选择，罗宾斯（Shani Robins）和迈耶（Richard E. Mayer）将这一功能称作隐喻的框定功能（framing function）（转引自苗兴伟、廖美珍，2007：53）。作为一种语篇策略，隐喻不但使语篇按照一定的隐喻框架展开，而且通过隐喻概念的延伸在语篇中形成系统的词汇衔接关系或网络，这即为显明的衔接方式，语篇表层的、由意义关系所触发的形式上的衔接手段的一种——词汇衔接。另一种显性衔接手段——语法衔接，同样会在隐喻的语篇衔接中起到一定的作用，但由于笔者是从认知语言学的概念隐喻角度探讨衔接，故只将它一笔带过。总之，隐喻的隐性衔接机制是外在的显性衔接手段的认知基础，两者对语篇连贯所起的作用相辅相成，互为补充（祝敏、沈梅英，2012）。

（一）隐性衔接

莎士比亚十四行诗隐喻的隐性衔接可分别从以下三个方面来加以阐述：隐喻网络的构建、隐喻链之间的衔接、隐喻链内的衔接。

1. 隐喻网络的构建

莎士比亚十四行诗中隐喻网络的构建与诗集的主题意义有着密切的关系。然而，对莎诗主题的理解仁者见仁，智者见智，众说纷纭。本文笔者更倾向于吴笛教授对莎诗“时间主题”的解读。在这部十四行诗集中，无论是美还是友谊和爱情，都受到时间的制约。莎士比亚力图通过对艺术、爱情等可以超越时间之物的探寻，来超越人的生命隶属于时间的被动地位，尽管他的这种探求只能加深他的困惑（吴笛，2002：93）。纵观整部诗集，笔者发现贯穿始终的主要有两大隐喻网络：（1）以“人一生的变化＝自然界中事物发生的变化”为核心的隐喻网络；（2）以“时间＝具有破坏性的事物”为核心的隐喻网络。两大网络相互交叉，融会贯通，相互之间以“时间”为纽带，拼接成更大的隐喻网络，即：“人一生的变化＝自然界中事物发生的变化”体现了“时间的流逝”，“时间＝具有破坏性的事物”体现了“时间的作用力”（祝敏，2011a：33），见图 6-3。时间正是在其不知不觉的流逝过程中对世间万物产生了不可抗拒的作用：衰老、死亡。可见，两大隐喻网络受“时间主题”统领，使分散在诗集各部分的隐喻错落有致地分布在如密织的蜘蛛网的隐喻网络各交叉网点上，使整部诗集内容连贯、紧凑，主题更为鲜明。

2. 隐喻链之间的衔接

在隐喻网络内部各隐喻之间同样存在衔接机制——隐喻链。在第一个隐喻网络中，存在四个子喻体，体现为自然界事物变化的四种具体表象，即：“四季的变化”“阳光的强弱变化”“植物的生长变化”和“昼夜更替”。它们围绕核心隐喻（也叫根隐喻）的本体“人一生的变化”，并以根隐喻的喻体“自然界中事物发生的变化”为基础，做出渐进性的、有规律的、系统的描述，使得不同子隐喻间的语义连贯起来。它们以人生的变化与自然界事物变化的相似性为切入点，从不同的角度阐述了人生四季变化的典型特征：希望（春）、辉煌（夏）、衰落（秋）、死气沉沉（冬），并组成了四条直线型隐喻链，如图 6-4 所示。

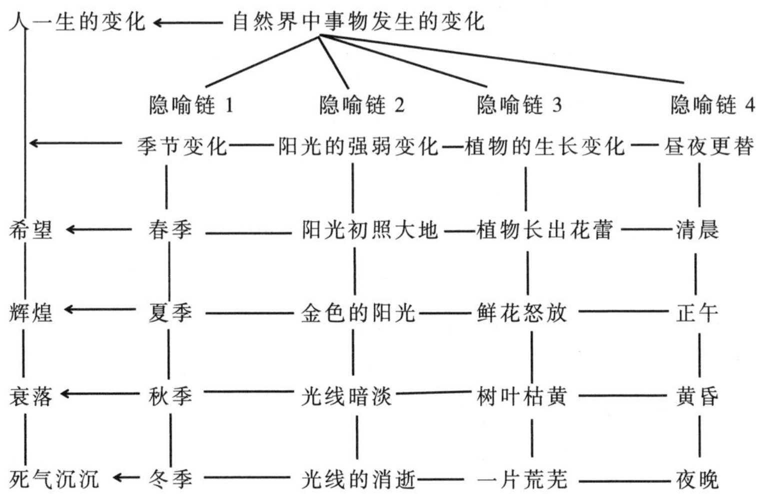

图 6-4　直线型隐喻链之间的衔接

这些隐喻链相互交织，贯穿于整部诗集中。如 Sonnet 5：

For never-resting time leads summer on
To hideous winter, and confounds him there,
Sap cheeked with frost, and lusty leaves quite gone,

Beauty o'er-snowed, and bareness everywhere.

这几句诗句描述了由夏至冬的季节变换及由此引起的植物的衰亡，“季节变化”和“植物生长变化”两条隐喻链交错出现，体现了诗人对时光流逝的无奈和感叹。

在 Sonnet 7 中，诗人这样写道：

Lo, in the orient when the gracious light
Lifts up his burning head, each under eye
Doth homage to his new-appearing sight,
Serving with looks his sacred majesty,
And having climbed the steep-up heavenly hill,
Resembling strong youth in his middle age,
Yet mortal looks adore his beauty still,
Attending on his golden pilgrimage.
But when from highmost pitch, with weary car,
Like feeble age he reeleth from the day,
…
So thou, thyself outgoing in thy noon,
Unlooked on diest unless thou get a son.

莎士比亚在这首诗中巧妙地融合了两条隐喻链：“阳光的强弱变化”和相应发生的“昼夜更替”，它们共同阐释了人生变化的常规过程：从起步发展到如日中天到最后的衰退消亡。

Sonnet 18 是莎士比亚诗集中的巅峰之作，在这首诗中，三条隐喻链交替更迭、自然契合、浑然一体。

Shall I compare thee to a summer's day?
Thou art more lovely and more temperate.
Rough winds do shake the darling buds of May,
And summer's lease hath too short a date.

这几句诗句体现了春夏季节的更替（the darling buds of May）。在诗人眼中，夏天象征着人生的巅峰时期，辉煌但转瞬即逝。难怪诗人写道：就连美好的夏天也比不上爱友的美。

> Sometimes too hot the eye of heaven shines,
> And often is his gold complexion dimmed.

接着诗人由夏季天气的变幻无常，时而阳光明媚，转而又阴云笼罩，引出“阳光强弱变化”的隐喻链，即由“shine”到“dim”的变化过程。

> And every fair from fair sometimes declines,
> By chance or nature's changing course untrimmed.

为了进一步说明辉煌的转瞬即逝，诗人又联想到植物的生长周期，每一种美就像植物的花朵终究会凋残零落（decline）。

这四条隐喻链在诗集中的交织运用突出了诗人对“不朽”的精神追求。这与柏拉图哲学的精髓正好吻合。由于对自身生命中自然和超自然节奏的认知、对四季轮回变化的认知、对痛苦和死亡的不可避免的认知，人类意识到理想与现实之间的差距，这种悲剧感使得他们不安恐惧，害怕自我的生命甚至宇宙的存在都是毫无意义的。正是在这种情况下，人类转向了对“不朽”的追求，使之成为对抗死亡和宿命的武器。莎士比亚力图通过把短暂的个体生命复制、转移或存储到他的艺术杰作中来实现人类的不朽（刘静，2009：150）。

在这部诗集的另一个隐喻网络中，我们同样可以找到类似的隐喻链之间的衔接。该隐喻网络的根隐喻是“时间=具有破坏性的事物”。“具有破坏性的事物”在十四行诗中具体体现为：（1）战争；（2）自然的力量；（3）实施破坏的工具；（4）邪恶的人；（5）具有破坏力的动物。这五种表象分别作为根隐喻的五个子喻体围绕目标域（时间）作不同角度跨语域的特征投射，相互之间保持并列关系，对时间的特质做了全方位、深层次的阐释（祝敏，2010a：31）。而这五个子喻体又可作为核心喻体在同一语域内做进一步的延伸和推进，并形成五条环型隐喻链，共同体现根隐喻喻体的本质特征，见图6-5。

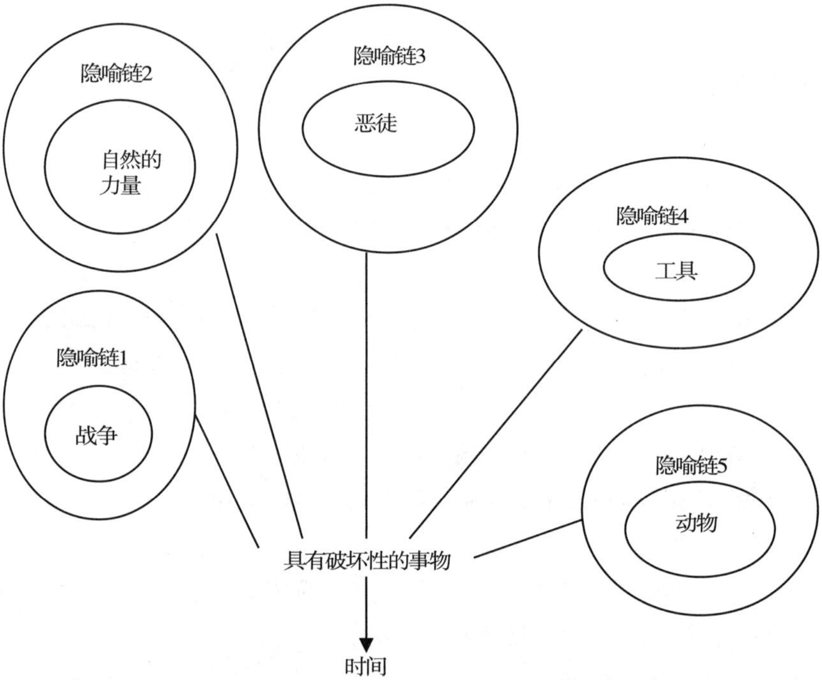

图 6-5 环型隐喻链之间的衔接

这五条隐喻链从不同的角度显示了“时间的破坏力”。“战争”隐喻链和“自然的力量”隐喻链均体现了“时间破坏力”的宏大气势和不可抗拒。诗人将时间的破坏力等同于战争的破坏力，整部诗集就像是一部战争史，向读者栩栩如生地描绘了“美”与“时间”的战争。如在 Sonnet 2 中，代表“时间无情流逝”的“冬天”向“美”开战，围攻（besiege）友人的额头，在他那美的田地上掘下浅槽深沟（dig deep trenches）。“时间”不仅像“摧毁一切的战争”，也像“不可抵御的自然之力”，让人随时随地都笼罩在它的阴影之下，慢慢或顷刻损毁于它的侵害。在 Sonnet 13 中，时间被描写为“风暴”（stormy gusts），将一切横扫，只留下断壁残垣，一片狼藉。“时间”在 Sonnet 64 中又化身为“饥饿的大海”（hungry ocean），滚滚向前，吞噬陆地。“恶徒”隐喻链和“动物”隐喻链赋予“时间”以生命力，并不同程度地体现了它的凶险恶毒。“时间”的“恶徒”形象在 Sonnet 5 和 Sonnet16 中最为经典，它是“嗜血的暴君”（bloody tyrant），施虐于“倾国之貌”，使其丑态毕露。“时间”同时还是“具有破坏力的动物”，在 Sonnet 19 中，它化身为“吞噬一切的怪兽”，与雄狮交战，磨钝了狮爪（blunt the lion's paws)；与猛虎搏斗，竟然能虎口拔牙（pluck the teeth from the tiger's jaws)；与长生鸟厮杀，忍叫它活活燃烧（burn the long-lived phoenix)。“时间”可以战胜一切凶猛的野兽，谁都无法阻挡它前进的步伐。“工具”隐喻链与“恶徒”隐喻链的关系就更为密切了，前者附属于后者。被喻为“恶徒”的时间，不仅向“美”发动了战争，还手持做恶工具，肆意摧残美的事物。被时间使用最多的工具就是镰刀（scythe 或 sickle)，见 Sonnet 12、60、100、116、123、126 中的描述。它不禁让我们联想起天神乌拉诺斯（Uranus）和地神盖亚之子克洛诺斯——时间的创力和破坏力的结合体，他手持镰刀的形象，时刻提醒人们时间的无情流逝。这五条隐喻链相互穿插、渗透，共同服务于“时间主题”：时间集创造和毁灭于一体，莎士比亚力图通过对艺术、对爱情、对美的追求来消除对时间的惶恐，用他的笔墨与时间抗衡，以摆脱时间的无情吞噬。

3. 隐喻链内的衔接

构成隐喻网络的各条隐喻链内部同样隐藏着衔接机制。在“人一生的变化=自然界中事物发生的变化”的隐喻网络内存在 4 条隐喻链。第一条隐喻链为“季节变化”隐喻链。在诗集中，春夏秋冬四季均有提及，其中“春”出现 6 次，“夏”出现 20 次，“秋”出现 3 次，“冬”出现 10 次。诗人遵循自然界四季变化的规律，依次在诗集中呈现这四季的显著特点，并根据四季变化与人生变化的相似性，用不同的季节喻指人生发展的不同阶段，具体形象，寓意深远。人一生的变化将经历以下阶段：起步发展、辉煌鼎盛、日趋衰落、步入死亡，这如同四季的轮回，周而复始，无法逆转，人终究要面临最终的宿命，而莎士比亚正是用他的诗行与人的宿命较量，显然，莎士比亚是最后的胜利者，他在诗行中获得永生。该隐喻网络的另外 3 条隐喻链遵循同样的逻辑顺序——自然定律，从不同的源域出发，投射出相同的目标域（人生变化）的典型特征：衰落、死亡是人生的必然结果。这四条隐喻链内单个隐喻之间的纽带便是自然界事物的发展规律，它们随着时间的发展变化而相应地产生物理上或生理上的变化，故各个隐喻之间的衔接是直线型的。

在另一个隐喻网络“时间=具有破坏性的事物”中，共有五条隐喻链。这五条隐喻链的内部衔接机制是相似的。它们的目标域就是该隐喻网络核心隐喻的目标域，即本体相同，而源域却各不相同，即分别体现为核心喻体的子喻体，而这些子喻体又分别成为隐喻核心，向四周扩散、延展，形成五条环型隐喻链。第一条隐喻链以“战争”为核心喻体，进一步描绘了战争的攻防过程、毁灭性、武器等战争要素，如，“围攻你的额头”“在你那美的田地上掘下浅槽深沟”（Sonnet 2），“用更幸福的手段来抵抗衰朽”（Sonnet 16），“推翻石像”“扫荡尽铁壁铜墙”“利剑”“兵火”（Sonnet 55），“高楼俄顷成平地”（Sonnet 64），“青春路上的潜敌”（Sonnet 70），将“时间的破坏力”通过“战争”喻体的扩展，栩栩如生地展现在读者眼前。第二条隐喻链通过“自然之力”的不同体现，如“乌云”和“日蚀、月蚀”（Sonnet 35），“倾盆大雨”（Sonnet 124），“风暴”（Sonnet 13），“饥饿的大海”（Sonnet 60），从不同角度展现了时间的毁灭性危害。“工具”隐喻链和“动物”隐喻链与“自然之力”隐喻链的衔接机制完全相同，均通过隐喻链核心喻体的具体表象，来体现时间对美的事物不同方式和不同程度的摧残。“恶徒”隐喻链不仅通过核心喻体的不同表象“暴君”（Sonnet 5、16、107、115），“窃贼”（Sonnet 63、77）和“卑鄙小人”（Sonnet 74）来获得衔接，还通过核心喻体“恶徒”特征的部分延展——“邪恶之手”的特写（Sonnet 6、60、63、64），使隐喻链内各个隐喻在语义上连贯一致，共同展现“时间”的凶残和邪恶。

（二）显性衔接

除了隐性衔接机制外，诗作者还通过显性衔接手段来使整部诗集语义前后连贯，主题意义鲜明突出，它们在语篇的表层结构上形成了一个有形的网络，使得诗集中的隐喻承上启下、相互照应，浑然一体。

在语篇的推进过程中，隐喻延展可以以源域为出发点，在语篇中形成以源域为中心的词汇衔接关系，从而使目标域得以彰显，即目标域可以系统地用源域中的词汇谈及或表达；隐喻延伸也可以同时以源域和目标域为出发点，从而在语篇中形成平行的词汇衔接链，通过互动凸显目标域特征。这种衔接是语篇的形式连接，以显性的语言成分出现在语篇的表层，体现的是隐喻构建语篇的显性机制，反映的是语篇表层结构上的整体性（李卫清，2011：31—32）。具体地说，在莎士比亚十四行诗中，作者使用的词汇衔接手段主要有以下几种：词的重复、同义或近义、上下义或整体局部关系、词的搭配。

词的重复出现是该诗集中最常用的词汇衔接手段之一。上文提到，两大隐喻网络受“时间主题”统领，“时间”是核心隐喻的目标域，它在诗集中总共出现了74次，可见，目标域“时间”被作者不断重申和强调，是诗集中被凸显的成分。目标域“时间”的流逝则是通过不同的源域——四季变化、昼夜更替、阳光强弱变化、植物生长变化，从不同角度来映射其典型特征，凸显时间流逝的永不停歇和不可逆转。在诗集中，体现这四个源域的相关词汇被多次重复。例如，体现“四季变化”的关键词汇“春”“夏”“秋”“冬”分别重复出现了6次、20次、3次和10次；有关“昼夜变化”的词汇，“白昼”重复了43次，“夜晚”重复了26次；另一个关键词“光线”则被重复了9次。它们体现了诗集中各隐喻之间的表层衔接，是形成隐喻链并最终构成隐喻网络的显性机制。

同义或近义表达的使用也在莎士比亚十四行诗中屡屡出现，是实现莎诗隐喻语篇连贯的表层手段之一。莎士比亚将人生的没落比作植物的枯萎凋零。为表达这一隐喻概念，他运用了丰富多彩的同义或近义表达，使该隐喻在认知层面所投射的特征通过表层显性词汇手段得以体现。在诗集中，体现植物枯萎凋零的词汇有：“wane”（Sonnet 11）、“decline”、“fade”（Sonnet 18、54），“fester”（Sonnet 94），“look pale”（Sonnet 97），“turn yellow”（Sonnet 104），“wither”（Sonnet 126）。莎士比亚还将时间对美好事物的摧残比作毁灭性的战争，并大量使用同义或近义的表达使该隐喻贯穿诗集始终，以凸显战争意象。例如：“besiege”（Sonnet 2），“confound”（Sonnet 5、60、63），“ruinate”（Sonnet 10），“overturn”、“root out”、“burn”（Sonnet 55），“down-raze”（Sonnet 64），“siege”、“batter”（Sonnet 65），“ambush”、“assail”（Sonnet 70），这些词汇均展现了“时间”对“美”发动的强大攻势，深化了“时间主题”。

体现上下义或整体—局部意义的词汇在莎诗中也屡见不鲜。“时间”这一极具概括意义的词项在诗集中多次出现，是贯穿众多隐喻的主线索，它的下义词分别体现为描述一年内时间变化的具体词汇“春”“夏”“秋”“冬”，以及描述一天内时间变化的具体词汇“清晨”“正午”“黄昏”“夜晚”，这些词汇通过相互之间的属种关系而相互关联，从而在语篇中产生衔接力，使该诗集围绕“时间主题”形成前后连贯、浑然一体的语篇。体现整体—局部意义的词汇集中于“时间像暴君”这一隐喻上。虽然直接用“暴君”（tyrant）这个词描述“时间”在诗集中仅出现了三次（Sonnet 5、16、107），但作者对时间的“暴君”意象的刻画远不只局限于这三首诗，他更多地通过“暴君”身体的局部——手的特写来展现“时间暴君”的不可一世，他凌驾于一切事物之上，将人类的命运玩弄于他的股掌之间。“手”是这一意象的核心，“时间暴君”正是通过他的“手”施虐于世间万物，肆意蹂躏芸芸众生，并确立他至高无上的统治地位。以下是诗集中作者对“暴君的手”的描述：“winter's ragged hand”（Sonnet 6）、“his cruel hand”（Sonnet 60）、“time's injurious hand”（Sonnet 63）、“time's fell hand”（Sonnet 64）。“暴君”和“手”构成了整体—局部的语义关系，因而具有非常显著的衔接效果。这种词汇衔接手段不仅使单个隐喻本身语义连贯一致，还使之与其他各隐喻自然契合，与整部诗集巧妙融合，是形成隐喻链乃至隐喻网络的重要环节。

除了上述几种词汇衔接手段外，词的搭配也是词汇衔接的重要体现形式。由词汇搭配所产生的词汇衔接效果不是来自它们系统的词义关系，而是来自它们倾向于在相同的词汇语境中出现，即相互搭配（韩礼德、哈桑，2007：259）。这类词汇关系在语篇中通常体现为词汇衔接链，它们由于某些方面相互关联而共现于类似的语境中，构成搭配衔接。在莎诗语篇中，搭配式词汇衔接链在潜在的隐喻链的认知机制的支配下出现于语篇表层，增强了语篇的连贯性和整体性。其中，典型的例子有：

(1) 战争隐喻链的词汇搭配衔接：besiege... dig deep trenches... fresh repair... confounds... conquest... conspire... ruinate... bloody... tyrant... mightier... war... fortify... enemies... trophies... triumphant... overturn... broils... root out... masonry... Mars... sword... quick fire... burn... cruel... knife...towers...down-razed...win...hold out...wrackful...siege...battering... impregnable... gates of steel... strong... spoil... ambush... assailed... victor... charged...ashes

(2) 光线变化隐喻链的词汇搭配衔接：golden time... gracious light... burning... new - appearing... day... noon... hideous... night... sunk... hot...shine... dim... fade... shade... gilding... sun... moon... bright... heaven's air...darkness...shadow...sightless view...ghastly...clouds...blot...heaven... swart... sparkling... stars... break of day... arising... glorious... morning... mountain tops... pale... early morn... splendour... stain... vanished... out of sight...twilight...black...glowing...gray...east...glory...west

(3) 植物生长变化隐喻链的词汇搭配衔接：beauty's rose...die...

riper... tender... sweet... fresh... gaudy... spring... bud... content... weed... April...summer... winter... frost... leaves... gone... o'er-snowed... bareness... flowers... wane... grow... violet... lofty... trees... barren... green... plants... increase...living... yellowed... May... decline... fade... fair... marigold... thorn... odour... canker... blooms... perfumed... tincture... honey... smell... soil... worm...lilies... fester... fragrant... freezing... December... teeming... autumn... abundant...fruit... birds... pale... hue... white... vermilion... marjoram... red... colour... cold... forests... seasons... hot... Junes... olives... balmy... heat... drowns...showers...withering

理解莎士比亚十四行诗，关键要理解分散于诗集各处的众多隐喻。本研究的目的正是为了帮助广大读者更透彻、更全面地理解这部文学经典。笔者从认知语言学概念隐喻的角度，结合韩礼德和哈桑的衔接理论，探讨了莎士比亚十四行诗中隐喻的语篇衔接。具体地说，笔者首先挖掘了诗集中潜在的两大隐喻网络，指出它们共同服务于“时间主题”，并将这两大隐喻网络解构成4条直线型隐喻链和5条环型隐喻链。接着，从隐喻链内部和外部两个方面，阐释了隐喻的隐性衔接机制，这与隐喻的深层认知机制不无关系。最后，分析了莎诗隐喻的显性衔接机制，并解释了它与隐性衔接机制的关系。笔者尝试将来自语言学不同领域——认知语言学和系统功能语言学的理论相结合，以期对莎诗隐喻的语篇衔接做出更合理、更深入的解释。

本章小结

本章以莎士比亚十四行诗为语料，从概念隐喻的角度探讨了诗集中隐喻的认知连贯机制以及语篇衔接手段。笔者首先找出了十四行诗中存在的两大隐喻网络：（1）以“人的一生变化=自然界中事物发生的变化”为核心的隐喻网络；（2）以“时间=具有破坏性的事物”为核心的隐喻网络，通过图示解析其中的认知连贯机制：位于网络中心的是根隐喻，而分布在其周围的子隐喻，是在根隐喻基础上的延伸和拓展。两大隐喻网络以诗集的主题“时间”为纽带，拼接组合成一个更大的隐喻网络，整部诗集依托于这个隐喻网络，在内容上前后连贯、浑然一体。

接着笔者结合韩礼德和哈桑的衔接理论，从语篇层面阐释了莎士比亚十四行诗的隐喻衔接手段。诗集中潜在的两大隐喻网络，共同服务于“时间主题”，它们由若干条直线型和环型隐喻链在隐性衔接机制和显性衔接手段的共同作用下形成。隐性衔接机制体现为：隐喻网络的构建、隐喻链之间的衔接和隐喻链内的衔接。显性衔接手段主要有：词的重复、同义或近义、上下义或整体—局部关系、词的搭配。隐性衔接机制是显性衔接手段的认知基础，显性衔接手段是隐性衔接机制的外在体现形式。通过对莎诗隐喻语篇衔接的认知探究，笔者希望给莎士比亚作品的隐喻研究带来新的启迪，并促进系统功能语言学和认知语言学互补性研究的发展。

第七章

“讹诈”人物对话人际隐喻的认知解读

对话参与小说文本建构，具有不可或缺的重要意义。它是人物与人物交流的表现形式，也是作者与读者沟通的重要凭借（祝敏青，2006：22）。因此，对小说人物对话的分析也成了文学作品研究的重要领域。纵观学者们对小说对话的研究，笔者发现传统的研究更多地集中于从文学视角分析小说对话对塑造人物性格所起的作用，或与小说主旨的关系。20世纪70年代末80年代初，随着语用学的发展而兴起的文学语用学，为小说对话研究开辟了一个新的领域。学者们纷纷从言语行为理论、会话含义理论、关联理论等角度，对小说对话展开语用推理和分析。小说对话的研究有着多维的视角与广博的视域空间，在国内系统功能语言学研究热潮的推动下，小说对话的研究也另辟蹊径，有关小说对话的三大元功能特别是人际功能及语法隐喻的论文层出不穷。在这一章节，笔者将在前人研究的基础上，以小说《大饭店》的片段“讹诈”为语料，聚焦于其中人物对话的人际隐喻，从认知视角对其进行阐释和解读。

第一节　小说《大饭店》及其片段“讹诈”的介绍

《大饭店》（［1975］1965）是当代加拿大著名作家阿瑟·海雷（Arthur Hailey）所写的畅销小说，讲述了美国的一家饭店四天发生的事情，故事情节紧凑紧张，引人入胜。

圣格雷戈里饭店是新奥尔良市最大的饭店。每天，这里旅客熙来攘往，其中有来自世界各国的国王、皇后、总统、企业界的巨头、工程师、医生……也有强盗、小偷。

这几天，饭店的总统套房中住着一位英国公爵和他的夫人及随行人员。公爵是一个生活放荡、酗酒成性的人。一天晚上，他开车撞死了两个人——一位妇女和她的孩子。为了帮助丈夫逃脱罪责，公爵夫人制造了许多假象，企图消灭罪证。她买通了饭店侦探长，让他将出事的汽车开走，并通过她兄弟的活动，促使英政府任命公爵为驻美大使。但是，新奥尔良市警察局经过一系列周密的侦查，终于破了案。公爵万般无奈，只好到警察局自首。就在他下楼的时候，电梯出了事故。电梯中乘客从九层楼坠入升降井井底，伤亡惨重。公爵还未走出饭店，已一命呜呼。而公爵夫人在公爵离开房间之后，发现她的钱包和首饰盒被盗一空。原来，小偷在她不知不觉的时候登门拜访了。

这个小偷是个绰号叫“Keycase”（钥匙盒）的惯偷。他在一只垃圾箱里拣到两把圣格雷戈里饭店房门钥匙，化名住进了饭店。最后一天，他携带大量赃物外逃，和公爵同乘一部电梯。电梯失事，他却安然无恙，之后，在混乱中逃之夭夭。

在这四天中，圣格雷戈里饭店本身还经历了一场风波。由于经营不善，饭店亏本，债台高筑。眼看偿清债务的日期只剩两天了，饭店老板沃伦·特伦特四处借钱，到处碰壁。美国饭店业巨头奥·基夫闻讯前来，想乘机收购圣格雷戈里饭店。奥·基夫老于世故，早已派人调查了这个饭店的情况，对负债款数、经营的弊端、雇员的营私舞弊等了如指掌。奥·基夫态度傲慢，激怒了沃伦·特伦特。这位老板暗下决心，除非万不得已，绝不把饭店卖给奥·基夫。与此同时，饭店中住着一位加拿大百万富翁。他喜欢圣格雷戈里饭店所具有的古老传统，不想让奥·基夫把饭店买去后把它变得和别的饭店一样单调划一。这位富翁出了合理的价钱买下了这座饭店，并任命原老板沃伦·特伦特为饭店董事会的董事长。这位加拿大富翁既助了沃伦·特伦特一臂之力，又成全了饭店副经理和一位女雇员的婚姻，一举几得，皆大欢喜。年轻有为的副经理被任命为经理。他雄心勃勃，决心大刀阔斧进行改革，重振企业。

我们节选的片段“讹诈”讲述了饭店侦探长奥吉维尔抓住公爵夫妇交通肇事逃逸的把柄而进行敲诈的故事。在这个片段中，写得最精彩的便是公爵夫人与奥吉维尔的对话，两人唇枪舌剑、冷嘲热讽，鲜明的人物性格及微妙的心理活动刻画得入木三分。具体地说，二人的对话大致可分为五个回合。第一回合：公爵夫人与奥吉维尔的初步交锋，奥吉维尔向公爵夫妇暗示了他的来意；第二回合：奥吉维尔略占上风，迫使公爵承认自己所犯的罪行；第三回合：奥吉维尔细述他所掌握的公爵夫妇的活动，公爵夫人试图挽回败局；第四回合：奥吉维尔拿出撒手锏——公爵夫妇犯罪的证据，公爵夫人丧失抵抗能力；第五回合：公爵夫人力挽狂澜，绝地反击，用金钱诱使奥吉维尔俯首帖耳，为她销毁罪证（祝敏，2011b：117）。

第二节　人际隐喻的认知解读

小说对话是人物内心世界的外在体现，是反映人物性格与小说主旨的坐标，其中不乏人际隐喻。在小说的对话中，人物由于环境、社会地位和角色关系的不同，常使用隐喻式来达到戏剧效果，从而刻画人物性格、揭示人物的社会属性。因此，对小说对话人际隐喻的分析，有助于读者深入了解人物的社会关系、权势地位、个性特点等与小说主旨有关的要素，进一步提高读者对文学作品的品鉴与审美能力。有不少专家、学者曾对文学作品中的人际隐喻做过研究，如燕晓黎（2006）、陈明芳和刘瑶（2008）、陈荣泉（2008），但却很少有人从认知语言学角度入手，分析小说对话的人际隐喻。笔者打算以此为突破点，以小说《大饭店》的片段“讹诈”中的人物对话为语料，用认知语言学的原型理论和图形—背景理论为其人际隐喻找出认知理据，提供认知解读。

人际隐喻理论来自韩礼德的语法隐喻理论，是语法隐喻理论的重要组成部分。韩礼德根据意义和措辞之间的一致性程度，把表达同一意义的不同词汇语法形式分为一致式和隐喻式，并根据隐喻式所体现的语言元功能将语法隐喻分为概念隐喻和人际隐喻两种主要类型，前者主要包括及物性隐喻和名词化①，后者包括语气隐喻和情态隐喻。接下来，结合“讹诈”一文的具体实例，笔者将分别阐述语气隐喻和情态隐喻的认知理据。

一　语气隐喻的认知解读

埃金斯（Suzanne Eggins）和斯莱德（Diane Slade）（1997）分析会话

① 一直以来，学者们关注的是概念语法隐喻中的经验隐喻，即及物性隐喻和名词化，而忽略了逻辑隐喻的研究。近年来，逻辑隐喻逐渐引起学者们的关注。本研究未把逻辑隐喻纳入研究范畴。

时指出，语气的选择有建构社会身份的作用，证据可以从多个方面来寻找，比如小句的数量反映相互地位关系；陈述句的数量表明提供信息的程度、言语角色的目的性；一般疑问句表明询问或确认的态度；特殊疑问句让听者卷入对话，说话人以此来获取他不知道的信息；祈使句表示权威；等等。而在实际的言语交际过程中，说话人出于其特殊的目的，对某一特定言语功能往往会采用一种非典型的语气模式，从而构成语气隐喻。认知语言学中的原型理论可以为语气隐喻提供认知理据。

目前，认知语言学界对原型的阐释可分为两大类：第一，原型是范畴中的典型成员，是与同一范畴成员有最多共同特征的实例，具有最大的家族相似性。第二，原型是范畴成员的图式性表征，如昂格雷尔（Friedrich Ungerer）和施密德（Hans-Jörg Schmid）认为“原型是范畴的心理表征，是一种认知参照点”。兰盖克对原型和图式进行过区分：原型是范畴中的典型实例，而图式是一种抽象的特征，可完全适合于范畴所定义的所有成员（转引自李福印，2008：98—99）。

原型理论的基本内容可概括如下：

（1）范畴内部的各个成员由“家族相似性”联系在一起，并非满足一组充分必要的条件。“家族相似性”意味着范畴中所有成员都由一个相互交叉的相似性网络联结在一起。范畴成员之间的家族相似性使范畴内部构成一个连续体。

（2）范畴的边界具有模糊性，相邻范畴互相重叠、渗透。

（3）范畴原型与该范畴成员共有的特性最多，与相邻范畴的成员共有特征最少；范畴边缘成员与该范畴成员相似的特征较少，而与其他范畴的成员共性更多。也就是说，不同范畴的原型之间特征差异最大。

（4）范畴成员依据具有该范畴所有特性的多寡，具有不同的典型性，因此范畴成员之间并不平等。原型是范畴内最典型的成员，其他成员有的典型性显著，有的则处于范畴的边缘位置。

（5）范畴呈放射状结构，原型位于范畴结构的中心位置；多数范畴呈现的不是单一中心结构，而是多中心结构，即某些范畴通常具有多个原型，原型之间通过家族相似性获得联系（蓝纯，2005：30）。

根据原型理论所阐述的主要内容，笔者将语气隐喻的形成用图 7-1 来表示。

由图 7-1 可知，三种基本的言语功能陈述、疑问和命令/请求构成了

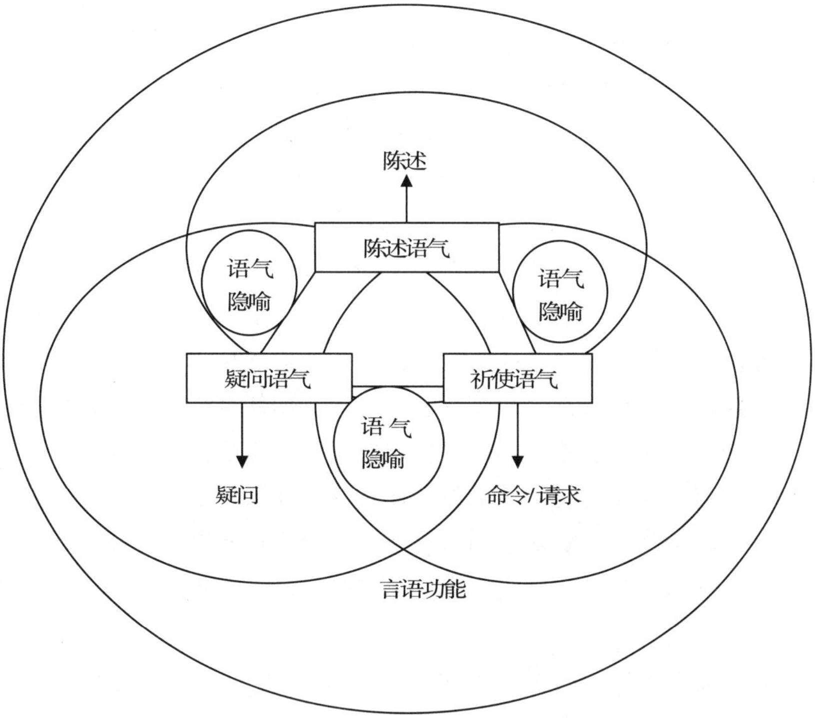

图 7-1　语气隐喻的认知图示

三个范畴，分别由三个大圆表示，陈述语气是陈述功能最典型的体现，依据原型理论可推断出它是陈述功能的原型，因而位于该范畴的中心位置。有的时候，出于说话人特殊的交际意图，陈述功能也可由疑问语气和祈使语气来体现，它们不属于陈述功能的典型表征，因而位于该范畴的边缘地带。它们之所以能体现陈述功能其实是一种语气域（疑问/祈使）向另一种语气域（陈述）的转移，即语气隐喻。与此同时，疑问语气和祈使语气又分别位于各自范畴的中心位置，典型地体现疑问功能或命令/请求功能。疑问功能和命令/请求功能的隐喻表达也可通过原型理论得以充分阐释，这里不再赘述。陈述、疑问、命令/请求这三个范畴因其共有的范畴成员而相互交叉、渗透，并融合成一个更大的范畴——言语功能（祝敏，2013）。

为了更好地阐释语气隐喻的认知过程，笔者将选取小说《大饭店》的片段“讹诈”中两个典型例子加以分析。

该片段开头酒店侦探长奥吉维尔给克罗伊顿公爵夫妇打来神秘电话，

告知将于一小时后到达他们的套房有事相商，但却有意姗姗来迟，并放肆地在公爵夫人面前吞云吐雾，故意惹恼她，忍无可忍的公爵夫人说了句，“My husband and I find strong smoke offensive. *Would you kindly put that out*.”（我丈夫和我都讨厌浓烈的烟味，*请你把它掐灭*）。在公爵夫人说的这句话中“*Would you kindly put that out.*”为隐喻式，其一致式应为一个祈使句：“Put out the cigar”或是“Stop smoking”。在这里，公爵夫人为了表达命令的言语功能，使用了其非原型的表征形式——疑问语气，它处于命令范畴的边缘地带，由于疑问语气和命令范畴的原型——祈使语气之间具有家族的相似性，使得疑问语气可以向祈使语气转移并用来表达命令功能。地位高贵并且受过良好教育的公爵夫人，即便是在奥吉维尔的肆意挑衅、耀武扬威面前，也不失儒雅，仍然使用间接言语，婉转地请求奥吉维尔灭烟。但值得注意的是，公爵夫人使用的疑问句没用问号，这说明她当时说话时用的是降调，随着语调的改变，其命令功能得以凸显，而疑问功能也逐渐淡化为背景。公爵夫人内心压抑的愤怒在这句貌似请求的命令中表现得淋漓尽致。

接着，奥吉维尔和公爵夫妇之间展开了一番较量。奥吉维尔百般暗示，企图让公爵夫妇明白他的来意，乖乖地把钱送到他手里，但这一招并未奏效。无奈之下，他只得说了句，“*You two was in the hit-'n-run.*”（*你俩开车肇事逃逸*）。这句话表面上看是陈述句，实则表达了疑问功能，奥吉维尔是在向公爵夫妇求证，他们是否与肇事逃逸有关，其一致式应为：“Was you two in the hit-'n-run?”。“Was”用在这里不合乎语法，体现了奥吉维尔的粗俗和无教养。这里，体现疑问功能的边缘范畴——陈述语气向中心范畴——疑问语气的转移构成了语气隐喻。在疑问功能这一大范畴内，错落有致地分布着三个小范畴：疑问语气、陈述语气和祈使语气，因受语境、文化差异、个人因素等影响，这三种语气之间可随时发生转移。奥吉维尔选择使用陈述句而非疑问句表达疑问功能，是为了向公爵夫妇暗示他对这一事实非常确定，不管他们承认与否，他都有办法揭露他们的罪行。虽然在这一语境下，这句话的疑问功能得以凸显，但其陈述功能并未完全淡化为背景，两种功能交融并存，只是凸显的程度有别而已。

二 情态隐喻的认知解读

情态隐喻是人际隐喻的另一组成部分，它是英语中有关说话人主观态度和看法的隐喻性表达。情态隐喻中向度反映的是明确主观和明确客观的态度和判断。前者明确表明说话人自己的态度，后者阐述了自己的估计。情态隐喻被广泛应用于文学作品中，对塑造人物性格和深化作品主题起到了积极的作用。此外，情态隐喻研究为语篇分析提供了强大的解释力，情态隐喻可以帮助创造出特殊的语篇效果。从明确主观和明确客观的角度进行语篇分析，有助于我们确定语篇作者所要表达的真实思想或态度及其文体风格，从而进一步揭示某些语篇的内部认知机制（周大军，2003：103）。在此，笔者将用认知语言学的图形—背景理论对其展开解读。

丹麦心理学家鲁宾（Edgar Rubin）约在一个世纪前设计了著名的“人面/花瓶图”，并以此来解释“图形—背景”理论。后来，完形（格式塔）心理学家将这一理论运用到知觉组织的研究之中，他们认为主体的知觉认识往往包括图形和背景两部分信息，人们总倾向于在背景中感知图形，这也是人类体验的结果。泰尔米（Leonard Talmy）首先将图形—背景理论运用于认知语言学研究之中，他对这对术语作出过如下描述：

图形是一个运动的，或概念上的可动物体，它的场所、路径或方向可被视为一个变量，其特别的价值是凸显。背景是一个参照体，它本身在参照框架中是固定的，相对于这个参照体，图形的场所、路径或方向得到特定描写（转引自王寅，2006b：93）。

由此可见，图形是包含于背景之中但又突出于背景的成分，在认知中占优势，是最为明显的成分，成为注意的焦点；而背景相对于图形来说在认知中不占优势，凸显程度较低，可作为认知上的参照点。如气球在房屋上空，气球常被视为图形，房屋被作为背景；又如房屋在草坪上，则房屋常被视为图形，草坪作为背景（王寅，2006b：93）。

如上文所述，情态意义的一致式是由独立小句构成，小句内的情态成分，如 usually、probably、will、should，体现了该小句的情态。根据图形—背景理论，在含有情态成分的独立小句中，其图形，即在概念上受凸显的事物，是小句的主语，而相对不那么凸显的事物（背景）则是小句的宾语，小句中的情态成分是用来修饰动词的，故它和动词一起体现了图形和背景之间的关系。由此可见，情态意义在其一致式的表达中并未成为关注的焦点，而只体现了说话人对图形和背景两者之间关系的一种看法和态度，此时的说话人完全没有在句中出现，他（她）作为隐性背景而存在。情态隐喻的句子结构比一致式复杂，它是由含有情态成分的投射句外加被投射句构成。从传统意义上来看，投射句就是主句，而被投射句是从句。投射句往往作为图形而得以凸显，被投射句与之相比，因关注度较低而成为了背景。作为背景的被投射句本身又可分出图形（主语）和背景（宾语）来。在情态的隐喻式表达中，情态成分均包含在投射句中，因而得以凸显，成为了注意的焦点。由此可见，在情态隐喻中，说话人的态度和判断得以强调。在情态取向为明确主观的情态隐喻中，说话人总是作为主语（I）出现在投射句中，与表达情态意义的动词，如 guess、think、want 一起构成图形而受到关注。在情态取向为明确客观的情态隐喻中，说话人没有出现在句中，而仅仅作为隐性背景存在，投射句中的主语为形式主语（it），并非真正意义上的主语，于是，情态成分 usual、likely、expected 等受到最大程度的凸显（祝敏，2013）。

接下来，笔者将选取小说片段“讹诈”中的两个实例，进一步论证情态隐喻的认知过程。

酒店侦探长奥吉维尔与公爵夫妇经过一番较量，公爵夫妇败下阵来，只得承认肇事逃逸这一事实。奥吉维尔向公爵夫人求证他们当晚活动的一个小细节，公爵夫人回答道：“You know so much…*I suppose* it doesn't matter. My husband has a habit of making notes while he is telephoning. Afterward he often forgets to destroy them.”（你知道那么多……*我想*告诉你也无妨。我丈夫打电话时有做记录的习惯，而打完电话后又总是忘了销毁这些记录）。公爵夫人使用小句的形式来体现表示概率的情态，而没有直接使用情态动词或情态副词，其目的是为了把情态成分放在较为凸显的位置，使其成为图形，而成为话语的信息焦点。公爵夫人采用明确主观的隐喻形式“*I suppose*”，无意之中暴露了对自己的看法或判断的不确定性。她在回答奥吉维尔的提问时，有意无意地多说了一句，“You know so much…*I suppose* it doesn't matter.”这多余的一句话表明公爵夫人迫于无奈只能与奥吉维尔合作，省略号的使用表明她欲言又止，在最后做出合作的决定前，有些犹豫。“*I suppose*”的使用表明她在做出合作的决定时，心里又觉得不踏实，怀疑自己的决定是否正确。情态隐喻的使用把公爵夫人内心的痛苦挣扎表现得入木三分。

酒店侦探长奥吉维尔不断向公爵夫妇暗示他的来意，终于让他们明白他的敲诈意图。精明的公爵夫人对卑劣的奥吉维尔不够放心，便追问道：

“You'd accept money to keep silent about what you know?”（你拿了钱就能对此事缄口不语吗?）狡猾的奥吉维尔回答道：“*I reckon* I *might* .”（*我想可能*是这样）。通过小句“*I reckon*”体现的明确主观的情态隐喻，由于被放置在投射句中而成为图形，受到充分关注。“I *might*”由于是被投射句而成为了背景，情态动词 *might* 的使用属于情态的一致式表达。情态成分在背景中的再次出现使得奥吉维尔语气中的不确定性和可能性得到最大程度的凸显，而公爵夫人希望得到的承诺“keep silent about what I know”却成为奥吉维尔回答中的省略部分，最终淡化为隐性背景。奥吉维尔这样回答旨在强调这是他个人的观点和想法，他本人当然很乐意拿了钱保守秘密，但是，有时也不能排除一些外在因素导致他不能保守秘密，他无法给公爵夫人一个十分肯定的承诺。在这句话中，奥吉维尔狡诈、圆滑、老于世故的特点尽在情态的隐喻式和一致式的同时使用中得以充分展现。

本章小结

系统功能语言学中的人际隐喻理论应用非常广泛，尤其适用于对文学作品中人物对话的解读和分析。在本章中，笔者从认知语言学视角，诠释小说对话中的人际隐喻，将系统功能语言学的人际隐喻理论与认知语言学的原型理论和图形—背景理论相结合，取长补短，互为补充，从认知心理角度探讨了人际隐喻产生和得以实现的根源，以期为语篇分析带来新的启示。

第八章

语法隐喻与概念隐喻二种视角在语篇分析中的融合互补

韩礼德的语法隐喻理论（Halliday，1985、［1998］1996）对那些致力于语言结构研究的学者颇有影响力，但却未能引起认知语言学界学者的足够重视。在本章中，笔者将总结韩礼德的研究方法中与认知语言学最相关的若干方面，并以《科学美国人》中的一篇科技文章“玻璃的断裂”为例，通过从概念隐喻和语法隐喻二种视角对该文进行语篇分析，比较二种分析方法的差异，指出二者的互补性，以显示语法隐喻理论如何应用于词汇隐喻和概念隐喻的分析中，它如何弥补概念隐喻理论及其分析方法的不足。

第一节　语法隐喻与概念隐喻的相融之处

韩礼德提出了语法隐喻的概念，这是一个关于语言的“词汇语法”结构的概括性理论。他的语言结构理论本身出现在一个更广泛的基于三个假设的社会理论中：“每一种（自然）语言的语法都是一种人类经验的理论……（而且）也是人际关系的确立和话语的创造。”（Halliday，［1998］1996：186）韩礼德的理论研究范围之广远远超出了本研究的范畴，而我们认为他对语法隐喻的许多分析可以独立于他的社会理论。

韩礼德认为，词汇变异仅仅是词汇语法选择的一个方面，并提出了语法隐喻这一范畴，其中的变异本质上是语法形式的，尽管通常也会导致一些词汇变异（Halliday，1985：320）。语法隐喻尤其是指任何一种使用一种语法结构来替代另一种语法结构的表达，其前提是新的语法结构代表或表达了一个来自完全不同领域，并由初始的语法结构所表达的基本概念。因此，当我们把名词 venture（风险）用作（范畴转换为）修饰名词 capitalist（资本家）的形容词 venture[①]（冒险的），那么潜在的概念就从“风险事业”（表明一种活动的抽象实体）转换成“从风险事业获利的特质”（一种抽象特质）。顺便提一下，这种范畴转换以及 venture 和 capitalist 一起使用所构成的复合词，会导致更为复杂的语法隐喻分析，稍后我们会回到这一点。

韩礼德在分析语言作为概念、人际和语篇的元功能的基础上，提出了两类语法隐喻：概念语法隐喻和人际语法隐喻；其他学者则提出了第三类：语篇语法隐喻（如 Martin，1992；Thompson，［2000］1996）。在本章中，我们将主要探讨概念语法隐喻，因为它与认知语言学所普遍理解的隐喻概念最为相关。

语法隐喻通过用一种现象表征另一种现象，来重塑和重建我们的经验。例如一个简单过程转换为实体，earn（挣钱）→earnings（收入）。又如一个复杂的过程转换为实体，multiple activities and relationships（各种活动和关系）→ science（科学）。第三个例子是一系列的转换，如实体（名词）转换为简单的过程（动词）再转换回抽象实体（名词），color（颜色）→ to color（上色）→ coloring（特色）。Transcategorization（范畴转换）这一词汇本身也体现了这一系列的转换过程：category（名词，范畴）→ categorize（动词，范畴化）→ transcategorize（动词，转换范畴）→transcategorization（名词，范畴转换）。通过聚焦于语法形式和结构所隐含的概念意义，语法隐喻得以展现语法运作和转换可能产生新意义的认知/语言过程，这是语法隐喻最为偏离认知语言学的地方。语法隐喻也不仅仅只是一个更深奥、更复杂的不同于概念隐喻或词汇隐喻的术语。

韩礼德认为，语法隐喻倾向于从过程向实体发展，这导致产生了作为概念语法隐喻主要焦点的名词化。韩礼德（［1998］1996：191）举了一个例子，“the brakes failed”（刹车失灵了），它可以被转换成“the failure of the brakes”（刹车的失灵）。这里的潜在词汇项“to fail”以及它的主要概念意义“未按预期完成”没有发生改变，但是由动词表示的行为（缺失）体现为和刹车有关的一个实体，可进入因果关系的结构。“The driver was going too fast. The brakes failed. Then the vehicle careened off the road.”（司机开得太快，刹车失灵了，接着车辆冲到了路外）可以被转换为

① 在本章中，概念语法隐喻均用下划线标示。

"The vehicle's speed led to the failure of the brakes, causing the vehicle to careen off the road."（车辆的速度导致刹车失灵，使得车辆冲到了路外）。转换后的句子中的语法隐喻消除了驾驶员的因果动因，取而代之的是带有两个隐喻实体序列的动因，speed（速度）和 brake failure（刹车的失灵）。

过程（动词）可以重构为特质（形容词），如 increase（增加）→ increasing（增加的）。反之，特质也可以重构为过程，如 dark（黑暗的）→ darken（变黑），或者重构为实体，如 darkening、darkness 或 "the dark of night" 中的 dark。在对科学语篇的探讨中，韩礼德（[1998] 1996）也显示了如何将一个完整的句子隐喻化地体现为一个名词，因此，"the electrons cannot be distinguished from one another"（电子之间无法区分）可以名词化为 "the absolute in distinguishability of the electrons..."（电子的绝对不可分辨性……），这个例子还会出现在下文的理论论证中。值得注意的是，先前的例子 "the failure of the brakes"，含蓄地体现了一个扩展的话语碎片，或者说，这是一个关于什么导致刹车失灵的故事。

韩礼德认为，"并非所有可能的隐喻推移都实际发生"（Halliday，[1998] 1996：209），他提供了一系列确实发生的隐喻推移："关系词→环境→过程→特质→实体"（Halliday，[1998] 1996：211），因此，过程（动词）可以被隐喻性地重构为实体（名词）。然而，韩礼德声称，逆向的顺序却不可能发生："实体不可以被重构为过程……当然，这种具体化的倾向正是人们在传统的词汇意义上发现的隐喻的一个特征"（Halliday，[1998] 1996：211）。这一观点让人难以接受，因为我们很容易就找到了反例。例如，名词 stone（石头）可以转换成动词 to stone（扔石头）、形容词 stony（石头的），stone 和 wall 组合在一起可以构成 stone wall（石头墙），并且隐喻性地重构为动词 to stonewall（妨碍），如 "Nixon stonewalled the investigation"（尼克松阻碍调查），或者转换成修饰语，如美国南部同盟将领 Jackson 的绰号，"Stonewall" Jackson。名词 carpet（地毯）可以转换成动词 carpet the floors（给地板铺地毯），隐喻性地重构为副词 carpet-bombing（地毯式轰炸）。韩礼德本人也提供了一些反例，如 presidential decree（总统令），这里的形容词 presidential 是从名词 president 转换而来（Halliday，[1998] 1996：213），但是他没有解释这些反例是如何与隐喻推移只发生在一个方向的说法相一致的。

莱考夫和约翰逊（1980：5）把隐喻定义为"用另一种事物来理解和

体验某一种事物”。Fail 转换成 failure 的这个例子似乎就适合这个定义，因为这种转换促使我们将过程体验为物体。从这个角度看，failure 和 indistinguishability 都属于莱考夫和约翰逊所说的客观化隐喻：它们将抽象的过程体现为在接下来的过程中可以发挥积极作用的可观察和测量的物体和事物。

在对语法隐喻的简要讨论中，斯蒂恩（Gerard Steen）（2007）强调词汇隐喻必须消除歧义。在理解语境意义之前，要先区分字面意义和隐喻意义，理解它们之间的关系。与之相反，斯蒂恩却认为，像 failure 这样的动词的名词形式将过程体现为了实体，是不需要消除歧义的。从斯蒂恩的观点来看，语法隐喻或句法隐喻的概念扩大了隐喻的定义，超越了传统理论和认知理论对其理解的方式。

尽管笔者赞同斯蒂恩的结论：包括语法隐喻在内的隐喻概念必然需要改变和扩展隐喻定义，但是他的观点忽略了韩礼德研究方法的关键方面。在韩礼德来看，恰恰是由于隐喻映射，failure 一词暗示了过程，而非实体。在“On Macquarie's arrival in England...”（即“When Macquarie arrived...”的语法变体）的例子中，斯蒂恩认为，基于动词 to arrive，转换后的名词 arrival 的意思非常清楚，无须消歧，但是语境却略微模糊了语法隐喻的潜在意义。接下来笔者把同一个单词放在不同的语境中以进行更深入的讨论，如“The President's unexpected arrival caused great confusion.”。按照韩礼德的分析，在第二个例子中，表示过程或行为的动词 arrive 经过范畴转换产生了名词 arrival，它可以和 confusion 一起进入一个因果关系的结构，而 confusion 本身也是从动词 confuse 转换而来的名词。从韩礼德的观点来看，所有这些例子的关键特征是语法隐喻将一个行动或过程（to arrive）转化或表示为一个潜在的因果实体。类似地，认知行为动词 to expect 转化为修饰和描述名词 arrival 的形容词 unexpected。最后，行为动词 to confuse 转化为将认知不确定性和身体不适的这种状态体现为实体的名词 confusion。以下词形的改变：expect → unexpected，arrive → arrival，confuse→confusion 将一系列的三个动作转化为可以置于因果关系陈述中的一个特质和两个实体。

句法可以仅仅被看作对如何将词义组合成连贯的和语境相关的思想的说明，这可能意味着句法本身没有意义。或者，语法可以被视为添加了单词之外的意义。“Tom hit the ball”（汤姆打球）不同于“The ball hit Tom”

(球打汤姆),“He is too nice”(他太好了)也不同于“He is nice, too”(他也很好)。语法隐喻的概念基于第二种理解：句法增添了独立于单词本身的意义。根据感知模拟论，句法和词汇意义相互作用以形成模拟，例如，“Tom hit the ball”激活了与挥动球拍有关的触觉和肌肉活动的模拟，而“The ball hit Tom”激活了被球击打所产生的痛苦的模拟（Bergen, 2012)。

根据语法隐喻理论，语法结构、词序和词形表达了独立于单词本身的意义。动词表示过程或行动；名词表达施动者或受动者的意义。名词词组“是体验场景中更稳定的元素，它往往会持续一段时间，而过程本身则是转瞬即逝的。叶子掉下来的时候，叶子仍然在周围，但是掉落的过程已经看不见了”(Halliday,［1998］1996：197)。玻璃在短时间内破碎了，但是玻璃可以无限期地保持破碎的状态。形容词对被修饰的实体进行分类和描述，将影响其参与过程或行动的特点归因于被修饰的实体。副词限定并潜在地限制（或扩展）被修饰的过程或动作，将影响其完成方式和对参与者的影响的特点归因于被修饰的过程或动作。语法隐喻以一种从根本上改变其参与和提供构成经验（如故事）的方式来改变词汇的指定概念。“The leaves fall”（树叶落下）预计会激活物体在空间中下降的模拟，这也会被“the falling leaves”（正在落下的树叶）激活。“Glass breaks”（玻璃破碎）将激活从固体窗格玻璃（或液体的固体玻璃容器）到爆炸碎片的瞬间变化模拟。相比之下，“the fallen leaves”（落叶）会激活地面上静止物体的模拟，“the broken glass”（碎玻璃）会激活散布在某些表面（但不在运动中）的玻璃碎片的模拟。

从词汇意义上讲，arrive 和 arrival 都是指某人在某一时刻不在场，而在随后的某一时刻在场的情景；break 和 broken 是指玻璃在某一时刻是连续的薄片（或物体），在随后的某一时刻是成百上千的碎片的情景，但动词形式表达了*动作*或*过程*的附加独立概念。就 arrive 而言，动词表示从一个地方到另一个地方的运动；就 break 而言，它表示分子键状态的变化。在每一种情况下，名词形式表达了一种非常不同的存在状态的概念。一个存在状态是否必须被理解为一个实体是有争议的，但是韩礼德认为，为了使它可以构成因果关系，它必须至少被含蓄地理解为一个实体，这种说法似乎是合理的。语法隐喻理论似乎可以和隐喻的认知理论交叉的地方体现在以下这个观点上：词汇的词形（和词序）的独立意义作为一个根本不同的意义呈现和体验，与一个完全不同的词汇形式/结构相联系，从而能够形成完全不同的理解和命题（Ritchie 和 Zhu，2015：123）。

综上所述，从表面上看，语法隐喻可以被看作一个短语，在这个短语中，我们感知世界和行为的一个方面被理解和体验为一个完全不同的方面。这一转化在语言上体现为把代表体验的某个方面的词性重新表述成代表体验的另一个方面的不同的词性。常见的转化形式有：行为→实体，如 fail→failure；特质→行为，如 dark→darken；特质→实体，如 dark→darkness；实体→行为或特质，如 stone（n.）→stone（v. /adj.）。在下面的章节中，我们将介绍和讨论话语分析的具体实例，以韩礼德（［1998］1996）曾经分析过的一个科学语篇为例，比较语法隐喻分析和概念隐喻分析的异同，并将二者结合起来用于该语篇的分析。

第二节 对“玻璃的断裂”一文的语篇分析

在对“玻璃的断裂”一文的概念隐喻分析中，我们[①]遵循卡梅隆（2006，2007）提出的研究步骤，并根据多斯特和凯尔（A. G. Dorst 和 A. G. Kaal）（2012）提出的建议进行了修改。首先，我们用韦氏在线词典[②]检查候选词的隐喻状态，我们通常将词的第一个定义看作其本义，并通过查询词义的派生过程来得以验证。对一些词的本义有疑问时，如当一个与语境相关的字面意义被当作次要的、派生的意义时，可以借助话题不一致的标准加以判断（Dorst 和 Kaal，2012）：语境中显明的意义与话题不一致吗？由于我们的主要兴趣在于隐喻本身与语篇样本的关系，而不是它们与语言的总体结构的关系，所以我们对识别隐喻的步骤进行了简化。首先我们在文本的表层识别词性，然后查阅韦氏在线词典来确定基础词位的形式，以确定是否存在隐喻转换。

虽然韩礼德没有详细描述他的方法，但似乎他首先将原文改写成一种完全一致（不含任何隐喻）的形式，他称之为“自然”形式。他考虑了文章的整体意义以决定如何对特定单词和短语的语法功能进行分类。起初，韩礼德似乎也在分析中考虑了词最基本和最惯用的形式，如动词形式

① 本章中提及的研究是笔者在美国波特兰州立大学访学时，和导师大卫·里奇共同完成的。

② http：//www. merriam-webster. com/dictionary.

to fail 比它的名词形式 failure 更基本，但他并没有在他的文章中明确指出这一点。然后，韩礼德将改写后的文本与原始文本进行比较，以识别通常经过一个以上的隐喻转换周期的隐喻转换（Halliday，［1998］1996：207），并确定每个转换的一致和隐喻语义类型。韩礼德认为，“既然隐喻的过程发生在语法中，任何转换都有可能在整个句子中反复出现……因此，语法隐喻往往出现在综合征中：一连串相互关联的转换，将语法结构重新组合为一个整体”（Halliday，［1998］1996：214）。识别这一连串的转换是阐释过程中的一个重要步骤。

韩礼德没有给出他的语篇样本的“自然形式”。当我们试图重复他的分析时，我们发现恢复许多段落中明显的“自然形式”相对简单，但是其他的段落很难恢复，而要恢复整个文本的“自然形式”极其困难。此外，在许多段落中，它们的自然形式可能不止一个。韩礼德的“一致”式的概念受到了一些研究者（如：胡壮麟，2000；付岩，2009；毛凡宇，2010）的质疑，但“自然”式或“一致”式的概念似乎没有对语法隐喻的核心观点产生重大影响。一个可行的替代方法是分析语篇中相对较小的单位（单词或短语），然而，这种更为精细的方法却无法用于识别韩礼德所讨论的一些更复杂的语法隐喻形式。

韩礼德（［1998］1996：215）从语法隐喻的角度分析了《科学美国人》上两位科学家（Michalske 和 Bunker，1987）所写文章的一个段落，而我们从概念隐喻的角度分析了同一文本。在这一部分，我们逐行展示了这两种平行的分析方法，然后，我们总结和评论了韩礼德对语法隐喻分析的解释，最后讨论了这两种方法的不同之处以及它们如何相互补充。韩礼德的语法隐喻分析以下划线表示，随后是对语法隐喻的解释，如果韩礼德对语法隐喻编码的原理不够清楚，或者它显然涉及不易察觉的中间步骤，我们将在它后面的括号内加上问号。① 我们的概念隐喻分析是用斜体表示的，在斜体字后面是用大写字母表示的概念隐喻。对于同时用语法隐喻和概念隐喻分析的同一个短语，我们先呈现语法隐喻分析，然后是概念隐喻

① 大多数例子可能反映了韩礼德的结论，即观察到的短语代表了一系列中间的隐喻“移位”。虽然从语言结构的角度来看，这可能是有意义的，但从认知的角度来看，很难明白这样一系列的“移位”是如何在实际语言产生和理解的时间限制内处理的。一系列中间隐喻移位的观点与韩礼德的“自然”式观点是一致的，而对于这个更复杂的分析层次，还原文章的“自然”式的变化过程是必要的。对此，我们的解决方案是只分析明显的直接移位。

分析。

（1） Even though the fracture of glass can be a *dramatic* event, many failures are *preceded by* the slow extension of preexisting cracks.

尽管玻璃的破裂可能是一个*戏剧性的*事件，但许多玻璃在破裂之前都是*预先经历了*之前存在的裂缝缓慢扩展的过程。

fracture of glass: verb→noun; noun→various {?}

dramatic: *LIFE IS A STAGE*（生活是舞台）

event: 0→noun {?}

failures: verb→noun

preceded by: conjunction→verb {?}; *TIME IS SPACE*（时间是空间）; *PROCESS IS MOTION*（过程是运动）

slow: adverb→adjective

extension of preexisting cracks: verb→noun; noun→various {?}; conjunction→adjective {?} or verb→adjective

（2） A good example of a slowly spreading crack is often *found* in the windshield of an automobile.

一个典型的例子就是汽车挡风玻璃上经常*发现*缓慢扩展的裂纹。

spreading: verb→adjective

found: 0→verb {?}; *TO PERCEIVE IS TO DISCOVER*（感知就是发现）

（3） The extension of a small crack, which may have *started from* the impact of a stone, can be *followed* day by day as the crack gradually *propagates* across the entire windshield.

挡风玻璃上的小裂缝的延伸可能*始于*石头的撞击，*接着*，日复一日，裂缝逐渐*繁衍*至整个挡风玻璃。

extension: verb→noun

started from: *TIME IS SPACE*（时间是空间），*PROCESS IS MOTION*（过程是运动）

impact of a stone: verb→noun, noun→various {?}

followed: *TIME IS SPACE*（时间是空间），*PROCESS IS MOTION*（过程是运动）

propagates: *A CRACK IS A PERSON WHO BREEDS FROM PARENT*

STOCK（裂缝是人，从母体中繁殖而来）

（4）In other cases small，unnoticed surface cracks can *grow* during an *in-cubation* period and cause a catastrophic failure when they *reach* a critical size.

在其他情况下，小的、未被注意到的表面裂纹可能会在*潜伏*期慢慢*生长*，并在*达到*临界尺寸时导致灾难性故障。

unnoticed surface cracks：verb→adjective；prepositional phrase（on the surface）→adjective（noun premodifier）

grow：*A DISCONTINUITY IS AN ORGANISM*（中断是生物体），*TO EXTEND IN SPACE IS TO GROW*（在空间上扩展是生长）

incubation period：verb→noun，noun→various {?}；*A PROCESS IS AN ORGANISM*（过程是生物体），*TO DEVELOP IS TO HATCH OR BE BORN*（发展是孵化或出生）

cause a catastrophic failure：conjunction→verb {?}；prepositional phrase（in the catastrophe）→adjective（noun premodifier）；verb→noun

reach：be/go+preposition→verb {?}；*A STATE*（*SIZE*）*IS A LOCATION IN SPACE*（状态（尺寸）是空间上的位置）

a critical size：adjective→noun {?}

（5）Cracks in glass can *grow* at speeds of *less* than one trillionth of an inch per hour，and *under* these conditions the *incubation* period can *span* several years *before* the catastrophic failure is *observed*.

玻璃中的裂纹可以以每小时*不到*1 万亿分之一英寸的速度*增长*，*在*这种情况*下*，*在*灾难性故障被*发现之前*，*潜伏*期可以*跨越*几年的时间。

grow：*A QUALITY*（*SPEED*）*IS AN ORGANISM*［特点（速度）是生物体］

speeds：adjective→noun {?}

less than：*A QUALITY*（*SPEED*）*IS AN OBJECT OR SUBSTANCE*［特点（速度）是物体或物质］

under：*A CONDITION IS A LOCATION OR OBJECT LOCATED IN SPACE*（条件是位置或处于空间中的物体）

conditions：conjunction→noun {?}

incubation period：verb→noun，noun→various {?}；*DISCONTINUITY IS AN ORGANISM*（中断是生物体），*TO DEVELOP IS TO HATCH*（发展是

孵化）

span several years：be/go +preposition→verb {?}；*TIME IS SPACE*（时间是空间）

before：*TIME IS SPACE*（时间是空间）

catastrophic failure is *observed*：prepositional phrase（in the catastrophe）→ adjective（noun premodifier）；verb→noun；0→verb {?}；*EVENT IS OBJECT* [（事件是物体）或是对过程结果的转喻指称]

（6）*On* an atomic scale the slow growth of cracks corresponds to the sequential *rupturing* of interatomic *bonds* at rates as *low* as one *bond rupture* per hour.

从原子角度*上*看，裂纹的缓慢增长对应于原子间*键*以每小时一个*键断裂*的*低*速度依次*断裂*。

On：*SCALE*（*SIZE*）*IS AN OBJECT LOCATED IN SPACE* [规模（尺寸）是处于空间的物体]

slow growth of cracks：adverb → adjective；verb → noun；noun → various {?}

corresponds to：conjunction→verb {?}

sequential：prepositional phrase（in a sequence）→adjective（noun premodifier）

rupturing of interatomic *bonds*：verb→noun；noun→various {?}；*OVERCOME IS BREAK*（攻克是破裂）；prepositional phrase（between atoms）→ adjective（noun premodifier）；*ENERGY IS A PHYSICAL TIE*（能量是物质联系）

rates as *low*：adjective→noun {?}；*RATE IS OBJECT*（速度是物体），*LESS IS DOWN*（数量减少是向下位移）

bond rupture：noun→various {?}；verb→noun；*ENERBY IS PHYSICAL TIE*（能量是物质联系）；*OVERCOME IS BREAK*（攻克是破裂）

（7）The *wide range* of rates *over* which glass can fracture-varying by 12 orders of *magnitude*（factors of 10）*from* the fastest shatter *to* the slowest *creep*-*makes* the investigation of crack *growth* a particularly *engaging* enterprise.

玻璃破裂的速度变化*范围广泛*，*从*最快的破碎*到*最慢的*蠕变*，其变化*幅度*为 12 个等级（系数是 10），这*使*对裂纹*增长*的研究*成为*一件特别有吸引力的事。

wide range：*RATES OF CHANGE ARE OBJECTS IN SPACE*（变化的速度是空间中的物体）；preposition→noun {?}

of rates：adjective→noun {?}

over which：*A RATE OF CHANGE IS A LOCATION OR OBJECT LOCATED IN SPACE*（变化的速度是位置或空间中的物体）

orders of *magnitude*：adjective → noun；*RATE OF CHANGE IS AN OBJECT*（变化的速度是物体）

from... to：*RATE OF CHANGE IS AN OBJECT IN SPACE*（变化的速度是空间中的物体）

fastest shatter：adverb→adjective；verb→noun

slowest：adverb→adjective

creep：verb → noun；*CORRELATED CHANGE IN STATE IS ORGANISM MOVING IN SPACE*（状态的相关变化是在空间里移动的生物体）

makes：conjunction→verb {?}；*QUALITY OF A PROCESS*（*INVESTIGATION*）*IS AN OBJECT*［过程（调查）的特点是物体］

investigation of crack *growth*：verb→noun；noun→various {?}；verb→noun；*A CRACK IS AN ORGANISM*（裂缝是生物体）

engaging：verb→adjective；*TO BE INTERESTED IS TO BE PLEDGED OR CONSTRAINED*（感兴趣是承诺或受限）

enterprise：0→noun {?}

显而易见，这个分析表明一些词汇和短语可以被同时识别为语法隐喻和概念隐喻——但即便如此，这两种研究方法也大相径庭。在接下来的部分，我们将总结韩礼德对语法隐喻的阐释，接着，我们会从概念隐喻的角度对这一语篇进行解释，最后比较这两种研究视角的异同。

一 语法隐喻的分析方法

显然，韩礼德对玻璃断裂文本的分析几乎完全集中在语言的“一致”结构转化为“不一致”结构的方式上。与基于认知的分析相比，韩礼德（［1998］1996）很少或根本不关注语言的实际理解。相反，从他的讨论中可以明显看出，他更感兴趣的是语言的历史转换，以及这些转换在构建科学“意识形态”中的作用。

然而，根据他对科学语言语法构建（重构）的详细分析，韩礼德（[1998] 1996）确实讨论了在创建科学文本中使用语法隐喻的明显动机。他在科学文本中确定了语法隐喻的两个目标或“元功能环境”（Halliday，[1998] 1996：221）。第一个目标是语篇功能，用来管理信息流，以创建合理的论点，例如，通过将整个过程看作隐喻性名词，然后用于构建因果句。例如，隐喻“*propagation*”（*繁殖*）和“*incubation*”（*孵化*）结合了概念隐喻和语法隐喻，每一个隐喻都代表着单个词中非常复杂的转化和认知过程。考虑到玻璃裂缝的实际性质（裂缝根本不是一个实体；它是一系列断裂的分子键），如果仅使用字面语言，我们需要几个复杂的段落来表达这些想法。

语法隐喻的第二个目标是概念功能，以创建抽象技术结构的有序分类法。通过将一系列复杂的过程名词化，科学家可以将这些过程分为范畴和次范畴，并将它们组合成因果关系。“*Propagation*”（*繁殖*）和“*incubation*”（*孵化*）都意味着因果关系的层次结构，同样，用更直接、更直白的语言很难明确这种结构关系。韩礼德（[1998] 1996：221）又举了一个来自生物学文本的例子（上文曾提及这个例子）：根据一致式“所有电子……都是不可区分的”转换而来的隐喻式“电子的不可区分性”（作为一个因果实体）进入了另一个过程：溶剂在膜上的运动。

审视语篇中十分明显的语法隐喻的例子（忽略需要“隐喻位移”的多层序列的实例），我们注意到玻璃断裂示例中的大多数语法隐喻都是名词化，而这些名词化语法隐喻对语篇的前后连贯是至关重要的。文本里还包含对动词或形容词的几个转换。“Unnoticed surface cracks”包含了verb→adjective 和 noun→adjective 的转换。动词向形容词的转换体现了对裂缝特点的一次失败认知，名词向形容词的转换体现了实体（裂缝的特点被看作实体）的抽象位置。尽管这些转换本身很有趣，但它们并没有像动词到名词，尤其是过程到名词的转换那样发挥关键作用。这些转换对于论点的理论构建可能不如名词化转换那样重要，然而，它们确实在描述和扩展这一论点以及使非专业读者能够理解这一论点方面发挥了关键作用。

韩礼德展示了过程的名词化是如何通过重复使用来导致词汇化和一种技术性的专业语言的创建。这种专业语言既将科学话语与普通话语分开，又促进了科学论证的发展和延伸。事实上，这类语法转化很可能是科学有序进步的一个必不可少的步骤。韩礼德进一步提出，名词化的过程和科学话语与普通话语的分离导致了意识形态的产生。如果“意识形态”一词是像“用一组连贯的语言结构表达的连贯的思想体系”这样的广义的定义，那么这种说法是非常正确的。如果用更传统的方式来解释“意识形态”，意味着连贯的思想体系是自我生成的，从外部是不可穿透的，并且它导致阶级统治的产生，那么我们会发现韩礼德的论点是不可信的（Ritchie 和 Zhu，2015）。然而，这些更广泛的主张超出了本书的研究范畴。

二 概念隐喻的分析方法

概念隐喻的数量在整个玻璃断裂的语篇中相对较少，其中大多数都用来表示抽象概念，“空间”“空间移动”“物体”“生物体”出现了若干次，“人”“发现”和“约束”（“纽带”）各出现了一次。既然过程是动态的，那么“生物体”和“空间移动”的概念隐喻的使用也就不足为怪了。“时间就是空间”是非常传统的说法，但是因为这篇文章的主题是裂缝在挡风玻璃上的延伸，那么把“空间”作为隐喻喻体的这种用法似乎是别出心裁的。“生殖”隐喻出现在两个不同的形式中，“繁殖”和“孵化”，它体现了被看作有机体的裂缝的两个重要意义：它将一系列断裂的分子键统一为一个单独的实体，将裂纹从一个实体（挡风玻璃）的特征转化为一个与挡风玻璃不同的离散实体；它也将“生命力”，几乎是一种有知觉的意志，注入裂缝中，同样不依赖于赋予挡风玻璃固体完整性的分子键，当这种有机体断裂时，就表现为裂缝。① 与韩礼德在文章中所确定的语法隐喻一样，概念隐喻有助于文章连贯性的构建。语法隐喻以一种有助于理论讨论的方式来浓缩意义，而概念隐喻与之相反，它在更熟悉的概念中重新呈现意义，从而更易于被非专业受众接受。

三 二种分析方法的结合

词汇隐喻常被用来取代复杂的措辞，一个典型的例子是通常用于讨论语言和交流的“管道”或“容器”隐喻系统（Reddy，1993；Lakoff 和

① 一个更准确的隐喻可能是步兵的防御线，其中一名士兵的死亡或撤退使两边的士兵更难坚守阵地，从而增加了他们也会死亡或撤退的可能性。一个不那么戏剧化的隐喻可能是衣服拉链。只要所有的齿合上，拉链就不能被撬开，除非用很大的力，因为合上的链齿彼此加固，有助于将彼此固定在适当的位置上。一旦一个齿脱离齿链或折断，它旁边的齿将只有一侧的支撑，因此也更容易脱离齿链。

Johnson, 1980）。在不使用隐喻的情况下，我们几乎很难准确选择合适的措辞，如“I can't seem to *put* my ideas *into* words”（我似乎无法*将*我的想法*转化*为词语），这是一个非常常见的表达，常见到人们几乎没有意识到其中的“*put... into*”是“管道”或“容器”隐喻。不带隐喻的表达往往需要一长串的句子，其中涉及或多或少难以理解的符号的创建或制定。“容器”隐喻虽然在基本意义上可能具有误导性，但至少我们可以藉此继续讨论词汇选择而无须小题大做。同样，如果不进行某种语法转换（语法隐喻），我们谈论“the indistinguishability of the electrons”（电子的不可区分性）的后果，也需要使用一系列极其复杂的句子。同样的情况也适用于米查尔斯克（T. A. Michalske）和邦克（B. C. Bunker）有关玻璃断裂的例子中的隐喻。“*Incubation* period”（*潜伏*期/*孵化*期）可能有误导性，因为它似乎意味着一块玻璃上的裂缝是一个活的实体，但我们很难想到任何其他的合理紧凑的，比这更好的短语。我们有理由认为，韩礼德所说的“语法隐喻”用于一种修辞目的，与概念隐喻相辅相成。

韩礼德所讨论的“the *distillation* of technical meaning”（技术意义的*蒸馏*[①]）（Halliday，［1998］1996：221）可能同样可以轻而易举地适用于非技术意义（普通对话）。像科学话语一样，在普通话语中，语法隐喻和概念隐喻也经常结合在一起。例如，to love（爱，love 用作动词）就是 to have *fallen in love*（*坠入爱河*，love 用作名词）和 to *be in love*（*在爱情中*，love 用作名词），可能也会让人联想到 to *have* a *loving* personality（*有爱心*，loving 为形容词）。虽然我们可以在没有语法隐喻或概念隐喻的情况下谈论和记录这些经历，但是这样做会使语言表达显得累赘和笨拙，更何况我们到底能否在没有这两种隐喻的情况下表达潜在的经历，这也是令人怀疑的。

我们认为，在许多情况下，语法隐喻可以与概念隐喻的分析相结合。例如，在 2012 年美国总统初选期间，德州州长里克·裴瑞（Rick Perry）称米特·罗姆尼（Mitt Romney）为“*vulture* capitalist”（*秃鹰*资本家）。“*Vulture* capitalist”是概念隐喻和语法隐喻的复合体，“vulture”（秃鹰）

① 这里所举的例子是韩礼德本人使用的语法隐喻：从一致式（动词短语）to distill technical meaning 转换成隐喻式（名词短语）the distillation of technical meaning，但笔者认为它同时又是一个概念隐喻：GETTING MEANING IS DISTILLING WATER（获取意义是蒸馏液体）。

表面上看就是“venture”（风险）的戏谑转换的产物，通过由一个声音代替另一个非常相似的声音来实现；作为一个语法隐喻，“vulture”（秃鹰）将一个表征吃动物尸体的鸟类的名词（实体）转换成一个形容词，表示“表现得像秃鹰”或“具有与秃鹰相关的特质”，然而，“vulture”作为一个形容词很少用于字面意义，因此，这种语法转换需要且暗示了一个先验的隐喻解释。

“Vulture capitalist”作为词汇或概念隐喻，意味着体验像秃鹰一样的资本家的行为（Ritchie，2014）。实际上，它需要激活一个关于秃鹰行为（或文化归因行为）的故事，它们在天空上盘旋觅食，寻找死亡或垂死的动物，有时在动物完全死亡之前就开始进食。然后，这个作为隐喻的故事被投射到资本家，或者更具体地说是风险资本家的行为（或文化归因行为）上，他们寻找和收购破产公司，出售公司资产，解雇工人，或者出售小公司，或者干脆把它关闭。

这种分析还必须考虑到未说出但却隐含其中的主题短语，“venture capitalist”（投机资本家）。“Venture”的本义是从事一项可能有风险的活动，是一个动词；它常常被转化为名词“venture”，表示某种类型的风险事业。在“venture capitalist”这个短语中，它被进一步转换为修饰语（形容词），表示“像从事风险事业并从中获利的人那样”。在最简单的语法隐喻的分析中，我们会把这里的“venture”看成动词向修饰语转换的语法隐喻，但是“*vulture* capitalist”这一短语创造了“vulture”和“venture”之间的平行。“Vulture”，一个由名词向形容词转换的语法隐喻（至少微弱地）暗示了“venture”是由名词向形容词转换而来的一个平行的语法隐喻。由此可见，对“*vulture* capitalist”这样的复合隐喻进行深入的分析似乎暗示了有必要将语法隐喻分析与词汇或概念隐喻分析相结合。

许多研究人员和理论家曾质疑概念隐喻是否在语言理解中起作用，但大量的实验研究表明，在语言处理过程中，作为概念隐喻根基的感知模拟至少是微弱地激活的（Bergen，2012；Gibbs 和 Matlock，2008）。虽然这项研究大多是基于主动动词（“*grasp* the concept”*把握*概念）或身体感觉（“*cold* greeting”*冷淡的*问候），但是有关动物（如鹰）和物体（如路标和煮蛋）的研究（综合评论见 Bergen，2012）证实了感知模拟普遍激活的情况。上述研究支持了以下这一说法，即“秃鹰资本家”（至少会微弱地）激活与喻体“秃鹰”相关的感知模拟，以及在某一文化内被普遍接受的有关其活动的故事。

语法隐喻在语言处理过程中被激活到底意味着什么？我们对“*vulture* capitalist”中的“*vulture*”的分析则暗示了部分答案，从名词到形容词的句法转换激活了与鸟有关的特征以及与鸟有关的故事。“资本家”一词可能至少会激活一些涉及财产所有权的金融、经济和法律关系的复杂系统的部分模拟。“Venture capitalist”中的“venture”从名词到形容词的隐式平行句法转换激活了与特定职业或活动相关的特征和故事。这些部分模拟的结合（潜在地）将“vulture”（秃鹰）的特征和故事映射到“venture”（风险）的特征和故事上。在我们上文提到的“the failure of glass”（玻璃的断裂）的例子中，对（转换前）破碎的行为过程和（转换后）抽象实体的模拟至少被微弱地激活了。在“arrival”的例子中，（转换前）某人的空间运动以及（转换后）他的持续存在都会被激活。

虽然还没有直接的研究来验证语法隐喻激活感知模拟的潜力，或探索语法隐喻对认知加工的其他可能影响，但伯根（Benjamin K. Bergen）（2012）提到的一些实验证据确实证实了句法在塑造感知模拟中所起的作用。例如，在一系列的实验中，伯根让受试者聆听一系列用于描述背离受试者（“你”）或第三人称（“投手”）方向的运动或朝着他们运动的句子，然后，向受试者快速连续地展示两张显示物体的图片，并要求他们指出第二个物体是否与第一个物体相同。当句子描述了朝着受试者运动时，他们对第二张稍大于第一张的图片的反应快于第二张稍小于第一张的图片的反应（这与句子描述的朝着受试者方向的运动或背离受试者方向的运动相一致）；当句子描述了朝第三人称方向的运动时，受试者对第二张稍微向右移位（这暗示了与视线垂直的运动）的图片的反应比对未移位的图片的反应要快。

这些结果，连同伯根回顾的其他几项实验的结果，都与句法对感知模拟和理解产生的影响不依赖于词义的观点一致，它们也与句法元素和词汇元素相互作用形成感知模拟的观点一致。在大脑处理范畴转换的形式时，原始的句法形式也会被体验，例如，在处理有关“failure of something”（某物的断裂）或“something broken”（断裂的某物）的句子时，由动词体现的断裂的过程至少会被微弱地体验，要证实这一拓展的观点需要更详尽的实验设计。

第三节　反思与讨论

大多数语言理论家和研究者可能会同意，语言的句法和词汇对意义和理解各自起到一定的作用，甚至句法和语义代表着独立但又相互作用的意义系统。韩礼德（1985、［1998］1996）把（词汇）隐喻的概念扩展为两个不同词汇单位（如，来自不同意义域的单词）之间的关系，并提出了语法隐喻的概念，即两个不同句法单位（如有着共同词位的动词和名词形式）之间的关系。

莱考夫和约翰逊将隐喻定义为两个概念之间的关系，在这个关系中，本体概念被体验为喻体概念。韩礼德认为语法转换或“范畴转换”常常体现在语法结构上，语法表征的初始概念（本体）借助于一个不同的语法表征概念（喻体）来体验。这种语法的范畴转换似乎和概念隐喻包罗万象的概念是相容的，但这两种研究语言和思维关系的方法也并非协同扩展：概念隐喻包含了许多并未在语法结构中表征的概念映射；而许多语法隐喻的例子，在认知语言学的视角下，也仅仅只是语法的转换，它们是相对不变的潜在概念的转换，而不是将一个潜在概念映射到完全不同的事物上。正如我们在对“玻璃断裂”样本文章的平行分析中所指出的，词汇或概念隐喻常常独立于语法隐喻，如 *propagates*、*grow* 等，语法隐喻在很多时候也独立于概念隐喻而存在，如 unnoticed surface cracks、the impact of a stone 等。当然，也有不少范畴转换本身也包含了概念隐喻，二种隐喻在某些情况下可以融合在一起，构成语法隐喻和概念隐喻的复合体，如我们上文提到的 the *distillation* of technical meaning、*incubation* period 等。

部分基于他对科学话语中的“语法隐喻”的分析，韩礼德对语法隐喻在构成意识形态中的作用提出了更广泛的历史和哲学观点，这可能对批判性话语分析研究者有所帮助。本章没有探讨韩礼德研究的这些维度，而是主要集中在语法隐喻对一种更注重认知的话语分析方法的影响和潜在贡献。

不同于任何关于思想史或意识形态的主张，对“玻璃断裂”文本的语法隐喻和概念隐喻分析提供了不同但互补的有关文章和主题的见解。我们似乎可以在隐喻的认知概念中将语法隐喻作为一个子范畴，并不需要像斯蒂恩所声称的那样，对莱考夫和约翰逊所提供的隐喻的定义进行过多的扩展，尽管语法隐喻确实需要一套不同的编码和分析步骤。此外，语法隐喻似乎又为话语分析增添了一个潜在的有用工具。例如，在里奇（2014）对“*vulture capitalist*”的分析中，他运用了概念隐喻和故事隐喻①的分析视角，而我们在本章节中对同一隐喻的分析增添了语法隐喻视角，这在很大程度上丰富了对该隐喻的解释。反过来，我们也证明了概念隐喻分析有助于补充和丰富韩礼德（1998）从语法隐喻角度对米查尔斯克和邦克（1987）所写的关于玻璃断裂文章的分析。在下一章节，笔者将同时以语法隐喻和概念隐喻为视角分析某一特定文本来更深入地探讨二者在语篇分析中融合的可能性以及融合的具体类型。

然而，韩礼德尚未解决的一个问题是认知加工和理解。最近的一些实验证据（Bergen，2012）间接地支持了这样一种观点，即语法隐喻可能以一种塑造感知模拟并影响认知加工的方式与概念隐喻相互作用，但是，对于语法隐喻是否会独自影响认知加工过程，我们还没有直接的证据。故语法隐喻和概念隐喻的相互作用或二者的融合互补有待更广泛、直接的实验证据加以验证。

本章小结

韩礼德提出的语法隐喻概念，潜在且有益地拓展了认知隐喻理论及其分析方法（Halliday，1985，[1998] 1996；Halliday 和 Matthiessen，1999）。有些语法隐喻似乎属于莱考夫和约翰逊（1980）讨论的客观化隐喻范畴，但韩礼德讨论的许多语法隐喻类别需要一套完全不同的概念体系和分析方法。在本章中，我们已表明，将语法隐喻与概念隐喻结合用于分析自然发生的话语并非难事，并且在许多情况下，将这两种方法结合起来的分析会使我们对隐喻有更深刻、更全面的理解。尽管最近的实验证据为下面这一普遍的看法提供了佐证，即句法以独立于词汇加工但又与之交互的方式促进语言加工，但是语法隐喻是否以及如何影响语言认知加工的问题在很大程度上还没有经过验证和探索。总之，我们认为，对语法隐喻的进一步研究，有着丰富和扩展我们对语言、认知以及语言与认知的互动的理解的潜力（Ritchie 和 Zhu，2015）。

---

① 故事隐喻理论见本书第十一章，它由里奇教授提出，在他 2017 年出版的专著《语篇中的隐喻故事》中有详细论述。

第九章

基于感知模拟的语篇层面融通隐喻解析

在第八章探讨分析了概念隐喻和语法隐喻在语篇分析中的融合互补作用之后，本章将进一步深入研究概念隐喻和概念语法隐喻在语篇中的融通类型和特点。本章以奥巴马在韦克菲尔德中学的开学演讲为语料，分析了语篇中概念隐喻和概念语法隐喻的三种主要融通类型："物体隐喻"和名词化概念语法隐喻的融通、"具体行为隐喻"和名词化、形容词化概念语法隐喻的融通、"人体部位转喻"和动词化概念语法隐喻的融通，指出概念隐喻和概念语法隐喻通过隐喻识解过程中的感知模拟，在语篇中融会贯通，共同作用于语篇的遣词造句和语篇主题意义的构建。

第一节　研究背景

莱考夫和约翰逊（1980）的概念隐喻理论是对传统隐喻研究的一大突破，他们最具革命性的观点是隐喻不仅仅是语言修辞手段，更是一种思维方式。我们在语言中观察到的隐喻表达，如**sweet**[①]dreams，体现了潜在的概念隐喻，即一个较抽象的概念，如 pleasant（美好），是以另一个较具体的概念，如 sweet（甜蜜），为经验基础的；换句话说，隐喻是从一个具体的概念域向一个抽象的概念域的系统映射。莱考夫和约翰逊将研究焦点放在一些较为常见的、在传统意义上已经词汇化了的或"死亡"的隐喻表达，如**rising** prices 和**warm** relationship。他们认为对这些广泛使用的表达的分析可以揭示潜在的概念认知结构。故**rising** prices 体现了 height（高度）向 quantity（数量）和 object（物体）向 price（价格）的两条潜在映射（MORE IS UP，

---

① 本章对体现概念隐喻的词汇以加粗表示。

PRICE IS OBJECT)；而warm relationship 则体现了 temperature（温度）向 affection（感情）的潜在映射（AFFECTION IS WARMTH)。

韩礼德的"语法隐喻理论"同样是对传统隐喻研究的一种背离。语法隐喻是语法范畴的交叉耦合（cross-coupling）（Halliday，2004：xvi），而范畴转换（transcategorization)① 是语法隐喻产生的基础（Halliday 和 Matthiessen，1999：242-244)。Halliday（［1994］1985）将语法隐喻分为概念语法隐喻和人际语法隐喻，并将研究重点放在概念语法隐喻，尤其是名词化的概念语法隐喻。语法隐喻是对人类经验的重塑或重新语法化（朱永生、严世清，2000：96)，就这一点来看，概念语法隐喻是其最典型的体现，而其中的名词化则体现了人类认知能力发展的一般规律：从感性认识上升到理性认识。它和认知语言学的概念隐喻有着共同的认知基础，这也是二者可以融通的前提。

近年来，国内已有不少学者（范文芳，2007；何伟，2008；毛凡宇，2010；从迎旭，2011）运用认知科学理论如概念隐喻理论、原型范畴理论、图形背景理论、兰盖克的认知语法等阐释语法隐喻的生成机制，然而在研究认知语言学的概念隐喻时，却很少有学者借鉴语法隐喻的理论框架来解释它的表达机制。对于"语法隐喻是否存在于体现潜在的概念隐喻的语言隐喻中?""它与概念隐喻如何在认知层面上融会贯通?""二者的互动对语篇意义产生何种影响?"等问题鲜有学者进行探讨。语法隐喻作为系统功能语言学中认知研究的主要内容（从迎旭、王红阳，2013：38)，它和概念隐喻的融通存在潜在的可能性。里奇和祝敏（2015）的研究发现，语法隐喻理论和概念隐喻理论可以在语篇分析中相互融合，共同作用于语篇意义的阐释。本研究正是在该研究基础上的延伸和拓展。

第二节　概念隐喻、概念语法隐喻和感知模拟的关系

感知模拟论（Barsalou，2008；Gibbs 和 Matlock，2008；Ritchie，2006、2010、2011、2013）起源于美国认知心理学家巴萨罗提出的关于感知符号系统的理论（Perceptual Symbol Systems)。巴萨罗（1999）认为，概念神经系

① 范畴转换是语法层中不同语法项目之间产生的转换，即一个语法范畴向另一个语法范畴的映射，这一思想与认知语言学的概念隐喻不谋而合。

统和知觉神经系统在每一个层面上都是平行和相互作用的，概念神经系统能部分地模拟知觉体验的各个方面。在加工语言时，我们经历了内部生理状态和认知状态的模拟感受，以及情感反应和外部感受如视觉、听觉、触觉等的模拟。吉布斯（2006、2008）的研究表明隐喻加工同样也涉及感知模拟。隐喻的加工过程可以从感知模拟的角度作出如下解释：语言单位（词汇、短语及语法结构）部分激活了与所指称的物体、状态和行为相关联的神经通路，即对隐喻喻体的部分模拟，被激活的有关隐喻喻体的部分模拟又与隐喻本体相连（Ritchie 和 Zhu，2015：119）。这一解释从认知心理和神经机制的角度阐释了隐喻是如何被识解的。尽管感知模拟论可以作为一个独立的隐喻理论而存在，但它常常被看作概念隐喻理论的延伸和补充（Ritchie，2013：88），因为它可以用于进一步解释莱考夫和约翰逊（1980）有关概念隐喻的基本论断：隐喻本体不仅通过喻体来表达，而且借助于喻体来体验。

将感知模拟论和概念隐喻理论的观点综合起来，我们就可以对**rising** prices，**warm** relationship 等隐喻作出新的解释：当我们听见或看见**rising** prices 这一表达时，我们将“价格上涨”这一抽象概念模拟体验为“物体的上升运动”；而当我们听见或看见**warm** relationship 这一表达时，“关系友好”这一抽象概念则被模拟体验为“身体的温暖”。

概念隐喻的体现总是涉及词汇隐喻（尽管有些词汇隐喻从传统意义上看并非隐喻，只是一些惯用语），然而部分概念隐喻的体现也涉及语法结构的改变，即借助于语法隐喻这一界面投射到词汇语法层。如英语中最常见的短语**take** a **look**、**take** a **walk**、**take** a **sleep** 等，其中蕴含的概念隐喻是 AN ACT IS AN OBJECT（行为是物体），它们也是名词化概念语法隐喻的体现。而从认知层面看，某些概念语法隐喻的形成是潜在的概念隐喻在支配语义层与词汇语法层之间的投射和联结。如“5 o'clock **witnessed** their **arrival** at the peak of the Yellow Mountain.”被认为是“They arrived at the peak of the Yellow Mountain at 5 o'clock.”的隐喻式，这其中涉及概念语法隐喻中物质过程向心理过程的范畴转换以及“arrive”的名词化过程，而支配这一词汇语法层改变的表象背后是潜在的概念隐喻“TIME IS A HUMAN”（时间是人），“AN ACT IS AN OBJECT”（行为是物体）。根据感知模拟论，人们在形成“时间”和“行为”这两个抽象概念时，将它们分别体验为“有视觉能力的人”的部分模拟和“看得见、摸得着的具体实物”

的部分模拟。在此基础上形成的对该语法隐喻式的感知模拟，更能突出视觉效果，更易唤起读者对个人登山经历的回忆，如沿途的风景、疲惫感、登山的伙伴等。显然，隐喻式比一致式的表达更为生动，更具感情色彩。

由此可见，从感知模拟的角度可以解释概念隐喻中某些抽象概念是如何基于人对客观世界的感官体验而产生的，潜在的概念隐喻在某些情况下①又可以通过概念语法隐喻这一界面在词汇语法层得以体现。将感知模拟论、概念隐喻理论、语法隐喻理论融合在语篇分析中，可以更深入地解析这种融通隐喻②的外在表现形式和内在认知机制如何相互作用并共同构建语篇意义的。

第三节　概念隐喻和概念语法隐喻在语篇中的融通

本研究以美国前总统奥巴马于 2009 年 9 月 8 日在韦克菲尔德中学向全美中小学生所做的题为“My Education, My Future”的新学期致辞为语料，展示感知模拟视角下概念隐喻与概念语法隐喻在语篇中的融通模式。我们将语篇中挑选出的隐喻分为三种类型：（1）纯粹的概念隐喻；（2）纯粹的语法隐喻；（3）概念隐喻和概念语法隐喻的融通体（融通隐喻）。在这篇 2666 个字的演讲中，笔者共找到体现纯粹的概念隐喻的表达 62 个，体现纯粹的语法隐喻的表达 47 个，体现概念隐喻和概念语法隐喻融通体的表达 28 个，融通隐喻在该语篇的隐喻表达中占比 20.4%。融通隐喻是我们的研究重点，因为它是概念隐喻和语法隐喻融会贯通的最佳表征，而作为概念隐喻理论拓展和延伸的感知模拟论则可以阐释二者如何在认知层面上融合、互动（祝敏，2018）。

一　“物体隐喻”和名词化概念语法隐喻的融通

在奥巴马开学演讲的语篇中，“物体隐喻”是与概念语法隐喻融通频率最高的概念隐喻，共有 9 个，在所有的融通隐喻中占比 32.1%。它又可

① 概念隐喻在另一些情况下，无须借助语法隐喻来体现，如 Time flies so quickly.，其中潜在的概念隐喻是 TIME IS A BIRD（时间是鸟），此概念隐喻仅通过词汇隐喻 fly 来体现，其中没有涉及语法范畴的转换。这就是下文中提到的纯粹的概念隐喻。

② 本章对隐喻的研究仅限于那些以概念语法隐喻为界面，在词汇语法层体现的概念隐喻，即概念隐喻与概念语法隐喻的融通体，简称融通隐喻。

以分为两小类，即“行为、技能是物体”（AN ACT/A SKILL IS AN OBJECT），“抽象概念是物体”（AN ABSTRACT CONCEPT IS AN OBJECT），如例（1）—（9）：

（1）**Give** yourselves a big round of **applause**[①].

（CM[②]：鼓掌的行为是可以给予的物体）

[GM[③]：动词（applaud）→名词（applause）；CF[④]：Applaud yourself.]

（2）… my mother would just **give** me one of those **looks**…

（CM：看的行为是可以给予的物体）

[GM：动词（look）→名词（look）；CF：… my mother would just look at me…]

（3）I've **given** a lot of **speeches** about education.

（CM：讲话的行为是可以给予的物体）

[GM：动词（speak）→名词（speech）；CF：I've spoken a lot about education.]

（4）… the **responsibility** each of you **has** for your education.

（CM：责任这一抽象概念是可以拥有的物体）

[GM：形容词（responsible）→名词（responsibility）；CF：… You each are responsible for your education.]

（5）you'll need the insights and **critical-thinking skills** you **gain** in history and social studies…

（CM：批判性思维的技能是可以获得的物体）

[GM：动词（think）→名词（thinking）；副词（critically）→形容词（critical）；名词短语（critical thinking）→复合形容词（critical-thinking）；定语从句（skills）that…）→复合形容词（critical-thinking（skills）；CF：… skills that help you think critically…]

---

① 本章对语篇中的融通隐喻加下划线标示。

② 本章用概念隐喻 conceptual metaphor 的首字母 CM 来指代概念隐喻。

③ 本章用语法隐喻 grammatical metaphor 的首字母 GM 来指代语法隐喻。

④ 本章用一致式 congruent form 的首字母 CF 来指代一致式。

（6） And my life could have easily **taken** a <u>turn</u> for the worse.

（CM：改变是翻转；改变这一行为是可以拿走的物体）

［GM：动词（turn）→名词（turn）；CF：And my life could have easily turned/changed for the worse.］

（7） They chose to **take** <u>responsibility</u> for their lives…

（CM：责任这一抽象概念是可以拿走的物体）

［GM：形容词（responsible）→名词（responsibility）；CF：… They chose to be responsible for their lives…］

（8） Some of the most successful people in the world are the ones who've **had** the most <u>failures</u>.

（CM：失败这一抽象概念是可以拥有的物体）

［GM：动词（fail）→名词（failure）；CF：… who've failed the most times.］

（9）… it's a sign of strength because it shows you **have** the <u>courage</u> to admit when you don't know something…

（CM：勇气这一抽象概念是可以拥有的物体）

［GM：形容词（courageous）→名词（courage）；CF：… you are courageous to admit…］

通过对“物体隐喻”和概念语法隐喻的融通体的具体实例分析，我们发现“物体隐喻”本身往往蕴含着语法隐喻的名词化，因为当“行为、过程”等被描述为“物体”时，体现“行为”的动词则被转化成体现“事物、状态”等的名词，如 applaud v. →applause n.，speak v. →speech n. 等；而当抽象概念的某一特质被描述为“物体”时，其典型的体现形式形容词也随之进行了范畴转换，如 responsible adj. →responsibility n.，courageous adj. →courage n. 等。广泛的实证研究已显示，以概念隐喻为基础的感知模拟在语言加工过程中至少被微弱地激活了（Bergen，2012；Gibbs 和 Matlock，2008）。尽管没有直接的研究来验证潜在的语法隐喻是否能激活感知模拟或对认知加工过程产生其他可能的影响，但目前已有一些实验证据表明，句法在塑造感知模拟时的确起到一定的作用。如被引发的移动构型（caused-motion construction）“You are sliding the cafeteria tray to Sally.”比双宾语构型（ditransitive construction）“You are sliding Sally the cafeteria tray.”提供了更详细的有关物体的移动轨迹的体验模拟（Bergen，2012：108）。基于已有的这些实验证据，我们在分析此类名词化“物体隐喻”时，可以作出以下推断：经过范畴转换，来自行为、特质等的名词除了激发与该行为或特质相关的某些感知模拟外，还会激发与该名词连用的动词的某些模拟体验，而这恰恰是感知模拟中凸显的部分。如例（1）中的“applause”可能会激发某些人的听觉体验：雷鸣般的掌声，扩音器中传出的演讲者洪亮的声音等，以及主席台、演讲者、观众、聚光灯、宽敞的礼堂等视觉体验，但由于范畴的转换，“鼓掌”随之被作为“物体”与动词“给”连用，感知模拟的焦点便落到了发出“鼓掌”这一动作的最初的瞬间，也就是提供“鼓掌”这一物体的那个时刻。在演讲中，奥巴马多次运用这种名词化“物体隐喻”，而他也将观众感知模拟的焦点对准了那个和经过范畴转换的名词搭配的动词上，如“give”“have”“take”等，以此来激发听众（即全美的中小学生）立即响应他的号召，采取行动，为自己和国家的未来做好准备。为了将来的成功，青少年们要敢于承担（take）责任，要有（have）勇气，要有（have）多次失败的教训，要努力获取（gain）洞察力和思辨能力，同时不忘为自己付出的努力给予（give）热烈的掌声。名词化“物体隐喻”的运用使得该语篇更具鼓动性和感染力，奥巴马以一位人生阅历丰富同时又是谦虚长者的身份，教导中小学生们如何面对挫折和困难，如何通过接受教育改变自己的命运和国家的未来。

二 “具体行为隐喻”和名词化、形容词化概念语法隐喻的融通

另一个和概念语法隐喻融通频率较高的概念隐喻是“具体行为隐喻”，即“某一抽象行为是某一具体行为”（AN ABSTRACT ACT IS A CONCRETE ACT），这里的“抽象”和“具体”是相对而言的，也就是目标域中的行为相较于源域中的行为是更抽象的。它共有 6 个，占所有融通隐喻的 21.4%。如例（10）—（15）：

（10）… I'd **fall** <u>**asleep**</u> right there at the kitchen table.
（CM：入睡是从高处坠落）
［GM：动词（sleep）→形容词（asleep）；CF：… I'd be sleeping…］

（11）I've talked about teachers' responsibility for inspiring students and pushing you to learn.

（CM：让某人做事是推动某人）

［GM：动词（push）→动名词（pushing）；同位语从句（the fact that...）→动名词短语（pushing you to learn）；CF:... the fact that teachers push you to learn.］

（12）... your government's responsibility for setting high standards, and supporting teachers and principals, and turning around schools that aren't working...

（CM：制定标准是搁置物体；支持是支撑；改变某物是把某物转过来）

［GM：动词（set；support；turn around）→动名词（setting；supporting；turning around）；同位语从句（the fact that...）→动名词短语（setting high standards；supporting teachers and principals；turning around schools）；CF：the fact that your government sets high standards，your government supports teachers and principals，and your government turns around/changes schools...］

（13）... the most supportive parents...

（CM：支持是支撑）

{GM：动词（support）→形容词（supportive）；定语从句［（parents）that support...］→形容词［supportive（parents）］；CF:... parents that support you the most...}

（14）So I wasn't always as focused as I should have been on school...

（CM：引起注意是照相机聚焦）

［GM：动词（focus）→形容词（focused）；CF：So I didn't always focus my attention on school... /So school didn't always attract my attention...］

（15）That's no excuse for talking back to your teacher，or cutting class，or dropping out of school.

（CM：缺课是从一整块物体上剪下一块；退学是扔出去）

［GM：动词（cut；drop out）→动名词（cutting；dropping out）；同位语从句（the fact that...）→动名词短语（cutting class；dropping out of school); CF:... the fact that you cut class/are absent from class, or the fact that you drop out of school/quit school.]

通过对例(10)—(15)的具体分析，我们发现与“具体行为隐喻”相伴出现的语法隐喻大部分仍属于名词化概念语法隐喻，仅有少量的形容词化概念语法隐喻。和上一类名词化“物体隐喻”不同的是，它们是通过添加-ing来实现词类的转化。因为这一类融通隐喻是由抽象行为和具体行为之间的映射而产生，行为典型地由动词来体现，这里的范畴转化只是部分转化，将动词转化成动名词，它仍带有动词的某些特点。如果动词被完全转化为名词，那它的词尾往往带有-tion，-ment等后缀，而它的意义也将由表示行为、动作转换成表示物体、状态。这也就解释了为什么“具体行为隐喻”常常和词尾为-ing的名词化概念语法隐喻构成融通体。此外，这一类融通隐喻中的语法隐喻绝大部分不仅仅涉及词汇语法层的类转移(词类的转化)，如动词转化为名词、形容词等范畴，还涉及级转移(语法层级的转化)，如从句向短语的转化。这就是韩礼德所说的级阶下移，即所有从高级阶的词汇语法表达形式向低级阶的转义使用现象(严世清，2003：53)，它可以使语言表达更加凝练、压缩或紧凑，这也是韩礼德对语言发展所做的假设之一(丛迎旭，2011：49)。从感知模拟论的角度去解释，我们会发现概念隐喻和概念语法隐喻的这种融通体使该演讲语篇更具感染力，使语篇的主题意义更加突出。如在例(11)中，当观众听到“pushing”这一词时，可能会触发以下感知模拟：首先是“推搡”的动作，接着是由“推搡”这一动作衍生出来的踉跄、吃力、受到束缚等一系列的模拟体验，将这些关于源域的感知模拟映射到目标域时，又会引发像老师的斥责、一大堆作业、疲乏困倦等一系列的感知模拟，这些模拟因个人经历的不同，也会有所差异。如果观众是教师，他们会更多地产生关于不听话的学生的一些感知模拟。而观众是学生，他们会更多地产生有关严师的感知模拟。与动词“push”相比，动名词“pushing”引发的感知模拟更有可能是一个延续的(非短暂的)、静态的(非动态的)动作①，如同电影画面中的定格处理，它也因此在观众对这段文字的感知模

① 有关“pushing”的感知模拟的推想是基于伯根(2012)关于语法要素如句法结构、动词的时、体等对人的模拟体验产生影响的实验所得出的结论。

拟中处于凸显的位置。此外，由于级阶下移，原先一致式中的同位语从句“... the fact that teachers push you to learn.”也被转化成了动名词短语“pushing you to learn”，这使得观众可以在更短的时间里进入对核心词汇“pushing”的感知模拟，提高了观众获取信息的效率。这也完全符合伯根（2012：132）关于模拟进程的论断：人们渐进地激活模拟，只要读者/听者一获得模拟的可靠信息（即一个词在某一特定语境下暗示了可模拟的某事物），他们就开始模拟，无须等到句子结束。由于演讲的主要受众是全美的中小学生，针对这些人群喜好新鲜事物、注意力难持久等心理特点，奥巴马更多地选择结构紧凑、富含信息的短语而不是那些松散、冗长、空洞的长句来分散学生的注意力，本次演讲的主题——教育的重要性，以及奥巴马对学生的勉励通过这一类融通隐喻的使用而变得更加鲜明。

三 “人体部位转喻”和动词化概念语法隐喻的融通

在奥巴马的开学演讲中，“人体部位转喻”，即“人体部位替代与之相关的位置移动、方向或其动作”（PART OF HUMAN BODY FOR ITS MOVEMENT, DIRECTION OR ACT），也常常与概念语法隐喻融通。它共出现了3次，占该语篇所有融通隐喻的10.7%。与隐喻相同，转喻也是人类认识事物的一种重要方式，也来自于人的基本体验。在认知语言学中，它纳入隐喻的研究范畴中，被认为是一种特殊的隐喻化过程（Lakoff 和 Johnson，1980）。如例（16）—（18）：

（16）He's <u>headed</u> to college this fall.

（Conceptual Metonymy：头部替代与该人体部位相关的位移：前往）

［GM：名词（head）→动词（head）；CF：He's gone to college this fall.］

（17）They <u>face</u> challenges in their lives just like you do.

（Conceptual Metonymy：面部替代与该人体部位相关的位置方向：面对）

［GM：名词（face）→动词（face）；CF：They turn their faces to challenges...］

（18）You definitely have to do a few drafts of a paper before it's good enough to <u>hand</u> in.

(Conceptual Metonymy：手部替代与该人体部位相关的动作：传递)

[GM：名词（hand）→动词（hand）；CF：… before it's good enough to use your hand to give them to your teacher.]

通过对例（16）—（18）的双重分析，我们发现“人体部位转喻”通常与动词化概念语法隐喻融通。尽管在韩礼德（[1998] 1996）“语法隐喻综合征”的13种语法隐喻形式中并未包括名词向动词的转化和形容词向动词的转化，即实体过程化和性状过程化，但此后有不少学者对此提出了质疑和补充，如丛迎旭（2014：77）认为，语法隐喻和词汇隐喻存在并存关系：自下而上分析，动词化是一种词汇隐喻，一个拼写表达了两种意义；自上而下分析，动词化又是一种语法隐喻，一个意义（集合）被体现为两种语法形式。本书对动词化的界定采纳丛迎旭的观点。人体本身就是一个立体的三维空间，体现了如上下、前后、左右、里外等各种空间关系，当我们把人体部位词如头、脸等用作隐喻或转喻时，很自然就会将这些空间关系投射到目标域上。同时，人体也是一个生物体，各部分都有其独特的功能，如手的传递功能、嘴的述说功能、肩膀的负重功能等，当我们把人体部位词如手、肩膀等用作隐喻或转喻时，它们的这些功能也会随之投射到目标域上。在例（16）中，“头”被转化成动词，用于表示“向前的位置移动”。在观众对“头”这一概念域进行感知模拟时，在当前语境的作用下，“头”的某些特征得以高度激活，如它体现的空间关系“前方”，而某些与语境不相关的特征如它是“圆形的”“有意识的”等就受到某种程度的抑制。“头”在该语境下所凸显的空间关系“前方”是联系另一概念域“向前的位置移动”的纽带，或者说是通往目标域的思维路径上的一个参照点（杨青，2013：35），正是这一参照点，使得我们可以用“头”来替代“前行”。又如，在例（18）中，“手”被转化成动词，用于表示“传递的行为”。由于手的其他特征如形状、触觉等被弱化，它的传递功能在当前语境下得到高度激活，使之凸显成通往另一概念域“传递的行为”的思维路径上的参照点，并最终将这两个概念域在思维中连接起来。由于这些“人体部位转喻”经历了语法隐喻的动词化过程，或者说静态范畴的动态化过程，大大增加了情感召唤力（李晓燕等，2009：72），我们在感知模拟时，更有可能模拟体验到比非转化动词更具体化的动作行为。如在听到例（17）中的“face”时，在语境的激发下，我们体验到的“面对”是更具体化的和更具感情色彩的“无所畏惧地迎接挑战”，通常伴随着在逆境中的苦苦挣扎和奋斗，因为由名词“脸”转化而来的动词“面对”凸显了人在困难和挫折面前不低头，迎面而上的模拟体验。奥巴马通过运用这一类动词化“人体部位转喻”，形象具体地向全美中小学生们传递了以下信息：他们如何应对挑战和顺利完成学业，而奥巴马对学生给予的厚望也因此渗透于“head”（昂首阔步地迈向高等学府）、“face”（无所畏惧地迎接挑战）、“hand”（从容、自信地将论文交给教师）这几个经过转化的动词之中。可见，这一类融通隐喻可以起到增添词义、浓缩信息、表达情感等的作用，因而更易于在语篇中，尤其是演讲语篇中唤起观众的情感，引起他们的共鸣，并使他们更趋向于接受演讲者的观点。

综上所述，概念隐喻和概念语法隐喻之所以可以融会贯通是因为它们同属于建构主义派别，都把隐喻看成人类语言构建社会的一种工作机制（付岩，2009：iii），并且它们有着共同的认知基础，都是基于人类经验的认知重构。对融通隐喻的研究，使我们可以从双重维度对隐喻展开研究，概念隐喻维度聚焦于隐喻的认知机制，即在某一语篇中读者感受隐喻的认知过程以及理解同一语篇中不同隐喻间的隐性联系；语法隐喻维度聚焦于隐喻的表达形式，即隐喻的外在构成以及同一语篇中不同隐喻间的显性联系，而这两种维度的融合有助于对隐喻的外在表达形式和内在认知机制的相互作用展开更全面的分析和研究。

在奥巴马的开学演讲语篇中出现的概念隐喻和概念语法隐喻的融通体并非个别现象，且它们的融通类型也是有规律可循的。文中提到的三种融通类型：名词化“物体隐喻”，名词化、形容词化“具体行为隐喻”和动词化“人体部位转喻”占据了该演讲语篇所有融通隐喻的63.7%，其他类型的融通隐喻还有“时间隐喻”和级阶下移型语法隐喻的融通体、“方位隐喻”与名词化语法隐喻的融通体等，因它们分别只出现了1次，就不再展开赘述。之所以这三种融通类型在奥巴马开学演讲中占据主导地位，一是因为名词化、动词化、形容词化本身就是语篇中最为常见的语法隐喻，而与之融通的“物体隐喻”“具体行为隐喻”“人体部位转喻”是源自于人们日常生活中的最基本的体验，如对“物体”的触觉体验：“给”“拿”“拥有”等；对人的一些基本行为动作的体验：“翻转”“支撑”“抛”“剪”等；对人体部位“头”“脸”“手”的体验。二是因为我们的研究语料为演讲，演讲语篇的主要感知模式是听觉，为了让观众更专注于演讲，能在较短时间内获取感知模拟的关键信息，语篇的语言形式以富含信息的短句、短语为主，减少了只起语法衔接作用、没有实际意义的词汇比重，如 the fact that。三是因为奥巴马开学演讲的受众是中小学生，这三种类型的融通隐喻因其简洁、生动、具体的语言表达，符合中小学生注意力不稳定、难持久，关注新鲜的、感兴趣的事物等主要认知特点，故更易于被该受众群体接受（祝敏，2018）。

本章小结

本章以感知模拟论为切入点，阐释了概念隐喻和概念语法隐喻融会贯通的可能性，指出语篇中存在概念隐喻与概念语法隐喻的融通体，即融通隐喻。与此同时，对奥巴马开学演讲中的融通隐喻由表及里地——从表层的语言表达式到深层的认知机制——展开纵向剖析，以阐释概念隐喻和概念语法隐喻如何在语篇中融合、互补，共同作用于语篇的遣词造句和语篇主题意义的构建。

本章所列举的融通类型是在奥巴马开学演讲语篇中出现频率最高和最典型的几种，但这并不意味着这几种融通隐喻会同样高频率地出现于其他类型的语篇中，甚至是演讲语篇中，因为奥巴马开学演讲的受众是中小学生，他所选择的语言类型是针对中小学生的，演讲的受众发生变化，隐喻的融通类型很有可能也会改变。隐喻的融通类型还可能和作者的写作目的、写作手法、文体风格等有关。影响概念隐喻和概念语法隐喻融通的因素、融通隐喻的其他类型以及它们是否存在于其他文本中，有待进一步的研究和论证。

第十章

基于感知模拟的语篇层面故事隐喻解析

笔者在本章中将从演讲、中国古代诗歌及古典小说中选取典型的故事隐喻作为语料，以美国隐喻研究专家大卫·里奇的故事隐喻理论为依据，结合感知模拟论，尝试探索一种从故事隐喻的视角分析语篇的新模式，以期为国内的隐喻研究者和语篇分析的研究者们展示一个语篇层面隐喻分析的新视角和新思路。

第一节 故事和故事隐喻

故事是人们普遍使用的一种语篇形式，是占主导地位的语篇形式（Bruner，2002；Graesser 等，2002）。尚克和埃布尔森（Roger C. Schank 和 Robert P. Abelson，1995：1）认为“事实上人类的所有知识都是基于过去的经历而建构起来的故事”，“搜寻人类记忆就是搜寻故事”（Schank 和 Abelson，1995：3）。显然，在用语言组织我们的社会互动和对世界的理解中，故事的讲述构成了核心部分。那么，什么是故事？研究者们基于他们各自的意图，或多或少概括地给出了故事的定义。尚克和伯曼（T. R. Berman，2002：288）将故事定义为“对经历或虚构经历的有组织、有条理的复述。一个令人满意的故事包括……主题、目标、计划、期望、失望（或障碍），也许还有阐释和解决办法”。布鲁纳（Jerome Bruner，2002：18）认为“所有形式的叙述是所期望的事和实际发生的事之间的辩证统一。因为只要有故事，无法预料的事就会发生”。艾博特（H. Porter Abbott，2008：13）提出了一个更简单、更具包容性的定义，“故事是对一个事件或一系列事件的陈述”。尚克和埃布尔森（1995）指出，许多单个的词汇及短语具有提醒故事的能力；依赖语境，它们可以激活故事的详细体验。常见的例子有，“9·11”“诺亚方舟”“葛底斯堡”“水门”“拉链门”等。在艾博特的定义的基础上，里奇（2017）对“故事”和“故事索引”做出了界定：描写或指称一个易辨认的和具有因果关系的一系列事件的任何话语即为故事；明显用于提醒听者一个已知虚构或真实的故事（一系列事件）的任何话语即为故事索引。笔者在本研究中采纳里奇对“故事”及“故事索引”的定义。

里奇（2010a、2011、2012、2013、2014、2017）的研究表明，隐喻和故事有着密不可分的关系。故事常常包含隐喻，隐喻常常暗示故事（即隐喻故事），而故事又经常被用作隐喻（即故事隐喻）。里奇（2017）将故事隐喻和隐喻故事均纳入了故事隐喻研究范畴，因为二者本身就是浑然一体的，故事隐喻更侧重体现隐喻性故事的词汇或短语，而隐喻故事则更侧重词汇或短语所蕴含的隐喻性故事。隐喻和故事之间的关系是以“故事隐喻”为纽带的。“故事隐喻”以寓言的形式为大家所熟悉，如“酸葡萄”“龟兔赛跑”“浪子回头”。一则童话寓言故事将一个幻想的场景中的故事，如一只狐狸无法摘取一串葡萄，投射在常见的困境或性格缺陷上；而一则道德说教性寓言则将一个虚构的场景中的故事投射在某个富有哲理的或宗教的原则上，如一个放纵的儿子痛改前非，回到父亲身边的故事被投射至上帝的宽恕上。人们也在政治演讲、公开会议、医疗咨询和非正式的谈话等普通语篇中讲述隐喻故事。有时候，故事讲述者会提供喻体故事的详尽细节；有时候，他们仅仅提及故事的部分内容，让听者或读者自己将细节填补进去。有时候，故事讲述者会解释喻体故事如何映射在本体故事上，有时候，他们让听者或读者自己推想映射的过程（Ritchie，2017）。

美国波特兰州立大学传播系的教授大卫·里奇，近几年一直致力于“故事隐喻”的研究，取得了丰硕的成果。在最近的研究中，他在随意的谈话及更为正式的文本如政治演讲中都找到了故事用作隐喻喻体的若干例子（Ritchie，2007、2010a、2017）；他还发现了习语隐喻如“ivory tower”（象牙塔）（Ritchie 和 Schell，2009）、“in the same boat”（同舟共济）（Ritchie，2010a）被转换成隐喻故事的例子。里奇和奈格里·布苏约克（E. Negrea-Busuioc，2014）、奈格里·布苏约克和里奇（2015）、里奇和托马斯（Mariko Thomas）（2015）以及里奇（2017）的研究表明，有些隐喻只有在激活了其中蕴含的故事后，才能被透彻理解。在里奇的这些研究中，他结合实例详细描述了故事隐喻的运作机制，以及它在隐喻理解中所起的作用。他指出，用作隐喻喻体的单个词及短语有指示和激活拓展的故事的潜力。有关隐喻喻体的故事可以通过丰富的感知模拟，也可能通过与本体互动的隐喻喻体的词汇联想，或二者的共同作用而被激活。一旦激活，它就会映射在一个关于隐喻本体的故事上，这样就为有关本体的推理奠定了基础（Ritchie 和 Thomas，2015）。故事隐喻的激活涉及词汇语义过程和感知模拟过程，它们都参与隐喻的理解过程中——有时二者同时作用，有时先后起作用，两种过程都应在隐喻研究中受到重视（Ritchie，2017）。可见，隐喻研究者或语篇分析者在研究隐喻语篇时应关注可为特定听者或读者而激活的故事隐喻，了解故事隐喻的来龙去脉有助于语篇主题意义的解读及领会言者或作者的真实意图，从而促进交际的成功完成。

第二节　感知模拟和故事隐喻的关系

本研究是在里奇教授有关“故事隐喻”的理论基础上展开的后续应用研究，聚焦于作为感知模拟子集的故事（Ritchie，2017）。巴萨罗（1999）提出思维涉及与知觉［包括内省（introspection）和内感受（interoception）］和肌动活动（motor activity）相关联的神经系统的部分激活。他指出，甚至抽象的思维在原则上也能通过体验，包括本人心理、生理状态（内省和内感受）的体验的部分模拟来解释。巴萨罗（2008）认为认知主要和感知模拟有关，但是他也承认认知会涉及简单的语义加工。在我们加工语言时，我们经历了内部生理状态和认知状态的模拟感受，以及情感反应和外部感受如视觉、听觉、触觉等的模拟。熟悉的隐喻主要通过与其他词汇和短语的语义连接来被加工处理（Barsalou，2008），但是，隐喻也常常基于相关的图式来激活感知模拟（Gibbs，2006；Ritchie，2008、2009、2010）。已有大量的研究表明，隐喻包括词汇化的习语隐喻，至少部分激活了与隐喻喻体字面意义相关的神经系统。例如，“掌握概念”“接受建议”等短语部分激活了与这些动词字面意义有关的神经簇（neural groups），因而干涉了与隐喻喻体相对立的肌肉活动的反应，促进了与喻体一致的反应（Gibbs，2006；Gibbs 和 Matlock，2008；Bergen，2012）。故事也可激活感知模拟（Oatley，2002），但其详细的程度会根据读者或听者的注意的程度、参与度以及“向故事世界的运送”等因素而变化（Green，2004；Green 和 Brock，2002）。“运送”（transportation）最早由格里格（Richard Gerrig，1993）提出，指的是沉浸（包含意象、情绪和注意焦点）于另一个背景，暂时远离读者原来的场景。格林和布洛克（Melanie C. Green 和 Timothy C. Brock，2000）的研究表明“向故事世界的运送”使得以叙述为基础的劝说更具说服力。此后的研究又进一步说明，读者或听者被运送至故事的程度，即由故事激活的模拟的广泛性和细节，也会影响信息的说服力（Brock 等，2002；Green，2004；Green 和 Brock，2002）。里奇（2017）在此基础上进一步提出，向指示的或暗示的故事世界的运送常常隐含在隐喻的理解过程中。他将运送看作延伸的感知模拟，运送即为涉及将喻体故事投射于本体故事的认知过程。对隐喻的深层加工常常意味着激活与喻体和本体相关的故事，并将它们融合成一个崭新的、富有启发性的故事。

隐喻常常作为语义单位来加工和处理，但是，在某些语境下，隐喻的理解往往需要读者或听者付出更多的努力来对其加工处理，这样，感知模拟就可能被激活（Barsalou，2008；Ritchie，2010a）。已有的研究表明隐喻的加工涉及感知模拟（Gibbs，2006、2008），但是我们却很难（如果不是不可能的话）确定听者或读者在实际语篇中进行某一互动时，真正经历了什么样的模拟；同样，我们也很难或不可能确定是否任何个人将某一短语作为隐喻来加工处理或将一系列话语识别为故事。在大多数情况下，我们能采用的最好的办法就是根据直接情景中的其他证据（如听者的反应）或之前相关的研究推理得出可能的加工过程（Ritchie，2010a、2017）。尽管如此，从感知模拟的角度对实际语篇中的隐喻和故事的分析具有令人信服的解释力，其影响力也在日益扩大。故笔者认为，“故事隐喻”的解读主要依靠感知模拟来完成；感知模拟对于“故事隐喻”的理解是至关重要的。

第三节　故事隐喻在语篇中的认知过程

本研究首先根据布拉格莱兹研究团队（Pragglejaz Group，2007）所概括的确认隐喻的步骤来确定语篇中的隐喻。它遵循以下原则：隐喻意义是间接意义，产生于词汇单位语境义和词汇单位更为基本意义的比对，后者脱离实际语境，但可以在其他语境观察到。例如，当词汇单位“attack”

或者“defend”被用于争吵语境时，其语境义就和口头冲突有关。然而，在吉布斯（1994）看来，“attack”或者“defend”的这种语境义是一种间接意义，因为这种语境义和该词在其他语境中更为基本的意义有一定差别，更为基本的意义涉及人与人之间的肢体冲突或双方的直接交战。由于“attack”和“defend”的基本义都可以映射到基于非字面比较的某种形式的语境意义，因此它们在争吵语境中的使用可以被分析为隐喻性的。简言之，如果一个词或短语在语境中的显明的意义与该词或短语的本义或惯常义相违背，那它就被确认为隐喻。然后，笔者根据里奇（2017）对“故事”及“故事索引”的定义，从这些隐喻中挑选出可为特定群体激活所熟知的拓展的故事的隐喻，并根据“故事索引”，从感知模拟的视角，结合隐喻出现的直接语境及社会文化因素，构建“故事隐喻”的框架，分析听者/读者被运送至故事世界的过程，即喻体故事向本体故事映射的认知过程。整个分析是受实验研究结果（Gibbs，2006、2008；Ritchie，2006）的指导和限制的。

笔者在本研究中的语料来自演讲、古诗和小说，在里奇（2010a、2011、2012、2013、2014、2017）的故事隐喻理论的指导下，笔者从中找出有着深厚文化底蕴的四个故事隐喻，它们的故事索引分别为“雁”“门”“路”“好汉帮”。笔者将运用感知模拟论具体分析这些故事隐喻的认知过程和相互联系，以及它们所揭示的隐喻的延伸性含义。

一　故事隐喻一：大雁的故事

“大雁”在中国古代文化里被认为是禽中之冠，因为雁群会照顾老迈的大雁，并在雁阵中让老雁领头，加上大雁机敏、忠贞，所以大雁被认为是仁、义、礼、智、信俱存的一种动物。“大雁”出现在诸多中国古代诗词中，如李白《与夏十二登岳阳楼》中的“雁引愁心去，山衔好月来”；杜甫《孤雁》中的“孤雁不饮啄，飞鸣声念群。谁怜一片影，相失万重云?”；李清照《一剪梅·红藕香残玉簟秋》中的“云中谁寄锦书来，雁字回时，月满西楼”。对“雁群”“孤雁”的描述寄托了诗人对亲人、友人的情思。习近平主席在APEC北京会议上的“共建面向未来的亚太伙伴关系”的演讲中也曾引用过有关“大雁”的诗句，“风翻白浪花千片，雁点青天字一行”，它向听者/读者提示了潜伏于心中、孕育于中国文化之中的“大雁”的故事。作为故事索引，它在演讲中首尾呼应，将“大雁”

的故事贯穿于整篇演讲中，让 21 只大雁组成的雁阵带着听者/读者踏上走向美好未来的征程。

“大雁”一词首先至少部分激活了听者/读者视觉及听觉上的以下模拟：挥动着翅膀的大雁组成了“人”字形或“一”字形的雁阵，在蔚蓝的天空中翱翔，时不时地还能听见它们清脆的叫声。这样的一幅画面又激活了更深层次上的内省及情感的部分模拟：志在高远的理想，锲而不舍的求索和团队合作的精神。这些听者/读者心理、生理状态（内省和内感受）的体验的部分模拟构成了这一故事隐喻的喻体故事。而演讲中出现的有关大雁的诗句和俗语，不仅拓展了该喻体故事的内容，还加速了听者/读者向故事世界的运送。在演讲开头出现的“风翻白浪花千片，雁点青天字一行”这句话出自唐代白居易的诗《江楼晚眺景物鲜奇吟玩成篇寄水部张员外》，它的意思是俯视江面，西风翻起层层白浪宛如千片落花；仰望青天，一行大雁点染成字，在碧空中列队飞过。它具体描绘了大雁飞行的情景，为听者/读者设定了感知模拟的时空场景：雁阵乘风破浪，在碧空中自由翱翔。这无疑使喻体故事更加生动和丰富，更易于听者/读者沉浸其中。而演讲结尾处的俗语“一花不是春，孤雁难成行”则通过语义联想，激活了听者/读者记忆中的其他类似俗语：“孤雁难飞”“孤掌难鸣”“一花独放不是春，百花齐放春满园”。这些俗语从反面验证了一个道理：团结一心，同舟共济。它们赋予了大雁的故事更深层次的含义。“雁阵”中的大雁齐心协力，相互扶持，而“孤雁”则形单影孤，在漫长的旅程中难以抗拒来自各方的阻力，这一鲜明的对比使得大雁的隐喻故事更像一则寓言故事，警示人们只有谋求合作，才能取得共赢。

一言以蔽之，雁这一小小的生灵，以其独有的生物习性，一直深深地牵动着人们的情感和思绪。千百年来，人们始终关注着雁，无数次不厌其烦地写雁、咏雁、歌雁、画雁，借雁来抒发胸臆、宣泄情感、寄托愿望，并从雁身上不断地体悟人生的智慧和获得前行的动力，不仅极大地丰富了人们的心灵世界，也给中华民族留下了宝贵的精神财富（武宜娟，2014：89），这些都为在语篇层面上构筑“大雁”故事隐喻奠定了物质基础。

二 故事隐喻二：门的故事

“门”在中国人的观念中，因为代表着乾坤、阴阳，有万物起源的含义。在《说文解字》中，“门”被解释为闻，意思是外可闻与内，内可闻于外，阐述了门对于内部和外部的“通”的作用（杨昌鸣、徐磊、李湘桔，2004：203）。

门的基本功能是开与关，基本概念则是阴阳变化，由此又有了许多引申的象征意义。开与关之间，关主要是为了藏伏、防卫，是保守的、被动的；开是为了出入、吐纳，是开放的、主动的。显然，开就成了这一矛盾中的正面。《尚书·舜典》曰：“辟四门，明四月，达四聪”，是比喻开门纳贤、博采兼听的意思。唐人王起在《辟四门赋》中说：“致穆穆于四门，获济济之多士。”则勾画出“开门”所带来的一番盛世气象。

有对“开门”的追求，则亦有对“闭门”的无奈。本来门的出现先以防卫为重，而后由闭而思变，中国有句成语叫“闭门思过”，便由此而生，这样才使得门之开的意义成为上上的追求。一旦开而不成，则退身自守，静养蓄积于门内，于是，闭门就成了保全自己的最好办法，这主要体现于中国的隐逸文化①（杨昌鸣、徐磊、李湘桔，2004：204）。

在习近平主席的演讲中，门的故事是由两个截然相反的故事：“封闭之门”的故事和“开放之门”的故事组成的。这两个故事隐喻的感知模拟不仅要联系演讲的直接语境，更要联系中国的历史及社会文化背景。故事索引“封闭之门”有可能激活受众记忆中的中国实行闭关自守政策的那段历史，当然由于听者/读者的个体差异，如个人经历的不同、受教育程度的不同、认知能力的不同，对该故事隐喻的感知模拟会有所不同，但是或多或少都和那段历史有关。闭关自守政策，是小农经济的产物，是建立在落后的封建经济上的一种政策。明朝时就已开始实施闭关政策，到了清朝，这种政策变得更加严厉和苛刻。长期的闭关自守，把中国搞得贫困落后，愚昧无知，任人蹂躏。这段历史背景为“封闭之门”故事隐喻的激活设定了一个大致的框架。当听者/读者听到或看到这一短语时，至少会在脑海中呈现以下内容：紧闭的大门阻断了与外界的联系，人们在阴暗狭小的空间内自给自足。“封闭之门”暗示了中国这段惨痛的历史。

① 隐逸文化，以简单朴素及内心平和为追求目标，不寻求认同为“隐”，自得其乐为“逸”。其全部目的在于保证士大夫相对独立的社会理想、人格价值、生活内容和审美情趣等，而这些内容在其发展过程中又表现为出与处、仕与隐的矛盾。

而“开放之门”的故事隐喻产生于与此形成鲜明对比、国人引以为豪的一段历史。一听到或看到“开放之门”，人们就会联想到中国的改革开放政策。它是由中国共产党第二代核心领导者邓小平同志提出的，于1978年12月十一届三中全会以后开始实施。改革开放40多年来，中国经历了前所未有的大发展、大繁荣，取得了举世瞩目的巨大成就。2012年，中国经济总量跃居世界第二位，外汇储备则高居世界首位，综合实力已升至第五位。国民经济的快速发展，人民生活的显著改善，中国的国际地位也随之明显提高。这一切让世界为之震撼，让国人为之骄傲。在这一历史背景的框架下，故事索引“开放之门”至少部分激活了受众以下的感知模拟：敞开的大门迎来了和煦的春风、明媚的阳光以及远方的朋友，到处都是欣欣向荣的景象。“封闭之门”与“开放之门”激活了完全对立的感知模拟，映衬出门的故事隐喻的深刻内涵：消除人与人、国与国之间的隔阂，促进沟通交流，开创合作共赢的局面。

三　故事隐喻三：路的故事

根据《说文解字》，“道，所行道也。从辵从首”；“路”，“从足从各，道也”。从字形来看，“路”字可以理解为“各迈各的脚”。在汉语中，道即是路，二者经常一起使用。“道路”的基本语义是：供人马车辆通行的路、两地之间的通道，或者说是供各种无轨车辆和行人通行的基础设施。“道路”一词的语义之中含有通向目的地所选择的路径（王伟杰、陈勇，2016：1）。

道路经常被用作隐喻出现在各种语篇，尤其是政治语篇中。在英语和汉语中，“路”指方法、途径，喻指通向光明、充满希望的道路；抑或喻指通往前方不好的、未知结果的道路；“路”还可喻指选择或连通、相通。在汉语中，“路”可喻指一种状态或趋势，例如，此后，目的论走下坡路[①]，在生物学中逐渐被摒弃。“路”的形状可以隐喻过程的艰辛或者方法的不合规。为了能够在尽可能短的时间内到达目的地，人们一般喜欢走直路、平路和康庄大道，这样能安全快速地达到目标，但并不是所有的路都是坦途，有时人们会因为前方的未知性，而走上歪路或弯路，甚至斜路（毛继光、秦玉芳，2019：19—21）。“路”因其丰富的文化内涵具备

① “下坡路”喻指事情状况欠佳，往坏的方向发展。

了在语篇中形成故事隐喻的意义潜势。

习近平主席APEC演讲中同样也出现了“路”的故事隐喻。当受众听到或看到“脚下之路”“规则之路”“心灵之路”时，储存在记忆中的有关“路”的谚语、诗句、警句等有可能被瞬间激活，如“千里之行，始于足下”“世上本没有路，走的人多了也便成了路”“路漫漫其修远兮，吾将上下而求索”“山重水复疑无路，柳暗花明又一村”。中国文化的深厚底蕴赋予“路”这一隐喻深刻的内涵。基于个人来自生活的直接体验以及文化体验，以下的感知模拟至少可以被部分激活：人们在蜿蜒绵长、崎岖不平、荆棘丛生的道路上艰难前行。在行走的过程中，有可能被石子绊倒，有可能被荆棘刺破皮肤，也有可能需要手脚并用……有些人中途放弃，无法到达终点；而另一些人克服千难万险，最终来到终点。“路”的前面出现了三个修饰语：第一个是“脚下”，它很自然地让听者或读者联想到路就在脚下，人们随时都可以踏上通往“互联互通”之路，那么何不立刻行动呢？第二个修饰语是“规则”，它可以激活与之相关的其他词语，如“墨守成规”“条条框框”“无以规矩，不成方圆”，“规则之路”这个故事隐喻告诉我们如何开创合作共赢的良好局面，即制定有利于合作发展的规则，为“互联互通”创造有利条件。第三个修饰语是“心灵”，它喻指人与人之间的沟通与理解。如果人们能放下心中的芥蒂，彼此敞开胸怀，那么人与人、国与国之间的沟通就会顺畅，这条心灵之路的竣工必然会引导人们走向互联互通、合作共赢的康庄大道。

四 故事隐喻四：好汉帮的故事

习近平主席在演讲中提到的“一个好汉三个帮”在中国是一句家喻户晓的谚语，它还有对应的上句“一个篱笆三个桩”，这个谚语通过形象生动的比喻，告诉我们团结协作的重要性。它还会让我们联想到表达同样意义，也同样家喻户晓的几个谚语，如“三个臭皮匠，赛过一个诸葛亮”“众人拾柴火焰高”，这些谚语都有可能在“好汉帮”这一隐喻的深度加工过程中被激活。而故事索引“好汉帮”可以激活的喻体故事也远不止一个，对于大多数熟悉中国文化和历史的听者或读者而言，至少可以激活两个喻体故事：刘关张桃园三结义、一百零八好汉梁山聚义。这两个故事取材于中国四大古典名著其中的两部《三国演义》和《水浒传》，故事中的人物或真实或虚构，讲述的都是中国古代的英雄好汉结成一个小团体，相互扶持，共创大业的故事。在这两个英雄好汉结成的团体中，都各有一个核心人物，桃园三结义的核心人物是刘备，他是三国时期蜀汉的开国皇帝，以仁厚贤德著称；梁山聚义的核心人物是宋江，他扶弱济贫，忠义双全。团体中的核心人物通常德高望重，可以将其他人凝聚在自己的周围，化解团体内部的矛盾，提高团体协作的能力。“好汉帮”蕴含了以上故事内容，当然，所激活的故事的详细程度和听者或读者的文化素养、专注度、领悟能力等因素有关。

这四个故事隐喻分别从四个不同的喻体故事向一个相同的本体故事，即合作发展的故事投射，每一个故事都凸显了主题的一个方面：大雁的故事凸显了这种合作发展的美好前景；门的故事凸显了合作发展的先决条件；路的故事凸显了合作发展中的互联互通；好汉帮的故事凸显了合作发展中的伙伴关系。这样，这四个故事隐喻就从不同的角度阐释并深化了合作共赢的主题。

本章小结

可见，人们常常带着隐喻的目的讲述故事；“向故事世界的运送”（Gerrig，1993；Green，2004），即感知模拟的动态形式可以使语篇更具说服力。促成“运送”的要素如短语，甚至单个词汇常常具有激活隐喻故事的潜力，但很可能某些类型的隐喻比其他类型的隐喻更有可能激活故事，这一点没有在本研究中涉及，但它值得做进一步的探索，在笔者的后续研究中将会对此展开研究。

隐喻常常作为语义单位来处理和加工，但是在某些语境下，人们对隐喻的加工须付出更大的努力，这时，感知模拟包括对暗示故事的模拟就有可能被激活（Barsalou，2008；Ritchie，2010a）。现有的研究表明隐喻加工常常涉及感知模拟（Gibbs，2006、2008）。马丁利（Cheryl Mattingly，2011）的研究表明，一个隐喻，尤其是一个常见隐喻如“身体是机器”，可以为不同的听者/读者激活不同的故事。语境可强烈地影响是否一个故事作为隐喻理解的组成部分而被激活，以及哪一个故事为某一特定听者/读者激活。可见，语境与隐喻故事的激活有着密切的关系，但究竟二者是如何相互作用的，也有待隐喻研究者们在未来的研究中做进一步的探索。

在本章中，笔者运用故事隐喻理论和感知模拟论，结合个人的理解和实际的语篇语境，分析了演讲、古诗和小说中的故事隐喻，以期将最前沿的隐喻理论引介给国内的学界，并以此语篇分析为范例，展示该隐喻理论的实际应用价值及具体运用过程。

第十一章

结　　语

大多数语言学家和语言研究者也许会赞同以下这个观点：语言的句法和词汇在某种程度上独立地作用于语言的意义和理解，甚至句法和词汇代表了单独的但又相互作用的意义系统。基于这种区分，韩礼德（1985，［1998］1996）将（词汇）隐喻的概念延伸为两个不同词汇单位之间的关系（如来自不同概念域的词汇的类比），把语法隐喻看作两个不同句法单位之间的关系（如体现过程的动词向体现实体的名词的转换）。

莱考夫和约翰逊将隐喻定义为两个概念之间的关系，其中的本体概念借助于喻体概念来体验。韩礼德认为语法转换或“范畴转换”常常体现在语法结构上，语法表征的初始概念（本体）借助于一个不同的语法表征概念（喻体）来体验。这种语法的范畴转换似乎和概念隐喻包罗万象的概念是相容的，但这两种研究语言和思维关系的方法也并非协同扩展：概念隐喻包含了许多并未在语法结构中表征的概念映射；而许多语法隐喻的例子，在认知语言学的视角下，也仅仅只是语法的转换，在这种转换中，潜在的概念几乎未发生改变，并未出现潜在的概念域之间的映射。在本书中，前者被称为纯粹的概念隐喻，例如，“She is a flower.”这句话体现了花的概念域向人的概念域的跨域映射，但这里的概念映射并未涉及语法结构的转换，故“flower”体现的仅仅是概念隐喻。后者被称为纯粹的语法隐喻，某些情态隐喻和语气隐喻是典型的纯粹的语法隐喻。在一致式中，情态系统由语气副词、情态动词和谓语的延伸部分来体现，而在隐喻式中则通过小句的形式来体现，故这种情态隐喻的实现方式只涉及语法结构的转换，而不涉及两个不同概念域之间的映射，如隐喻式“I think Mary knows.”是由它的一致式“Mary will know.”转换而来，一致式中的情态动词“will”转换成了隐喻式中的小句“I think”。语气隐喻是指语言功能与语气形式非一一对应的现象，如表达命令或请求的功能一致地由祈使句来体现，但它也可以通过陈述句或疑问句来含蓄地体现。后两种形式就是语气隐喻，它是通过祈使句向陈述句或疑问句的转换来实现的，故也只涉及语法结构的改变，其中潜在的概念并未发生明显的改变。

然而，语篇中却大量存在体现概念隐喻和语法隐喻两种机制的隐喻，如果从概念隐喻或语法隐喻的单一维度进行分析，不足以充分阐释它们的隐喻意义。正如本书第九章中所阐述的，概念隐喻在某些情况下借助于概念语法隐喻这一界面在词汇语法层得以表征，即语篇中存在概念隐喻和概念语法隐喻的融通体。笔者在奥巴马韦克菲尔德中学开学演讲的语篇中发现了"物体隐喻"和名词化概念语法隐喻的融通、"具体行为隐喻"和名词化、形容词化概念语法隐喻的融通、"人体部位转喻"和动词化概念语法隐喻的融通等三种典型的融通隐喻，它们是概念隐喻和语法隐喻两种机制共同运作的产物。概念隐喻维度聚焦于隐喻的认知机制，而语法隐喻维度聚焦于隐喻的表达形式，二者通过隐喻识解过程中的感知模拟，在语篇中融会贯通，共同作用于语篇的遣词造句和语篇主题意义的构建。

综上所述，韩礼德的语法隐喻理论是对概念隐喻理论及其分析方法的有益补充，反之亦然。概念隐喻基于人类身体接触体验而形成的具体的概念向抽象的概念的映射来解释隐喻的认知机制，但它忽略了对隐喻的表达形式的阐释，故仅仅是意义层面的隐喻研究；而语法隐喻理论致力于挖掘隐喻意义所涉及的语言表现形式的变化，即隐喻意义所涉及的词类或句法结构的变化（何中清，2016：53），是更侧重于形式层面的隐喻研究，但它忽略了对隐喻意义的生成和理解机制的阐释，二者的结合可以弥补二种隐喻理论的不足之处，发挥各自的长处，对语篇层面的隐喻展开更深入、全面的分析。

作为本书另一研究重点的故事隐喻，在国内鲜有人对其进行研究，但它却是语篇层面隐喻分析不可或缺的一个方面。本书根据布拉格莱兹研究团队（2007）所概括的确认隐喻的步骤挑选语篇中的隐喻，然后根据里奇（2017）对"故事"及"故事索引"的定义，从这些隐喻中挑选出可为特定群体激活所熟知的拓展的故事的隐喻，并根据"故事索引"，从感知模拟的视角，结合隐喻出现的直接语境及语篇所涉及的社会文化因素，构建"故事隐喻"的框架，分析听者/读者被"运送"至故事世界的过程，以及语篇中各故事隐喻之间的关系和它们对语篇的主题或主旨的构建所产生的作用。故事隐喻存在于各种类型的语篇中，如小说、诗歌、演讲、医患对话、日常谈话甚至是非言语的交际语篇，如漫画（Ritchie，2017），而本书通过分析来自古诗、演讲及小说的四个典型故事隐喻的感知模拟过程，把“故事隐喻”理论引介给国内的学界，展示该隐喻理论的实际应用价值及具体运用过程，这对今后的隐喻研究和语篇分析研究具有实践上的参考价值。

本书的研究仍然存在以下需要改进和完善的地方：

（1）影响概念隐喻和概念语法隐喻融通的因素、融通隐喻的其他类型以及它们是否存在于其他文本中，有待进一步的研究和论证。

（2）隐喻故事激活的必要条件、影响隐喻故事激活的要素以及语境如何作用于隐喻故事的激活等细节问题有待做进一步深入的探索。

纵观隐喻研究的发展，学术界不断有新的隐喻理论涌现，而旧的隐喻理论也在不断完善发展过程中，没有哪一种隐喻理论可以全面透彻地阐释一种语言现象，它们或多或少都存在各自的缺陷。在今后的隐喻研究中，学者们将会更加关注各种隐喻理论的融会贯通，并将之应用于语篇语境下的隐喻的分析和阐释，因为隐喻研究的关注点已从词延伸到整个语篇以及语篇在语境中的意义和作用，而多种隐喻理论在语篇分析中的融通所带来的强大阐释力将会弥补任何单个隐喻理论的薄弱环节，使得语篇中的隐喻得到最充分的解释，这也将进一步推动隐喻研究的语篇与语境转向以及跨学科融合发展的趋势，拓展隐喻研究的空间和视野，促进隐喻研究的蓬勃发展。

参考文献

Abbott, H.P., *The Cambridge Introduction to Narrative*, 2nd edition. Cambridge: Cambridge University Press, 2008.

Barsalou, L. W., "Perceptual Symbol Systems", *Behavioral and Brain Sciences*, Vol.22, No.4, 1999.

Barsalou, L. W., "Grounded Cognition", *Annual Review of Psychology*, Vol.59, No.1, 2008.

Bergen, B. K., *Louder than Words: The New Science of How the Mind Makes Meaning*, New York City: Basic Books, 2012.

Black, M., *Models and Metaphors*, Cornell: Cornell University Press, 1962.

Black, M., "More about Metaphor", In A. Ortony, ed. *Metaphor and Thought*, 2nd edition. Cambridge: Cambridge University Press, 1993.

Bowdle, B. F., D. Gentner., "The Career of Metaphor", *Psychological Review*, Vol.112, No.1, 2005.

Brock, T.C., J.J.Strange, M.C.Green., "Power beyond Reckoning: An Introduction to Narrative Impact", In M. C. Green, J. J. Strange, T. C. Brock, eds. *Narrative Impact: Social and Cognitive Foundations*, Mahwah, NJ: Lawrence Erlbaum Associates, 2002.

Bruner, J., *Making Stories: Law, Literature, Life*, New York: Farrar, Straus, and Giroux, 2002.

Burke, K., *A Grammar of Motives*, Berkeley: University of California Press, 1945.

Cameron, L. J., *Metaphor in Educational Discourse*, London: Continuum, 2003.

Cameron, L.J., "Procedure for Metaphor Analysis", *The Metaphor Analysis*

Project. Milton Keynes, Bucks: Open University Center for Research in Education and Educational Technology (2006), http://creet. open. ac. uk/projects/metaphor-analysis/.

Cameron, L.J., "Patterns of Metaphor Use in Reconciliation Talk", *Discourse and Society*, Vol.18, No.2, 2007.

Cameron, L.J., "Metaphor and Talk", In R.W.Gibbs Jr., ed.*The Cambridge Handbook of Metaphor and Thought*, Cambridge: Cambridge University Press, 2008.

Chafe, W.L., *Meaning and Structure of Language*, Chicago: University of Chicago Press, 1975.

Chomsky, N., *Syntactic Structures*, The Hague and Paris: Mouton, 1957.

Cienki, A., C.Müller., *Metaphor and Gesture*, Amsterdam: John Benjamins, 2008.

Clark, H.H., *Using Language*, Cambridge: Cambridge University Press, 1996.

Dickinson, E., "Because I Could Not Stop for Death", In O.Williams, ed.*Immortal Poems of the English Language*, New York: Washington Square Press, 1890/1960.

Dorst, A.G., A.G.Kaal, "Metaphor in Discourse: Beyond the Boundaries of MIP", In F.MacArthur, et al., eds.*Metaphor in Use*: *Context*, *Culture*, *and Communication*, Amsterdam: Benjamins, 2012.

Draaisma, D., *Metaphors of Memory*, Cambridge: Cambridge University Press, 2000.

Dunbar, R., *Grooming*, *Gossip*, *and the Evolution of Language*, Cambridge, MA: Harvard University Press, 1996.

Eggins, S., D. Slade, *Analyzing Casual Conversation*, London: Cassell, 1997.

Fauconnier, G., M., Turner, "Blending As a Central Process of Grammar", In Adele Goldberg, ed.*Conceptual Structure*, *Discourse and Language*, Stanford: CSLI Publications, 1996.

Fauconnier, G., M.Turner, *The Way We Think*: *Conceptual Blending and the Mind's Hidden Complexities*, New York: Basic Books, 2002.

Frost, R., "Stopping by Woods on a Snowy Evening", In E.C.Lathem, ed.*The Poetry of Robert Frost*, New York: Henry Holt, 1923.

Frost, R., "The Road Not Taken", In O.Williams, ed.*Immortal Poems of the English Language*, New York: Washington Square Press, 1960.

Gernsbacher, M.A., B.Keysar, R.W.Robertson, N.K.Werner., "The Role of Suppression and Enhancement in Understanding Metaphors", *Journal of Memory and Language*, Vol.45, No.3, 2001.

Gerrig, R. J., *Experiencing Narrative Worlds: On the Psychological Activities of Reading*, New Haven: Yale University Press, 1993.

Gibbs, R., W.Jr., "Figurative Thought and Figurative Language", In M. A. Gernsbacher, ed. *Handbook of Psycholinguistics*, New York: Academic Press, 1994.

Gibbs, R.W., Jr., "Metaphor Interpretation as Embodied Simulation", *Mind and Language*, Vol.21, No.3, 2006a.

Gibbs, R. W., Jr., *Embodiment and Cognitive Science*, Cambridge: Cambridge University Press, 2006b.

Gibbs, R.W., Jr., "Metaphor and Thought: The State of the Art", In R.W. Gibbs Jr. ed. *The Cambridge Handbook of Metaphor and Thought*, Cambridge: Cambridge University Press, 2008.

Gibbs, R. W., Jr., T. Matlock., "Metaphor, Imagination and Simulation: Psycholinguistic Evidence", In R.W.Gibbs Jr., ed.*The Cambridge Handbook of Metaphor and Thought*, Cambridge: Cambridge University Press, 2008.

Goatly, A., *The Language of Metaphors*, New York: Routledge, 1997.

Goffman, E., *The Presentation of Self in Everyday Life* , New York: Anchor Books, 1959.

Grady, J., Foundations of Meaning: Primary Metaphors and Primary Scenes, PhD.Dissertation, Berkeley: University of California, 1997.

Graesser, A.C., B.Olde, B.Klettke, "How Does the Mind Construct and Represent Stories?" In M.C.Green, J.J.Strange, T.C.Brock, eds.*Narrative Impact: Social and Cognitive Foundations*, Mahwah, NJ: Lawrence Erlbaum Associates, 2002.

Green, M.C., "Transportation into Narrative Worlds: The Role of Prior Knowledge and Perceived Realism", *Discourse Processes*, Vol. 38, No. 2, 2004.

Green, M.C., T.C.Brock, "The Role of Transportation in the Persuasiveness of Public Narratives", *Journal of Personality and Social Psychology*, Vol. 79, No.5, 2000.

Green, M.C., T.C.Brock, "In the Mind's Eye: Transportation-imagery Model of Narrative Persuasion", In M.C.Green, J.J.Strange, T.C.Brock, eds. *Narrative Impact: Social and Cognitive Foundations*, Mahwah, NJ: Lawrence Erlbaum Associates, 2002.

Grofman, B., "Richard Nixon as Pinocchio, Richard II, and Santa Claus: The Use of Allusion in Political Satire", *The Journal of Politics*, Vol. 51, No.1, 1989.

Hailey, A. , Hotel, London and Sydeny: Pan Books, 1965/1975.

Halliday, M. A. K., *An Introduction to Functional Grammar* , London: Edward Arnold, 1985/1994.

Halliday, M.A.K., "How Do you Mean?" In M.Davies, L.Ravelli, eds. *Advances in Systemic Linguistics: Recent Theory and Practice*, London and New York: Pinter Publishers, 1992.

Halliday, M.A.K., "Language and the Reshaping of Human Experience", In B. Dendrinos, ed. *Proceedings of the Fourth International Symposium on Critical Discourse Analysis*, Athens: University of Athens Press, 1995.

Halliday, M.A.K., "Things and Relations: Regrammatizing Experience as Technical Knowledge", In J.R.Martin, R.Veel, eds.*Reading Science: Critical and Functional Perspectives on Discourses of Science*, London/New York: Edward Arnold/Routledge, 1996/1998.

Halliday, M.A.K., "The Grammatical Construction of Scientific Knowledge: the Framing of the English Clause", In Rossini, Sandri and Scazzieri, eds.*Incommensurability and Translation*, Cheltenham: Elgar, 1999.

Halliday, M.A.K., *Language as Social Semiotic: The Social Interpretation of Language and Meaning*, Beijing: Foreign Language Teaching and Research Press, 2001.

Halliday, M.A.K., "Introduction: How Big Is a Language? On the Power of the Language", In J.J.Webster, ed.*Language of Science*, Beijing: Peking University Press, 2004.

Halliday, M. A. K, R. Hasan, *Cohesion in English*, London: Longman Group, 1976.

Halliday, M. A. K., R. Hasan, *Language*, *Context and Text*, Victoria: Deakin University Press, 1985.

Halliday, M.A.K., J.R.Martin, *Writing Science*: *Literary and Discourse Power*, London: Falmer Press, 1993.

Halliday, M.A.K., C.Matthiessen, *Construing Experience Through Meaning*: *A Language-based Approach to Cognition*, London and New York: Continuum, 1999.

Hoey, M., *Patterns of Lexis in Text*, Oxford: Oxford University Press, 1991.

Howe, J., "Argument isArgument: An Essay on Conceptual Metaphor and Verbal Dispute", *Metaphor and Symbol*, Vol.23, No.1, 2007.

Johnson, C., "Metaphor vs. Conflation in the Acquisition of Polysemy: The Case of SEE", In M.K.Hiraga, C.Sinha, S.Wilcox, eds.*Cultural*, *Psychological and Typological Issues in Cognitive Linguistics*, Amsterdam: Benjamins, 1999.

Johnson, M., *The Body in the Mind*:*The Bodily Basis of Meaning*, *Imagination*, *and Reason*, Chicago and London: University of Chicago Press, 1987.

Jones, A., "Why Are Logical Connectives Sometimes Detrimental to Coherence?", In A.Mahboob, N.K.Knight, eds.*Appliable Linguistics*, London: Continuum, 2010.

Keysar, B., B. M. Bly, "Swimming against the Current: Do Idioms Reflect Conceptual Structure", *Journal of Pragmatics*, Vol.31, No.12, 1999.

Kintsch, W., *Comprehension*: *A Paradigm for Cognition*, Cambridge: Cambridge University Press, 1998.

Kovecses, Z., *Metaphor*: *A Practical Introduction*, Oxford: Oxford University Press, 2002.

Kovecses, Z., *Metaphor in Culture*: *Universality and Variation*, Cambridge:

Cambridge University Press, 2005.

Lakoff, G., *Women, Fire and Dangerous Things: What Categories Reveal about the Mind*, Chicago: University of Chicago Press, 1987.

Lakoff, G., "What Is a Conceptual System?", In Willis F. Overton, David S.Palermo, eds.*The Nature and Ontogenesis of Meaning*, Hillsdale, NJ: Lawrence Erlbaum Associates, 1994.

Lakoff, G., M. Johnson, *Metaphors We Live By*, Chicago: University of Chicago Press, 1980.

Lakoff, G., M., Johnson, *Philosophy in the Flesh—The Embodied Mind and Its Challenge to Western Thought*, New York: Basic Books, 1999.

Lakoff, G., M., Turner, *More than Cool Reason: A Field Guide to Poetic Metaphor*, Chicago: University of Chicago Press, 1989.

Landauer, T.K., S.T.Dumais, "A Solution to Plato's Problem: The Latent Semantic Analysis Theory of Acquisition Induction, and Representation of Knowledge", *Psychological Review*, Vol.104, No.2, 1997.

Mandler, J.M., *The Foundations of Mind: Origins of Conceptual Thought*, Oxford: Oxford University Press, 2004.

Martin, J. R., *English Text: System and Structure*, Amsterdam: John Benjamins, 1992.

Matthiessen, C., "Interpreting the Textual Metafunction", In M.Davis, L. Ravelli, eds.*Advances in Systemic Linguistics*, London: Printer Publishers, 1992.

Matthiessen, C., *Lexicogrammatical Cartography: English System*, Tokyo: International Language Sciences Publishers, 1995.

Mattingly, C., "The Machine - body as Contested Metaphor in Clinical Care", *Genre*, Vol.44, No.3, 2011.

Meyrowitz, J., *No Sense of Place: The Impact of Electronic Media on Social Behavior*, Oxford: Oxford University Press, 1985.

Michalske, T.A., B.C.Bunker, "The Fracturing of Glass", *Scientific A-merican*, No.12, 1987.

Müller, C., *Metaphors Dead and Alive, Sleeping and Waking: A Dynamic View*, Chicago: University of Chicago Press, 2008.

Narayanan, S., Embodiment in Language Understanding: Sensory - motor

Representations for Metaphoric Reasoning about Event Descriptions, PhD.dissertation, Berkeley: University of California, 1997.

Negrea-Busuioc, E., L. D. Ritchie, "When 'Seeking Love Is Travel by Bus': Deliberate Metaphors, Stories and Humor in a Romanian Song", *Metaphor and the Social World*, Vol.5, No.1, 2015.

Oatley, K., "Emotions and the Story Worlds of Fiction", In M.C.Green, J.J.Strange, T.C.Brock, eds., *Narrative Impact: Social and Cognitive Foundations*, Mahwah, NJ: Lawrence Erlbaum Associates, 2002.

Obst, P., "Grief as a Journey", (2003), http: //www. helphorizons. com/care/search_ details. htm.

Ortony, A., *Metaphor and Thought*, Cambridge: Cambridge University Press, 1979.

Piaget, J.C., *The Principles of Generic Epistemology*, Trans.Wolfe Mays, London: Routledge, Kegan Paul Ltd., 1972.

Pinker, S., *The Better Angels of Our Nature: Why Violence Has Declined*, New York: Viking, 2011.

Pragglejaz Group., "MIP: A Method for Identifying Metaphorically Used Words in Discourse", *Metaphor and Symbol*, Vol.22, No.1, 2007.

Ravelli, L., Metaphor, Mode and Complexity: An Exploration of Co-varying Patterns, BA.dissertation, University of Sydney, 1985.

Ravelli, L., "Grammatical Metaphor: An Initial Analysis", In Erich H. Steiner, R. Veltman, eds.*Pragmatics, Discourse and Text: Some Systemically Inspired Approaches*, London: Frances Pinter, 1988.

Reddy, M.J., "The Conduit Metaphor: A Case of Frame Conflict in Our Language about Language", In A.Ortony, ed.*Metaphor and Thought*, 2nd edition.Cambridge: Cambridge University Press, 1993.

Richards, I. A., *The Philosophy of Rhetoric*, Oxford: Oxford University Press, 1936.

Ritchie, L.D., "'ARGUMENT IS WAR' - Or Is It a Game of Chess? Multiple Meanings in the Analysis of Implicit Metaphors", *Metaphor and Symbol*, Vol.18, No.2, 2003.

Ritchie, L. D., *Context and Connection in Metaphor*, Basingstoke:

Palgrave Macmillan Ltd., 2006.

Ritchie, L.D., "Gateshead Revisited: Perceptual Simulators and Fields of Meaning in the Analysis of Metaphors", *Metaphor and Symbol*, Vol.23, No. 1, 2007.

Ritchie, L.D., "X IS A JOURNEY: Embodied Simulation in Metaphor Interpretation", *Metaphor and Symbol*, Vol.23, No.3, 2008.

Ritchie, L.D., "Relevance and Simulation in Metaphor", *Metaphor and Symbol*, Vol.24, No.4, 2009.

Ritchie, L.D., " 'Everybody Goes Down': Metaphors, Stories, and Simulations in Conversations", *Metaphor and Symbol*, Vol.25, No.3, 2010a.

Ritchie, L.D., "Review of Metaphor and Gesture edited by Alan Cienki and Cornelia Mueller", *Metaphor and Symbol*, Vol.25, No.1, 2010b.

Ritchie, L.D., " 'Justice Is Blind': A Model for Analyzing Metaphor Transformations and Narratives in Actual Discourse", *Metaphor and the Social World*, Vol.1, No.1, 2011.

Ritchie, L.D., "Metaphor and Stories in Discourse about Personal and Social Change", In B.Wagoner, E.Jensen, J.A.Oldmeadow, eds., *Culture and Social Change: Transforming Society through the Power of Ideas*, London: Information Age Publishing, 2012.

Ritchie, L.D., *Metaphor*, Cambridge: Cambridge University Press, 2013.

Ritchie, L.D., " 'Born on Third Base': Stories, Simulations, and Metaphor Comprehension", paper delivered to the 9th International Conference on Researching and Applying Metaphor (RaAM), sponsored by the University of Cagliari, Cagliari, Italy, June 20-23, 2014.

Ritchie, L.D., *Metaphorical Stories in Discourse*, Cambridge: Cambridge University Press, 2017.

Ritchie, L.D., C.Schell, " '*The Ivory Tower*' on an '*Unstable Foundation*': Playful Language, Humor, and Metaphor in the Negotiation of Scientists' Identities", *Metaphor and Symbol*, Vol.24, No.2, 2009.

Ritchie, L.D., E.Negrea-Busuioc, " 'Now Everyone Knows I'm a Serial Killer' Spontaneous Intentionality in Conversational Metaphor and Story-telling", *Metaphor and the Social World*, Vol.4, No.1, 2014.

Ritchie, L. D., M. A. Thomas, " 'Glowing Marble': 'Brushed with Clouds' or 'Parched, Scorched, and Washed Away'? Obama's Use of Contrasting Metaphors and Stories in Framing Climate Change", *Metaphor and the Social World*, Vol.5, No.1, 2015.

Ritchie, L.D., M.Zhu, " 'Nixon Stonewalled the Investigation': Potential Contributions of Grammatical Metaphor to Conceptual Metaphor Theory and Analysis", *Metaphor and Symbol*, Vol.30, No.2, 2015.

Schank, R. C., R. P. Abelson, "Knowledge and Memory: The Real Story", In R.S.Wyer Jr., ed.*Knowledge and Memory: The Real Story.Advances in Social Cognition*, Vol. VIII. Hillsdale, NJ: Lawrence Erlbaum Associates, 1995.

Schank, R.C., T.R.Berman, "The Perspective Role of Stories in Knowledge and Action", In M.C.Green, J.J.Strange, T.C.Brock, eds.*Narrative Impact: Social and Cognitive Foundations*, Mahwah, NJ: Lawrence Erlbaum Associates, 2002.

Schneider, S.G., "Exploring the Metaphorical (De-) construction of Legitimacy: A Comparison of Legitimation Discourses in American and British Newspapers", In T.Carver, J.Pikalo, eds. *Political Language and Metaphor: Interpreting and Changing the World*, London and New York: Routledge, 2008.

Searle, J.R., "Metaphor", In A.Ortony, ed., *Metaphor and Thought*, 2nd edition.Cambridge: Cambridge University Press, 1993.

Semino, E., *Metaphor in Discourse*, Cambridge: Cambridge University Press, 2008.

Shakespeare, W., "When forty winters shall besiege thy brow" (Sonnet 2), In D.Bush, A.Harbage, eds., *Shakespeare's Sonnets*, New York: Penguin, 1961.

Spender, S. *Seascape.*, *Collected Poems*, 1928 - 1953, New York: Random House, 1955.

Sperber, D., D., Wilson, *Relevance: Communication and Cognition*, Cambridge, MA: Harvard University Press, 1986/1995.

Sperber, D., D.Wilson, "A Deflationary Account of Metaphors", In R. W.Gibbs Jr., ed. *The Cambridge Handbook of Metaphor and Thought*, Cambridge: Cambridge University Press, 2008.

Steen, G., *Finding Metaphor in Grammar and Usage: A Methodological Analysis of Theory and Research*, Amsterdam: Benjamins, 2007.

Thomas, D., "Do Not Go Gentle into That Good Night", (1951) https://poets.org/poem/do-not-go-gentle-good-night.

Thompson, G., *Introducing Functional Grammar*, London/Beijing: Edward Arnold/Foreign Language Teaching and Research Press, 1996/2000.

Thompson, G., *Introducing Functional Grammar*,. 2nd edition. London: Hodder Education, 2004.

Unger, F., H. J. Schmid, *An Introduction to Cognitive Linguistics*, Beijing: Foreign Language Teaching and Research Press, 2001.

Vervaeke, J., J.M.Kennedy, "Metaphors in Language and Thought: Falsification and Multiple Meanings", *Metaphor and Symbolic Activity*, Vol. 11, No.4, 1996.

Wilson, D., Sperber, D., "Relevance Theory", In L. R. Horn, G. Ward, eds. *The Handbook of Pragmatics*, Oxford: Blackwell, 2004.

Yanow, D., "Cognition Meets Action: Metaphors as Models of and Models for", In T. Carver, J. Pikalo, *Political Language and Metaphor: Interpreting and Changing the World*, London: Routledge, 2008.

常晨光:《语法隐喻与经验的重新构建》,《外语教学与研究》2004 年第 1 期。

陈家旭:《英汉隐喻认知对比研究》, 博士学位论文, 华东师范大学, 2004 年。

陈明芳、刘瑶:《论人际语法隐喻对刻画人物内心世界的妙用——〈看不见的人〉中主人公两次演说之对比》,《武汉工程大学学报》2008 年第 6 期。

陈荣泉:《论文学语篇中的人际语法隐喻》,《石河子大学学报》(哲学社会科学版) 2008 年第 2 期。

从迎旭:《概念语法隐喻研究的限制与扩展》,《外国语》2011 年第 5 期。

从迎旭:《系统功能语言学语法隐喻理论的贡献与问题》,《解放军外国语学院学报》2014 年第 5 期。

丛迎旭、王红阳：《基于语义变化的概念语法隐喻模式与类型》，《现代外语》2013 年第 1 期。

丛迎旭、王红阳：《语法隐喻一致式的认知特征与阐释》，《中国外语》2017 年第 4 期。

戴卫平、贾鹰：《乔姆斯基和韩礼德的意义观对比分析》，《广西社会科学》2006 年第 7 期。

董敏：《语际显化的跨语言逻辑语法隐喻视角》，《解放军外国语学院学报》2018 年第 3 期。

董敏、徐琳瑶：《逻辑语法隐喻的局部语法视角》，《中国外语》2017 年第 6 期。

范文芳：《英语语气隐喻》，《外国语》2000 年第 4 期。

范文芳：《语法隐喻理论研究》，外语教学与研究出版社 2001 年版。

范文芳：《试论语法隐喻的综合模式》，《外语教学》2007 年第 7 期。

范振强：《〈隐喻中的语境和连接〉介评》，《现代外语》2009 年第 2 期。

付岩：《语法隐喻和概念隐喻》，硕士学位论文，复旦大学，2009 年。

韩礼德：《韩礼德语言学文集》，周小康、李战子编译，湖南教育出版社 2006 年版。

韩礼德、哈桑：《英语的衔接》，张德禄等译，外语教学与研究出版社 2007 年版。

何伟：《语法隐喻：形式变体和意义变体》，《解放军外国语学院学报》2008 年第 5 期。

何中清：《隐喻研究的构式视角》，《外语学刊》2016 年第 2 期。

侯建波：《语法隐喻：新解与反思》，《外语教学》2008a 年第 5 期。

侯建波：《从语义层到词汇语法层——评 Fawcett 对语法隐喻的质疑》，《外语与外语教学》2008b 年第 5 期。

胡家峦：《历史的星空——文艺复兴时期英国诗歌与西方传统宇宙论》，北京大学出版社 2001 年版。

胡壮麟：《语篇的衔接与连贯》，上海外语教育出版社 1994 年版。

胡壮麟：《语法隐喻》，《外语教学与研究》1996 年第 4 期。

胡壮麟：《评语法隐喻的韩礼德模式》，《外语教学与研究》2000 年第 2 期。

胡壮麟:《认知隐喻学》，北京大学出版社 2004 年版。

胡壮麟、朱永生、张德禄、李战子:《系统功能语言学概论》，北京大学出版社 2005 年版。

黄国文:《英语语言问题研究》，中山大学出版社 1999 年版。

江怡:《近十年英美语言哲学研究最新进展》,《外语学刊》2009 年第 1 期。

金娜娜、陈自力:《语法隐喻的认知效果》,《外语教学与研究》2004 年第 1 期。

蓝纯:《从认知角度看汉语的空间隐喻》,《外语教学与研究》1999 年第 4 期。

蓝纯:《认知语言学与隐喻研究》，外语教学与研究出版社 2005 年版。

郎天万、蒋勇:《从认知角度拓展韩礼德等对英语语法概念隐喻的分析》,《四川外语学院学报》1997 年第 4 期。

李福印:《概念隐喻理论和存在的问题》,《中国外语》2005 年第 4 期。

李福印:《认知语言学概论》，北京大学出版社 2008 年版。

廖美珍:《英语比喻的语篇粘合作用》,《现代外语》1992 年第 2 期。

李静、李玉艳:《莎士比亚十四行诗的爱与美》,《新闻爱好者》2010 年第 5 期。

李苗:《论隐喻的本质及其双层意义构建机制》,《求索》2004 年第 2 期。

李卫清:《隐喻视角下的语篇分析》,《湖北第二师范学院学报》2011 年第 4 期。

李晓燕、欧阳俊林、蒋兰惠:《隐喻及动词化语法隐喻》,《安徽理工大学学报》(社会科学版) 2009 年第 3 期。

林书武:《国外隐喻研究综述》,《外语教学与研究》1997 年第 1 期。

林亚军:《功能主义语言学思想略论》,《学术交流》2008 年第 8 期。

林瑛:《探析莎士比亚十四行诗第十八首的“夏日”意象与人文主题》,《现代语文》(文学研究版) 2009 年第 4 期。

林正军、杨忠:《语法隐喻的语义关系与转级向度研究》,《外语教学与研究》2010 年第 6 期。

刘承宇:《语法隐喻的文体价值观》,《现代外语》2003 年第 2 期。

刘静:《莎士比亚〈十四行诗集〉中对“不朽”的精神朝圣》,《安徽文学》2009 年第 11 期。

刘正光:《莱考夫隐喻理论中的缺陷》,《外语与外语教学》2001 年第 1 期。

刘正光:《论转喻与隐喻的连续体关系》,《现代外语》2002 年第 1 期。

刘正光:《大学外语教学跨文化交际能力培养的途径与隐喻教学》,《东北师范大学学报》(哲学社会科学版) 2016 年第 3 期。

罗杰·福勒:《语言学与小说》,於宁等译,重庆出版社 1991 年版。

毛帅梅:《语法隐喻与认知隐喻的理论比较研究》,《南宁师范高等专科学校学报》2006 年第 4 期。

毛凡宇:《语法隐喻的认知与功能研究》,博士学位论文,上海外国语大学,2010 年。

毛继光、秦玉芳:《“一带一路”背景下汉英“路/road”隐喻对比研究》,《西安外国语大学学报》2019 年第 1 期。

苗兴伟、廖美珍:《隐喻的语篇功能研究》,《外语学刊》2007 年第 6 期。

牛钢钢:《语法隐喻理论的发展和应用》,《中山大学研究生学刊》(社会科学版) 2011 年第 4 期。

秦德娟:《语法隐喻与认知隐喻》,《云南民族大学学报》(哲学社会科学版) 2008 年第 2 期。

秦耀咏:《意象图式——隐喻的构建与识解》,《玉林师范学院学报》(哲学社会科学版) 2005 年第 1 期。

任丽花:《试比较语法隐喻理论和概念隐喻理论》,《江苏技术师范学院学报》2012 年第 3 期。

任绍曾:《概念隐喻和语篇连贯》,《外语教学与研究》2006 年第 2 期。

莎士比亚:《莎士比亚十四行诗:英汉对照》,辜正坤译,中国对外翻译出版公司 2007 年版。

束定芳:《隐喻学研究》,上海外语教育出版社 2000 年版。

束定芳:《论隐喻的本质及语义特征》,《外国语》1998 年第 6 期。

束定芳:《论隐喻的运作机制》,《外语教学与研究》2002 年第 2 期。

束定芳:《隐喻研究中的若干问题与研究方向》,《语言的认知研究》,上海外语教育出版社 2004 年版。

舒海英:《论隐喻及隐喻思维》,硕士学位论文,黑龙江大学,2005 年。

孙毅、陈朗:《概念整合理论对概念隐喻观的补偿性阐释功能》,《宁夏大学学报》(人文社会科学版)2009 年第 3 期。

孙毅、陈朗:《蓄意隐喻理论的学术进路》,《现代外语》2017 年第 5 期。

曲卫国:《隐喻表达的是程序意义还是概念意义——关于认知学派隐喻研究局限性的思考》,《现代外语》2018 年第 5 期。

檀明山:《象征学全书》,台海出版社 2001 年版。

谈瀛洲:《莎评简史》,复旦大学出版社 2005 年版。

唐晓云、许峰:《论隐喻在克雷格·雷恩诗歌中的语篇功能》,《外国语言文学》2010 年第 3 期。

田俊武:《斯坦贝克弑兄故事与圣经隐喻》,《外国文学研究》2014 年第 2 期。

田俊武、程宝乐:《浅析莎士比亚十四行诗中的意象》,《外语与外语教学》2005 年第 12 期。

王晶芝、杨忠:《概念隐喻理论的再思考》,《东北师大学报》(哲学社会科学版)2010 年第 3 期。

王伟杰、陈勇:《论中国特色的"道路隐喻"与"旗帜隐喻"》,《齐齐哈尔大学学报》(哲学社会科学版)2016 年第 7 期。

王文斌:《隐喻构建与解读的主体自洽》,博士学位论文,上海外国语大学,2005 年。

王文斌:《西方隐喻研究理论视点述要》,《宁波大学学报》(人文科学版)2006 年第 2 期。

王晓明:《论儿童故事中的隐喻框架和概念整合》,硕士学位论文,哈尔滨工程大学,2005 年。

王寅:《论语言符号象似性》,《外语教学与研究》1999 年第 5 期。

王寅:《认知语言学的哲学基础:体验哲学》,《外语教学与研究》2002a 年第 2 期。

王寅:《Lakoff 和 Johnson 的体验哲学》,《当代语言学》2002b 年第 2 期。

王寅:《隐喻认知理论的新发展——语言体验性论文之六:从神经学角度论证隐喻和语言的体验性》,《解放军外国语学院学报》2006a 年第 5 期。

王寅:《认知语法概论》,上海外语教育出版社 2006b 年版。

王振福:《论衔接与连贯的显明性和隐含性》,《东北师范大学学报》(哲学社会科学版)2002 年第 4 期。

魏纪东:《论篇章隐喻中博喻的结构类型和组篇特征》,《国外外语教学》2006 年第 1 期。

魏纪东:《篇章隐喻研究》,上海外语教育出版社 2009 年版。

魏纪东:《论博喻在篇章建构中的衔接模式》,《天津外国语学院学报》2010 年第 3 期。

魏在江:《隐喻的语篇功能——兼论语篇分析与认知语言学的界面研究》,《外语教学》2006 年第 5 期。

魏在江:《隐喻与文学语篇的建构》,《外语与外语教学》2008 年第 3 期。

吴笛:《论莎士比亚十四行诗的时间主题》,《外国文学评论》2002 第 3 期。

吴宪忠、张清东:《系统功能语言学派的哲学基础探究》,《东疆学刊》2009 年第 3 期。

武宜娟:《雁的文化意蕴探微》,《理论月刊》2014 年第 10 期。

徐烈炯:《生成语法理论》,上海外语教育出版社 1988 年版。

亚里士多德:《修辞术·亚历山大修辞学·诗论》,颜一、崔延强译,中国人民大学出版社 2003 年版。

燕晓黎:《人际语法隐喻在文学作品中的体现——以〈简·爱〉中一段人物对话进行分析》,《华南农业大学学报》(社会科学版)2006 年第 3 期。

严世清:《隐喻论》,苏州大学出版社 2000 年版。

严世清:《隐喻能力与外语教学》,《山东外语教学》2001 年第 2 期。

严世清:《语法隐喻理论的发展及其理论意义》,《外国语》2003 年第 3 期。

杨波：《概念语法隐喻的认知解读》，《外国语》2013 年第 5 期。

杨昌鸣、徐磊、李湘桔：《门里乾坤——门的文化、心理含义解析》，《天津大学学报》（社会科学版）2004 年第 3 期。

杨玲：《语法概念隐喻与认知概念隐喻之异同》，《邢台学院学报》2008 年第 4 期。

杨青：《基于语料库的身体名词动用的转喻研究》，硕士学位论文，华东理工大学，2014 年。

杨志勇：《论语法隐喻理论对韩礼德语言哲学思想的贡献》，硕士学位论文，苏州大学，2010 年。

姚婵莉：《谈三种隐喻观的比较——修辞隐喻、认知隐喻和语法隐喻》，《湘潭大学学报》（哲学社会科学版）2005 年第 S2 期。

张德禄：《论衔接》，《外国语》2001 年第 2 期。

张德禄、董娟：《语法隐喻理论发展模式研究》，《外语教学与研究》2014 年第 1 期。

张德禄、雷茜：《语法隐喻研究在中国》，《外语教学》2013 年第 3 期。

张德禄、刘汝山：《语篇连贯与衔接理论的发展及应用》，上海外语教育出版社 2003 年版。

张法科、邵新光：《英语语法隐喻的认知理据及语篇功能》，《山东外语教学》2009 年第 4 期。

张辉、王少琳：《认知语义学述评》，《解放军外国语学院学报》1999 年第 4 期。

张铭涧、车晓军：《人文社会科学研究中定性分析与定量分析的结合——兼论其对外语教学科研的启示》，《青岛大学师范学院学报》2006 年第 4 期。

张沛：《隐喻的生命》，北京大学出版社 2004 年版。

张书慧：《英语情态语法隐喻》，《内蒙古农业大学学报》（社会科学版）2009 年第 2 期。

张玮、张德禄：《隐喻性特征与语篇连贯研究》，《中国海洋大学学报》（社会科学版）2007 年第 4 期。

张玮、张德禄：《隐喻构型与语篇组织模式》，《外语教学》2008 年第 1 期。

赵德全、李伟：《纯理功能与语法隐喻》，《河北大学学报》（哲学社会科学版）2010 年第 3 期。

赵莉：《韩礼德语言哲学思想再探讨》，《现代语文》2011 年第 10 期。

赵霞：《基于意义进化理论的语法隐喻研究》，《内蒙古大学学报》（哲学社会科学版）2012 年第 4 期。

赵艳芳：《隐喻的语言认知结构——〈我们赖以生存的隐喻〉评介》，《外语教学与研究》1995 年第 3 期。

赵艳芳：《认知语言学概论》，上海外语教育出版社 2001 年版。

周大军：《英语的情态隐喻及其语篇解释力》，《四川外语学院学报》2003 年第 6 期。

朱建新：《概念隐喻与外语教学》，《外国语文》2009 年第 6 期。

祝敏：《莎诗隐喻认知机制的连贯性及其主题意义建构》，《北京第二外国语学院学报》2011a 年第 4 期。

祝敏：《小说对话的语用推理与人物性格塑造——以小说“Hotel”的片段“Blackmail”为例》，《时代文学》（上半月）2011b 年第 4 期。

祝敏：《外宣翻译策略的隐喻性思维》，《内蒙古农业大学学报》（社会科学版）2012 年第 6 期。

祝敏：《认知视角下小说对话人际隐喻的解读——以小说“Hotel”的片段“Blackmail”为例》，黄国文：《功能语言学与语篇分析研究》（第 5 辑），高等教育出版社 2013 年版。

祝敏：《从“语言游戏说”看语法隐喻理论的哲学意蕴》，《黑龙江教育学院学报》2015 年第 2 期。

祝敏：《语境制约下的模拟器理论述评》，《广东外语外贸大学学报》2016 年第 1 期。

祝敏：《〈比言词更有效——思维如何创造意义的新科学〉评介》，《语言教育》2017 年第 1 期。

祝敏：《基于感知模拟的语篇融通隐喻研究》，《浙江外国语学院学报》2018 年第 3 期。

祝敏、沈梅英：《莎诗隐喻语篇衔接的认知层面探究》，《小说评论》2012 年第 S1 期。

祝敏、席建国：《国内概念整合理论及其应用研究十年（2000—2010）述评》，《理论月刊》2011 年第 11 期。

祝敏青：《小说对话的多视域审读》，《福建师范大学学报》（哲学社会科学版）2006 年第 1 期。

朱永生：《英语中的语法比喻现象》，《外国语》1994 年第 1 期。

朱永生：《语境动态研究》，北京大学出版社 2005 年版。

朱永生：《名词化、动词化和语法隐喻》，《外语教学与研究》2006 年第 2 期。

朱永生、严世清：《语法隐喻理论的理据和贡献》，《外语教学与研究》2000 年第 2 期。

朱永生、严世清：《系统功能语言学多维思考》，上海外语教育出版社 2001 年版。

朱永生、严世清、苗兴伟：《功能语言学导论》，上海外语教育出版社 2005 年版。

后　　记

自1992年从事高校教育工作以来，笔者一直在探索自己的科研之路。回顾往昔，在我的科研轨迹中有三个重要的时点。一是2008—2009年在浙江大学访学的经历。在浙大的课堂里，特别是和导师庞继贤教授的沟通和交流中，我接触到了系统功能语言学的理论：“及物性、作格分析、语法隐喻、语篇的衔接与连贯等”，我对此产生了浓厚的兴趣，于是便将科研方向锁定在语篇分析领域。二是2010—2012年就读上海外国语大学英语语言文学博士课程班的经历。在博士课程班的课堂上，我接触到了认知语言学的理论：概念隐喻、图形和背景、原型理论等，于是便将我的研究范围缩小至语篇中的隐喻研究。三是2014—2015年美国波特兰州立大学的访学经历，这可以说是我科研道路上的一次转折。在那里，我遇到了一位从事隐喻研究的学者，我的导师大卫·里奇教授。他出生于20世纪40年代，已经70多岁，白发苍苍，早已过了退休年龄，但仍然精神矍铄，对隐喻研究充满热情的一位老人。

在访学期间，笔者曾多次应他的盛情邀请，和他一起吃饭、饮茶、徒步跋涉，但每次活动的主题无外乎是我们二人的合作研究。他让我讲述我一直从事的语言学研究，他会时不时用笔记录下他认为重要的观点，接着，他娓娓道来，而我在一旁思考、提问。从里奇教授那里，我第一次接触到了感知模拟论和故事隐喻理论。我访学期间，他的故事隐喻理论还只是雏形，零散地出现在他近几年的论文中，不过那时他已有出一本故事隐喻专著的念头了，这是他写的有关隐喻研究的第三本专著，但真正付梓出版是在2017年年末。我写这本专著，在很大程度上也是受到了他的三本隐喻专著的启发，以及在美期间，从他的《隐喻》《语言和认知》这两门课的课堂上，与他多次的谈话聊天中获得的灵感。

里奇教授善于将各种隐喻理论糅合在一起，以使语篇中的隐喻得到最充分的解释。但在我访学之前，他却从未接触过语法隐喻理论。当听说我正在从事的课题是关于概念隐喻理论和语法隐喻理论在语篇分析中的融贯性研究时，他十分感兴趣，觉得我俩的研究有很多相通之处和互补的地方。他关注隐喻的认知机制和交际功能，但隐喻的外在表现形式，尤其是外在表现形式和内在认知机制之间的关系是他的研究没有涉及的方面，而我的研究课题正好可以解决这两个问题。语法隐喻理论可以用来解释隐喻的表现形式，概念隐喻理论可用于解释隐喻的认知机制，隐喻的表达式和认知机制之间的互动则可以通过感知模拟论来阐释，这样我们二人的研究就可以有机地联系在一起。导师有意和我合写一篇论文，在这篇论文中，我们提出了概念隐喻和语法隐喻融合的设想，它们如何同时应用于分析某一特定的语篇，两种分析法各自的利弊，以及语法隐喻对概念隐喻理论及分析方法的补充作用。这篇论文成功发表在隐喻研究的权威杂志《隐喻与象征》（*Metaphor and Symbol*）上，这也是我在美访学的最大收获之一。

回国后，我开始进一步深入研究概念隐喻和语法隐喻的融贯性，着手探讨概念隐喻和语法隐喻在语篇中的融合类型，并发现感知模拟论可以用于解释二者在认知层面上的融合，而且我确实在不少语篇中发现了融通隐喻（即可从概念隐喻和语法隐喻双维度进行分析的隐喻）。这类隐喻，如果从概念隐喻或语法隐喻的单一维度进行分析是不足以阐释它的生成和理解机制的。之后我又开始把故事隐喻与感知模拟论结合起来分析特定的语篇，探索该语篇分析模式的可行性，国内还未曾有学者做过类似的研究。这本专著体现了我近十年有关隐喻和语篇分析的研究成果，其中融通隐喻和故事隐喻研究出现在本书的第九章和第十章，体现了隐喻研究的前沿观点。

能完成这本专著我要感谢浙江大学、上海外国语大学从事语言学研究的教授们，特别是庞继贤教授，他们精彩的课堂教学、在科研方法上的点拨和指导，让我醍醐灌顶；感谢我的博士课程班的同学，他们毫无保留地分享资源和信息，使我能更快捷地获取参考文献和最新资料；还要感谢我的课题组成员广东外语外贸大学孙毅教授和浙江理工大学沈梅英教授的鼎力相助；感谢美国波特兰州立大学文理学院传播系的各位老师在我访学期间对我的帮助，特别要感谢我的导师里奇教授，他的治学精神、敬业精神、创新精神，就像一盏明灯照亮了我的科研道路，让我更加坚定和自信地在语篇分析和隐喻研究这条道路上砥砺前行！

祝　敏

2020 年 3 月于杭州